岩 波 文 庫

38-609-1

道徳的人間と非道徳的社会

ラインホールド・ニーバー著
千 葉 眞 訳

岩 波 書 店

Reinhold Niebuhr

MORAL MAN AND IMMORAL SOCIETY: A STUDY IN ETHICS AND POLITICS

1932

凡　例

一、本書は、Reinhold Niebuhr, *Moral Man and Immoral Society: A Study in Ethics and Politics* (New York: Charles Scribener's Sons, orig. 1932, reprinted 1960)の全訳である。なお、原著には、文章の変更をともなわない新版(Louisville, Kentucky: Westminster John Knox Press, 2021)がある。この新版には、コーネル・ウェストが「序文」を付し、ラングドン・B・ギルキーが「イントロダクション」を付している(本訳書には収録していない)。

二、本文中の(　)は原則として原著のものであるが、文意を明確にするために訳者が付した場合もある。また、重要なキーワードや英語以外の用語について原語を(　)で示したり、訳語の言い換えを(　)で示したりした場合もある。

三、[　]は訳者による文意の補足や説明を意味している。

四、人名については、『岩波　世界人名大辞典』全二巻(岩波書店、二〇一三年)など複数の辞典を参照した。

五、本書は一九三二年の作品であり、したがって第一次世界大戦を「世界大戦」や「大戦」などと表記している。本訳書では、「第一次世界大戦」ないし「第一次大戦」という表記に変更した。

六、ニーバーは、〝rational〟という用語を、「合理的」という意味だけでなく「理性的」ないし「理に適った」という意味合いでも用いており、使い分けている。したがって、本訳書においても文脈に応じて、適宜、訳し分けた。

七、とくに第四章に顕著にみられるが、〝nation〟や〝national〟という用語を、「国民」、「国民的」という意味とともに、「国家」、「国家的」という〝state〟と同義(互換)的に用いている箇所もかなりある。したがって、本訳書においても、文脈に応じて、適宜、訳し分けた。

八、〝spiritual〟という用語は、文脈に応じて「霊的」、「精神的」と訳し分けたが、両者が含意されていると思われる箇所では、「霊＝精神的」と訳した。

九、各章は節もなく、議論の流れが分かりにくいこともあり、訳者による小見出しを、適宜、挿入している。また長いパラグラフをいくつかの段落に分けた。

一〇、注は巻末にひとまとめにして収録したが、原注にはない出版社や出版年を補った場合もある。また、とくに引用文で参照できた訳書を基本的に掲載している。訳文については、入手できた訳書を参考にしつつ、基本的に訳者自身の訳となっている。

目次

道徳的人間と非道徳的社会

一九六〇年版への序文

『道徳的人間と非道徳的社会』は一九三二年に刊行された。それはもう四半世紀以上も前のことである。本書で取り上げたいくつかのことは、おのずとすでに時代遅れのものになっている。その最も明白な例は、アメリカの第一次世界大戦後の政策、ラムゼイ・マクドナルドの労働党、国際連盟、当時未解決だったイギリスとインドの問題への言及である。

だが、これら時代遅れになった事例があるにもかかわらず、私は本書の再版に同意した。というのも、本書の中心となる命題は重要であると考えており、依然としてその立場を堅持しているからである。その中心的命題とは、過去においても現在においても、宗教的および世俗的なリベラルな運動は、個人の道徳性と集合体――人種、階級であれ国民であれ――の道徳性との基本的相違について無自覚であるようにみえるということである。この相違を認識することは、集合体が単純にそれ自身の利益を追求するだけと決めつける道徳へのシニシズム(冷笑主義)に通じるものと見なされてはならない。しかし、私が想定するように、この相違がリアルであるとすれば、その認識は、政治秩序へのいまなお有力な数多くの道徳主義的アプローチを反駁せずにはおかないであろう。

本書『道徳的人間と非道徳的社会』において初めて述べた命題を、私はそれ以降の他のいくつかの著書のさまざまな箇所で詳説してきた。私は多くの問題について見解を変えてきたが、本書のこの基本的命題は、現代の経験のすべてによって反駁されるというよりは、むしろ論証されていると考えている。

ラインホールド・ニーバー

一九六〇年五月

序　章

個人道徳よりも弱まる集団道徳の傾向

本書で入念に展開される命題は、個人の道徳的社会的行動と、社会集団――国民、人種、経済的な集団――の道徳的社会的行動との間には明白な区別の線が引かれなければならないということである。それは同時に、この区別があるがゆえに、純粋に個人主義的倫理からすればつねに当惑を感じさせる種々の政策であっても、それらを正当化し、また必要なものにするということでもある。『道徳的人間と非道徳的社会』という本書のタイトルは、この意図された区別をあまりにも漠然と示しているにすぎないが、しかしそれにもかかわらず、行論で本書が明らかにしようとする論点を適切に表すものでもある。個人として各人は、道徳的でありうるといえるだろう。というのも、各人はみずからの行動の問題を決定するにあたり、自分自身の利益以外に他者の利益を考慮に入れることが可能だからであり、さらに各人はしばしば自分の利益以上に他者の利益を優先させることもありうるからである。人々は生まれながらにして同一の種である人類へのある程度の共感や配慮を賦与されており、その広がりは賢明な社会教育によって拡充することも可能である。人々の理性的能力は、教育上の訓練によって洗練され、利己的要素が取り除かれることで正義の感覚を促すことが可能になる。そして人々は、自分自身の利害がからんだ社会状況についても、かなりの程度の客観性をもって認識することさえ可能である。

しかし、個人にはこれらすべての行動が可能であるにもかかわらず、人間社会や社会集団の問題となった場合、それは不可能ではないとしても、より困難なものとなる。いかなる人間集団においても、衝動を指導し抑制する理性が作動することはあまりなく、自己超越への能力は不十分となり、他者のニーズを理解する能力も不足気味になる。それゆえに、集団を構成する個々人が自分たちの個人的関係において示すものよりも、抑制の利かないエゴイズムが集団には見られるようになる。

集団の道徳性が個人の道徳性の水準よりも低くなる理由は、一つには社会の凝集力の基盤となる自然的衝動に十分に匹敵する力をもった理性的な社会勢力を構築することの難しさがある。さらにもう一つの理由は、そうした社会勢力もまた個人の利己的衝動の寄せ集めから構成される、たんなる集団的エゴイズムを示すにすぎないことである。そうした利己的衝動の寄せ集めは、個々人が個別に分別をもって自身の衝動を表現する場合よりも、彼らが共通の衝動で結合した場合に、より露骨なものとなり、もっと累積的効果を発揮するものとなる。

宗教的モラリストと世俗的モラリスト双方への批判

本書は論争的な趣旨を有するものであるが、その論争が向けられている相手は宗教的モラリストと世俗的モラリストの双方である。これらのモラリストによれば、個人のエゴイズムは、合理性の発展や宗教的に霊感づけられた善意志の増大によってやがて次第に抑制されていくと想定されている。さらに彼らの想定にしたがえば、必要なのはこの合理的プロセスの持続であって、それこそが、すべての人間社会と集合体のなかに社会的調和を打ち立てる当のものであるとされる。これらの仮定に基づいて一連のモラリストや社会学者、教育者が行う社会分析と予測は、今日かなり深刻な道徳的かつ政治的な混乱を多く招いている。彼らは、人間社会において正義を求める闘争が政治的に必然であることを完全に無視している。彼らは、自然の秩序に帰属する人間の集合的行動に利己的衝動の要素があり、その要素が理性や良心の支配下に完全には決して服すことのないことを認識できないでいる。帝国主義の形態であれ、階級支配の形態であれ、集合的権力が弱みにつけ込んで弱者を食い物にする時、それへの対抗権力が打ち立てられることがなければ、それは決して取り除かれることはない。たとえ良心と理性が後に生じる闘争に駆り出されたとしても、その横暴な集合的権力を限定づけることが可能であるかもしれないが、それを廃棄することはできない。

現代の教育者とモラリストにみられる最も執拗な誤謬とは、現代の社会的困難が、今日の科学技術文明を作り上げた自然科学の進歩に社会科学が歩調を合わせることができなかった失敗のゆえであると想定していることにある。この想定にみられる不変の含意は、次のようなものである。もう少し適切な道徳的社会教育がもう少し時間をかけて施され、人間知性の全般的かつ高度な発展さえあれば、現代の社会問題は解決に近づくであろう、と。ジョン・デューイ教授は次のように主張している。

まさに非難の俎上に上がっているのは、人間の知性と人間の勇気なのである。物理的発見や発明、その利用の技術をこれほど完全なレヴェルにまで高めた人々が、はるかにより重要な人間の問題に直面して責任を放棄するなどということは、信じられない。(計画経済の)道に立ちふさがるものは、堅固な装いを施したわれわれの強欲な自己利益だけでなく、数多くの疲弊した伝統、虫食いのスローガン、思想のかわりに義務を求める標語の数々である。われわれがこうした陳腐なお喋りをやめる時に、初めて知的な思想が本当に始まるのである。……

われわれが有する知識と技能を行使し、共有された豊かで安全な生活に資するかたちで社会的帰結を制御し始めることができれば、社会的知識の後退についての不満はやむであろう。……その時、われわれは社会科学の確固とした構築へと向かう道程につくことになろう。それはあたかも、人々が物理学の実験において技術や道具や数字を積極的に活用した時に、自然科学が立ち上がっていったのと同様である。(1)

デューイ教授は近代の社会問題に多大な関心と理解を有しているにもかかわらず、この文章にはほとんど明晰さは認められない。社会の停滞性の本当の原因、つまり「われわれの強欲な自己利益」は、彼の推論に影響を与えることなく、ただ付随的に語られているだけである。ここには、社会の保守主義がどれほど有産階級の経済的利益に起因しているのかに関して、彼が十分に理解しているという徴候はまったく見られない。全体として、社会の保守主義は社会の無知に帰せられているが、この見地はただ真実の一部を表しているにすぎず、この教育者の持ち前の偏見を示すものとなっている。われわれが「陳腐なお喋りをやめる」時に、初めて知的な思想が始まるという提案は、それ自体あまりに陳腐な言い分である。それは、社会の停滞性を打破する方法について何ら明確な勧告を持ち合わせていない分析者の混乱を暴露するものといえよう。

われわれが社会問題について、自然科学者のような仕方で実験を始めるまで、社会的知性を発揮できないという考え方は、自然科学と社会科学との重要な相違を考慮に入れるのを怠っている。一方の自然科学が自由を獲得したのは、無知に基づく伝統主義を打破した時だった。他方で、社会科学が直面している伝統主義は、社会において特権を維持しようと試みる支配的な社会階級の経済的利益に根ざしている。社会科学と自然科学との間の性格そのものの相違は、看過されてはならないものである。社会状況の中では、完全な合理的客観性は不可能である。われわれの世代に救済の勧告をなそうとしている熱心な社会科学者たちは、自分たちの知恵を無知で怠慢な人々が受け入れるのが遅いと失望している。だが、これらの社会科学者が執筆するほとんどすべてが、彼らの中産階級的偏見を露呈している。理性はつねにある程度まで社会状況の利害の下僕であるので、教育者や社会科学者がふつう信じているように、社会の不正義を道徳的理性的説得のみで解決することはできない。紛争は不可避であり、こうした紛争においては権力は権力によって挑戦されなければならない。そうした事実は、ほとんどの教育者には認識されていないし、ほとんどの社会科学者によっても不承不承に認められているにすぎないのである。

もし社会紛争が社会正義を獲得するためのプロセスの一部であるとすれば、デューイ教授の弟子たちのほとんどの考え方は問題である。彼らによれば、われわれの救済行為は、自然科学の実験主義に匹敵するような、社会生活における「実験の手続き(2)」の発展に依存するとされる。だが、この考え方には、彼らがそうした発展に帰している妥当性はほとんどない。社会闘争において相争うそれぞれの党派には、士気《モラール》が必要となる。そして士気は、正しい教理《ドグマ》やシンボル、さらには感情的に強力で大胆な単純化を必要としている。これらは、注意深い試行性という科学の精神と同じくらいに必要なものである。工業労働者のいかなる階級といえども、もし現代の教育者の「実験的技術」に自分たち自身を完全に没入させてしまうとすれば、決して支配階級からの自由を勝ち取ることはできないであろう。

もし労働者が強者の権力に競合するのに十分な活力を保持したいならば、むしろ彼らの正義やそこで認められる主義主張の確実な勝利を断固として信ずる必要がある。こうした信念の方が、いかなる不偏不党の科学が提供するとされる権利よりも有効であるに相違ない。彼らは、自分たちの社会的目標を立てて、その達成のための最も効果的な手段を選択する際には、非常に科学的であるかもしれない。しかし、彼らの課題を実現するためには、自分たちを奨励するものとして動機づけの力が求められるであろう。だが、そうした動機づけの力は、科学の醒めた客観性からは容易に調達されることはない。現代の教育者は、すべての時代の合理主義者と同様に、生活における理性の機能にあまりにも魅惑されすぎている感がある。もし理性が道具を使用せず、理性自体が合理的でない種々の力によって駆動されるのでないならば、歴史の世界、とくに人間の集合的行動の場合は決して理性によって制圧されることはないであろう。

一つの階級としてみれば、社会学者たちは、近代の社会問題に関して教育者たちよりも理解していないといえよう。彼らは通常、異なる「行動様式」の間の衝突の結果として社会紛争を解釈する。そしてもし二つの競合している集団に対して、双方のニーズにうまく対応してくれる新しくより完全な行動様式を社会科学者が提供しさえすれば、そうした衝突は取り除かれると考えている。教育者たちとともに彼らもまた、自己利益よりも社会の無知こそが紛争の原因と見なしている。キンボール・ヤングは次のように主張する。

個人間の紛争と同様、集団間の紛争も、成功裡に衛生学的にも解決される唯一の方法があるとすれば、明らかにそれは、より適した社会環境上の目的に向けて当事者たちの行動様式を方向づけ直すことによるだろう。これはまた、より高次の神経精神的次元ないし知的象徴的次元で当事者たちの行動様式を合理的に整序化することによって成し遂げられるだろう。それは、科学の示す諸事実を尊重することによって、またプロパガンダを最小限に抑えたうえで自由に討議することによって可能となろう。これは精神的および社会的健全さを取り戻すための容易な道筋ではないが、その目標に到達する唯一の方法であるように思われる(3)。

ここでは個人間の関係の修復、および文化の差異による集団間の社会紛争のいくつかのタイプの修復においてきわめて効果的に働く技術が示されており、それは何にでも効く万能薬であるとされる。だが、どうやってイギリスとインドとの問題を解決することが可能なのだろうか。円卓会議を開催することによってだろうか。だが、もし非協力運動という闘争形態によって問題提起が強いられなかったならば、イギリスはその会議でインドにどれほど譲歩しただろうか。

社会科学者の好む勧告は調停(accommodation)である。仮に二つの集団が係争中であれば、相談し合い、相互の要求を控え目にしながら「暫定協定」に到達することの勧めである。これは、とりわけホーネル・ハート教授の助言である。(4) このやり方で解決をみるに違いない紛争は山ほどある。しかし、たとえば黒人のような相続権を剝奪されている集団が、はたしてこうしたやり方によって社会で完全な正義を勝ち取ることができるだろうか。黒人の最小限の要求すら、支配的立場にある白人層にとっては――彼らの間ではごく少数の者のみが、客観的な正義の観点から人種間の問題を憂慮しているにすぎないのが実情だ――、途方もないもののように見えるのではないだろうか。あるいは工業労働者は、企業主との交渉に際して、どうやってハート教授の助言にしたがうことができるだろうか。というのも、企業主は、強大な権力を有しており、したがって彼らの議論がいかに説得力を欠いたとしても、労働者との論争に勝つことができるからである。社会における権力の不均衡によって生じる社会紛争の調停は、権力の不均衡が存続する限り、ほとんど正義をもたらすことはないということを学び取ったのは、ほんの一握りの社会学者だけのように思われる。

社会学者はときおり、産業文明の本当の事実を完全に忘却している。それゆえに、たとえば、フロイド・オールポートのように、社会学者が、工業労働者の暴力行為を経済的不正義によるものではなく、彼ら自身の劣等感に起因していると示唆する場合もある。そして温情あふれる社会心理学者が労働者に「あなたたち自身以外に、誰もあなた方を劣等だとして非難する者はいない」（5）と諭すことができたならば、ただちにこうした劣等感は克服されるだろうというのである。これらの物知り顔の社会科学者はまた、企業主に対して「労働者に配慮して利益や利潤を抑制しなければならない」と諭すのだ。こうして産業における「個人支配の社会化」は、「社会主義的支配」の必然性を除去するであろうとされる。

社会科学者のほとんどは、際限なき合理主義者である。したがって、社会科学者が、権力をもつ側にその行為と態度は反社会的だと知らせるやいなや、社会における強引な要求や言い分をすぐにでも差し控えるだろうなどと、彼らは想像しているように見えてしまう。クラレンス・マーシュ・ケイス教授は、社会問題の卓越した分析において「諸価値の再編」への確信を表明した。それによれば、とりわけ産業界の指導者たちは、「デモクラシーを信条とする社会において専制的に支配する産業界は、長続きしない時代錯誤に陥っている」（6）ことをしっかりと見すえなければならないとする。たしかに専制は長続きすることはないだろうが、しかし専制主義者はそれが時代錯誤だと認識したからといって、すぐに権力を放棄するというものでもないだろう。

アーサー・ソルター卿は、社会科学者の間でも秀でた経済学者と呼んでよいが、われわれの文明の病状に関して、自身の透徹した分析を次のようなありきたりの希望の表明で締めくくっている。すなわち、未来の政府が過去の間違いを繰り返す誤謬を防止できるのは、より高度な知性やより真実な道徳であろう、と。彼の分析が結論として示しているのは、政府の失敗の理由が、「人間の知恵の能力の限界」にあるというよりはむしろ、政府にのしかかる経済的利害の圧力にこそあるということである。彼自身の言葉では、それは次のように表明されている。「政府の失敗は何よりもまず、競争の激しい産業に、自由裁量的特権、とくに優先的特権を付与する課題に巻き込まれてしまったことによる」(7)。しかし、こうした分析にもかかわらず、アーサー・ソルター卿が政府に期待するのは、より社会的に鋭敏な意識を保持することによって、われわれの文明を救済する課題である。彼の考えによれば、政府がこの課題をうまく実行するのを助ける一つの方法は、次の策である。すなわち、それは、「この国の法人化された事業主体、商工会議所、銀行業務を行う組織、産業団体や労働団体といった種々の大きな民間組織を、公共社会の奉仕へと引き入れること」にほかならない。彼が回復を期待できるかどうかはすべて、権力をもつ人々の間で経済利害の追求からのある程度の解放が実現される可能性にかけられているのである。けれども、そうした可能性が人類の歴史全体によって否定されているのは、すでに証明済みである。

集合的人間の持つ道徳的能力へのこのようなナイーヴな確信を、とくに集合的人間行動の研究を仕事としている人たちの間に見いだすというのは、かなり失望させられることではある。ハワード・オダム教授のように、「労働への報酬の分配における不公正が存在する」限り、「紛争が起きるのは必至であろう」と承認する用意ができている場合ですら、彼らはその希望を未来に託すのである。彼らの見解によれば、「教育と協働についての広範な諸原則が確立されるまで(8)」は、社会紛争は一時的なその場しのぎの方便としてのみ認められるものなのだ。強制によらない自発的な正義をともなったアナーキズムこそが、半分ほどの社会科学者の明示的ないし暗示的な社会目標であるように見える。

現代の宗教的理想主義者は、通常、社会正義の達成への手段として妥協や調停を唱道する点で社会科学者に追随している。教会の多くの指導者は、労働者か資本家かどちらかの立場を擁護するのは自分たちの仕事ではないとし、両陣営に公正さと調停の精神で解決にあたるようにと忠告している。ジャスティン・ロウ・ニクソン博士は次のように宣言している。

オーウェン・ヤング［ゼネラル・エレクトリック会長などを務めた米国の産業家］の高邁な資本主義のヴィジョンとラムゼイ・マクドナルド［英労働党党首、首相］の頑強な社会主義との間には、おそらく橋渡しできない溝はないのだ。人類の進歩は、……［橋渡しされた］マクドナルド派とヤング派のあとに従って、その領域へと進めるかどうかにかかっている。(9)

不幸にも、この文章が書かれて以降、マクドナルド氏の社会主義はそれほどには頑強ではないことが示され、さらに大恐慌によってヤング氏の「新しい資本主義」と旧来の洗練さに欠けるタイプの資本主義との間にたいした違いがないことが明らかになった。

自己利益と集合的エゴイズムの権力

宗教的であれ、合理主義的であれ、これらすべてのモラリストに欠落しているのは、あらゆる人間集合体にみられる行動の残虐な性格についての理解であり、また、すべての集団の相互関係における自己利益の権力と集合的エゴイズムの権力についての理解である。すべての道徳的かつ包括的な社会目的に対する集合的エゴイズムの執拗な抵抗を認識できないという失敗は、これらのモラリストを非現実的で混乱した政治思想へと引き入れてしまう。彼らは、社会紛争を、道徳的に是認された目標を達成できない方法と見なすか、あるいはより完全な教育や純粋な宗教がそれを不必要にするまでの過渡的な方便と見なすかのいずれかである。　彼らが認識していないのは、人間の想像力の限界、偏見や情念に対する理性の安易な屈従、その結果としてのとくに集団行動における非合理なエゴイズムの執拗さのゆえに、社会紛争が、人間の歴史のなかで、おそらくその終末にいたるまで不可避なものになるという現実なのである。

人間の徳性と道徳的能力へのロマン主義的な過大評価が現代の中産階級の文化において流布しているが、それが現在の社会的諸事実について非現実的な判断につねに帰着するとは限らない。今日の社会状況は、かなり現実的な仕方で評価されることもよくあるものの、新しい教育学や宗教のリヴァイヴァル（信仰復興）によって未来には紛争は不必要となるだろうという希望が表明されることもある。それにもかかわらず、中産階級文化のかなりの部分は、今日的状況の分析に関してかなり非現実的なものにとどまっている。その想定によれば、階級間および国民間に兄弟愛的な友好関係が増大していることは、現時点では明白だと認識されている。また、こうした想定によれば、国際連盟のような取り決め、ケロッグ協定［一九二八年の不戦条約］のような試み、また企業別組合といった方式は、一種の道徳的かつ社会的な達成という意味合いを持つものだとされる。だが、事実全体に照らせば、こうした想定が、偽りであることは明らかである。社会心理学者のジョージ・ストラットン教授は次のように主張する。

つねに持続的で広範な進歩が見られるに違いない。しかし現在は、世界関係における古い時代の終わりと新しい時代の幕開けをはっきりと約束している時代であるように思われる。……第一次世界大戦という厳粛な教訓の下、ほとんどの国家は、国際的規律と持続的で効果的な統治行為のための目覚ましい約束をなし、政治的に尽力してきている。(10)

こうした国際関係における新しい時代の象徴として国際連盟を賛美する動きは、全般的な広がりをみせ、キリスト教会でもしばしば手放しで称賛されている。キリスト教会の間でもリベラルなキリスト教は、すべての社会関係が次第に「キリストの律法」の下に招き入れられていくという幻想にみずから浸っている。ウィリアム・アダムズ・ブラウン［牧師、神学者］は、次のように主張する時、リベラルなキリスト教全体を代弁しているのだ。

一つの統一的で兄弟愛に満ちた社会への十字軍が、多くのさまざまな中心地から、多くの異なった形態を取りつつ形成され、動員されている。国際連盟ではすべての文明化された人々が代表され、戦争や病気といった共通の敵に対する闘いにおいて彼らが相互に協力し合っている。その理想は、これまでほとんど理想主義とは無縁であった種々の団体や組織からも承認を勝ちえつつある。……人種間の関係、労使間の関係、社会のより脆弱で依存を強いられる構成員たちへの態度において、われわれは社会的良心を発達させてきている。さらにまた一世代前には当然のこととして受け入れられていた状態は、今では許容できないスキャンダルとして感じ取られている。(11)

もう一人の神学者にして牧師でもあるジャスティン・ロウ・ニクソンは、次のように考えている。「実業界のリーダーの側で社会的な政治家精神の発達に期待するもう一つの理由は、種々の慈善事業や教育事業の理事として働いてきた彼らの経験によるものである」(12)。こうした判断は、リベラルなキリスト教の道徳的混乱を白日の下にさらすものである。道徳の教師たちは、既存の社会制度の枠内における慈善の問題と、現代産業社会の内部で不均等な権力を有する多種多様な経済集団間の正義の問題との相違を認識していない。彼らはまた、集団の道徳と個人の道徳との最も明白な相違にすら直面した経験がない。病気に対する闘いは戦争に対する闘いと同じカテゴリーにあるという主張は、彼らの同様の混乱を示している。

われわれの現代文化は、人間関係における集団的エゴイズムの権力や程度や執拗さを認識することができていない。純粋に道徳的で合理的な説得や調停によって一つの集団内の個々人の間に正義を打ち立てるのは、決して簡単なことではないが、可能であるかもしれない。だが、集団間の関係においては、これは実際には不可能である。したがって、集団間の関係はつねに、倫理的というよりもすこぶる政治的にならざるをえないのだ。要するに、何が集団間の関係を決定づけるかといえば、それは、各集団のニーズと要求を比較考量するあらゆる理性的で道徳的な評価であるが、それと少なくとも同じくらいに、各集団が所持する権力の規模であるといえよう。政治的関係における強制的な要素は、より純粋に理性的で道徳的な要素と比較した場合、決して明確に区別したり定義したりすることはできない。社会紛争下にある党派が、どのくらい理性的な議論によって、あるいは強制力の脅威によって影響づけられているのかを正確に計測することは可能ではない。たとえば、特権階級がより高額の相続税を受け入れる際に、どのくらいの人々がそうした納税が善い社会政策であると信じて受け入れているのか、あるいはまたどのくらいの人々が国家権力がそうした税制を採用しているという理由のみでそれに従っているのかを認識するのは不可能である。政治紛争は、少なくともまだ紛糾が危機的なところまで到達していない時期には、強制力の実際の使用というよりはむしろ、強制力の脅威によって進行していくものだ。それゆえに、不注意なあるいは表面的な観察者の場合、道徳的で理性的な要因を過大評価し、紛争ですでに行使されている可視化されないタイプの抑圧や強制力を看過することはつねに起こりうるのである。

人間本性の道徳的資源とその制約

たとえ社会的知性と道徳的善意志の増大が人類の歴史においてどれほど達成され、それが社会紛争の残虐性の緩和にどれほど寄与しようとも、紛争それ自体をなくすことはできない。そのような事態が成就されるのは、ひとえに以下のような状況が生まれる場合に限られる。すなわち、人間集団——人種的、国民的な集団であれ、経済的な集団であれ——が、一定の理性と共感を獲得できて、各集団が自分たち自身の利益をはっきりと理解するのと同じように、他の諸集団の利益をも明白に理解できるようになる必要がある。そして次に、そうした各集団が、自分たち自身の権利を肯定するのと同じくらい力強く他の諸集団の権利を擁護する道徳的な善意志を保持できるようになる必要がある。しかし、人間本性の不可避的な制約、人間の想像力や知性の限界を考慮に入れれば、これは個人としては自分のものにできるかもしれないが、人間社会にとってはその能力を越えた一つの理想にとどまる。教育者は人間本性の柔軟性を強調し、社会科学者や心理学者は人間の「社会化」について夢想し、宗教的理想主義者は道徳的責任の感覚を広げようと努力する。彼らは、既存の社会制度のなかで個人を人間らしくする課題に取り組み、個々人の間の関係からできる限りエゴイズムを取り除こうと試みることで、社会においてきわめて有用な役割を果たすことがある。しかし、ラディカルな社会変革の問題とその必然性に対処する際、彼らの勧告はほとんど不可避的に混乱を露呈してしまう。なぜならば、彼らは、自分たちの努力を最終的には挫折に終わらせてしまう人間本性の制約を自覚することがないからである。

以下の行論は、人間本性の道徳的資源とその制約を分析すること、人間の集団生活におけるそれらの帰結と累積的効果をたどること、そして確証が得られた事実に照らして政治的戦略を比較考量することに捧げられている。これらの課題の究極的目的は、倫理的な社会目標を達成できる最も有望な政治的方法を発見することにある。そのような方法は、二つの規準によってつねに判断されねばならない。第一に、それは、人間本性の道徳的資源と可能性を適切に考慮したものであり、人間のあらゆる潜在的な道徳的能力の開発に適切に対処するものであるかどうか。第二に、それは、人間本性の制約、とくに人間の集合的行動において露見されるそれらの限界を十分に考慮するものであるかどうか。中産階級の世界においては政治に関するモラリスト的な幻想はきわめて執拗であるので、第二の問いを強調することは、おそらく一般の読者には不当にシニカル(冷笑的)だという印象を与えてしまうだろう。社会的観点や分析は、それらを生み出す時代の気質に深く関連づけられている。アメリカにおけるわれわれの現代文化は、依然として「理性の時代」[一九世紀]の幻想とセンチメンタルな態度にかなり強固に捕縛されている。少なくとも部分的にでも幻滅した世代の観点から書かれる社会的分析は、一九世紀的信条に立脚する人たちの観点からみれば、ほとんど純然たるシニシズムのように思われるだろう。

第一章　人間と社会——共に生きる術

社会と人間の本性

人間社会のルーツは、人間生活の始まりよりも、歴史のもっと深いところにある。しかし、そのわりに人々は、自分たちの集合的存在の問題を解決するという点では、ほとんど進歩してこなかった。どの世紀もそれぞれ新たな複雑な問題を生み出し、どの世代もそれに巻き込まれ、それぞれ新たな苦悩に直面してきた。幾世紀にもわたる経験の積み重ねがあるにもかかわらず、人々は自分たちの悪徳を重ねて、「泥と血とで」互いに汚し合うことなく共に生きる術をいまだに学んでこなかった。各人が生きている社会は、各自が追求する生の充溢《じゅういつ》の基盤であると同時に、それが得られないという因果応報《ネメシス》の根源でもある。どんなに人間の才覚によって人々のニーズを満たすために自然がもたらしてくれる宝物（資源）を生み出すことができるようになったとしても、それが人間の欲求のすべてを満足させることは決してない。というのも、人間は他の被造物とは異なって想像力を与えられているが、それが人間の欲望を刺激し、生存に必要な量以上のものを欲しがるという呪いにもなるからである。人間社会は、人間生活の保持や達成のために与えられている物質的財や文化的財を、どのように公正に配分するのかという問題を避けて通ることは決してできないであろう。

自然を征服することの結果として、自然の恵みが人間に対していや増しにもたらされるようになった。だが、この事実は、不幸なことに正義の問題を緩和させるどころか、むしろより先鋭化させた。科学技術によって人間に敵対する自然の牙が抜かれる形になったが、社会もまた結果として凝集力の強度と範囲を次第に増大させていった。科学技術はまた、権力が不公平に配置される社会、それゆえに正義の実現がますます困難になる社会を作り上げていった。自然の困難を除去するために使用された道具が、今度は人間社会の困難を増加させる手段へと転換する。おそらくこの問題は人間の悲しい運命であり、また自然と人間社会の関係における歪《ひず》みに起因する病理から生じる困難である。おそらくそのようなことが、少なくとも現時点にいたるまで人間の運命であり続けた。そして人間の歴史における有害な傾向が完全な悲劇に帰結するまで、社会的不正義という一段と苦痛をともなう重荷から救い出されることはないのかもしれない。

人間の本性には、人間社会の問題解決に有利に働くなんらかの天賦の資質が欠落しているというわけではない。人間は、自然によって自分の仲間たちと有機的な関係性を築く能力を賦与されている。そして人間は自然の衝動によって、たとえ自分のニーズと競合する場合でも、他者のニーズを配慮するように促される。高等哺乳動物とともに、人間はみずからの子孫への関心を保持している。子どもの長い幼児期は、人間の歴史の最も初期の段階において有機的な社会集団の形成の基盤を作り上げるのに役立った。知性、想像力、社会紛争の必然性が、この社会集団の規模を次第に拡大していった。自然の衝動は洗練されていき、さらに拡大されることで、直近の家族関係よりも広範な血縁関係が、社会的連帯の基礎になった。そのような初期の時代から、人々の協働の単位は次第に広がっていき、それらの単位の間の重要な関係性の領域も拡大の一途をたどった。しかし、それにもかかわらず、諸国民の間の紛争は、それら相互の関係において一時的というよりは永続的な要素であり続けた。そしてどの国民も、その共同生活の内部で平和と正義のどちらをも維持していくことの困難さを次第に認識していった。

たしかに知性を通じて各人の仁愛(benevolence)の衝動の射程が広がり、有機的血族的関係によって密接に結びついている人たち以外の遠い他者のニーズと権利とに配慮できるようになるかもしれない。だが、ふつうの人間の能力には、自分たち自身が欲するものを他の人たちにも分け与えるのを不可能にさせてしまう明白な限界がある。一八世紀以降、教育者たちは、より普遍的で適切な教育が施されるようになれば、正義は自発的な協働によって実現されるだろうとする好意的な幻想に取り憑かれてきた。しかし、仁愛と社会的善意の感情は、それほど純粋でも強力でもない。さらに理性的能力は、自分たち自身の意志との公平な競合関係において他者の権利とニーズに配慮するほどには、決して完全に発達しているわけではない。こうした限界を信ずるに足る十分な理由がある。したがって、すべての知的あるいは宗教的なモラリストたちが陰に陽に期待する社会的ユートピア、つまり無政府的な千年王国の可能性を考案するなどというのは、そもそも不可能なのだ。

最も親密な社会集団に比べて大規模組織の場合、社会的協働をすべて成り立たせるには、強制が必要とされる。もっとも、いかなる国家も純然たる強制のみで統合を維持することはできない。だが、そうかといって強制なしにそれ自体を保持することもできない。相互の同意の契機が十全にみられる場合、また組織的集団の内部で対立する利害関係の調停と解決に有益な標準的規準とおおよその公正な方法が確立されている場合、社会生活における強制の契機はしばしば隠され、危機の時にのみ、また御しがたい諸個人に対抗する時にのみ表面に出てくるものだ。だが、通常の場合でも強制が不在だということではまったくない。社会における地理的差異や機能的差異にもとづく利害の多様性から、さまざまに異なる社会哲学や政治的態度が生まれてくる。それらの対立は、善意と知性によって部分的に調和されることがありえたとしても、決して完全に除去されることはない。組織化された社会集団の内部で、またはそのような諸集団の連合体の内部で、統合は最終的には支配集団が自分たちの意志を強制する能力によって作り出される。

良心と権力がぶつかり合う場としての政治

政治とは、歴史の終わりにいたるまで、良心と権力がぶつかり合う場であり続ける。そこでは人間生活の倫理的要素と強制的要素とが浸透し合い、不確かで不安定な妥協が作り出される。社会紛争を民主的に解決する方法について、一部のロマン主義者は、それを強制的要素に対する倫理的要素の勝利であるとして称賛している。だが、一見そうみえるとしても、実際ははるかにより強制的なものである。多数派が自分たちの主導権を握るのは、少数派が多数派を正しいと信じるからではない。(少数派のほとんどは、多数派への譲歩があったとしても、多数派の道徳的威信を認めているわけではない。)その理由はむしろ、多数派が獲得した得票数が彼らの社会的強さのシンボルであることによる。少数派が多数派の数の力を凌駕する何らかの戦略的利点を持っていると信じる場合、また少数派が自分たちの目的遂行に十分に自覚的であり、社会における自分たちの立場について絶望的になる場合、少数派は多数派の指示を受け入れるのを拒否するのだ。軍や経済界の巨頭や熱心な革命家は、伝統的にはともに多数派の意志を軽蔑するのを常とした。最近トロツキーは、ドイツの共産主義者にむけて、ファシスト勢力が投票者をより多く動員できる状況にうろたえることはないと忠告した。というのも、革命は不可避であり、国家の産業プロセスを担っている工場労働者たちの力の方が、ファシスト運動を形成している官僚や他のプチブル［小ブルジョア階級］の社会権力よりもはるかに強力だからであるとする。

デモクラシーのプロセスのなかに理性的倫理的要素が存在していることは、疑うことができない。社会勢力の間に競合が生じる場合、デモクラシーの方法ではたしかにそれらの対立を裁定するのに闘争の場ではなく討議の広場《フォーラム》が使用される。こうして対立の解決は、道徳的説得や双方の権利の対立を調整する理性的手法を通じて探られることになる。仮に政治的問題が社会政策という抽象的問題であり、その解決に偏見をもたない市民がみずから尽力することが求められていると想定しよう。もしそうであれば、投票および選挙前の討議は、実際に社会集団がみずからの共通の精神を発見するための一つの教育プログラムと見なされるかもしれない。しかし事実はそうではなく、政治的意見は不可避的に何らかの経済的利害にその根をもっており、比較的にほんの一部の市民のみが自分たちの利害を度外視して社会政策の問題を観察できるのだ。それゆえに、利害対立は決して完全には解決できるものではない。そして少数派が譲歩するのは、ひとえに多数派が国家の警察力を掌握しているからであり、またもし機会があれば、国家による軍事力の増強が企てられるのを恐れるからである。万一もし経済的であれ軍事的であれ、少数派が多数派の権力に挑戦できるほど強力であると見なせば、イタリアのファシスト運動で起きたように、少数派は多数派から国家装置の統制力を力ずくで奪うことを試みるであろう。少数派はときおり、アメリカの南北戦争の事例にみられたように、たとえ勝利の見込みがほとんどない時ですら、あえて軍事衝突に訴える場合もあろう。南北戦争の場合、南部の大農園の綿花をめぐる利害が、東部の産業家と西部の農業者の結託によって投票で否定された時、力ずくで国家統一の解消のために立ち上がり、自分たちの独自の利益と特権を守ろうと決意したのだった。

換言すれば、強制的要素はつねに政治のなかに現存している。もし経済的利害の衝突が過度に激しくない場合、もし調停の精神が部分的にでも経済対立を解決する場合、さらにもしデモクラシーのプロセスが道徳的威信と歴史的尊厳に見合うように奏功する場合、政治における強制的要素は隠され、ふつうの観察者の眼には可視化されないであろう。しかし、それにもかかわらず、強制力の行使やその威嚇なしに国民集団は「共通の精神」を取得することができるとか、あるいは「一般意志」を自覚するようになると主張するのは、純粋培養のロマン主義者だけであろう。こうした現実はとくに国民間の関係についてあてはまるが、しかしまたよりわずかな程度ではあるが、他の社会集団間の関係についてもあてはまる。宗教共同体ですら、それが十分に大きな規模である場合、そして争点が構成員にとって死活問題と見なされる場合、統合を維持するために強制に依拠することがある。宗教組織はつねにあまり露骨ではないタイプの強制力（破門や禁止令）を用いてきたのであり、あるいは国家の警察力を導入した場合もある。

強制力は、社会的凝集力の形成のプロセスにおいて不可避の部分となっている。その理由は、隣人たちの利害を自分たち自身の利害と同じように明白に認識し、みずからの利害を超克していくことには、人間精神と想像力の限界があり、不可能だからである。しかし、平和を保証する強制力はまた、不正義をも作り出す。ヘンリー・アダムズは、「権力は毒薬だ」と言ったことがある。そして権力は、道徳的洞察の眼を見えなくさせ、道徳的目的への意志を無力にする毒薬なのである。どのような社会であれ、それを組織する個人または集団は、その意図や見かけがいかに社会的なものであったとしても、過度な社会的特権をみずから要求するものだ。権力の二つの最も明白なタイプは、軍事力と経済力である。しかし、原始社会においては祭司の権力も明らかに観察された。その理由は、一つには祭司は超自然的な恩恵を施すことができたからである。またもう一つの理由は、祭司は軍人のやり方よりも険悪さの少ない方法で公的秩序を打ち立てることができたのであり、その点では祭司の権力は軍人と地主の権力と競合していた。

古代バビロンやエジプトの興隆からヨーロッパ封建社会の没落まで存続した農業文明と、今日の商業および産業文明との主たる相違は、前者では軍事力が主要だったのに対して、後者では軍事力は経済力の後塵を拝して二次的な地位に後退したことである。農業文明では軍人が地主になった。より原始的な時代には軍人は、みずからの武力で土地を要求できたのである。後代になると、君主がみずからの王国を守護し、その支配を確立した軍人の武勲をねぎらい、土地を褒美として授与した。軍人はこうして経済的安全と社会的威信とを獲得した。軍人はまた、君主に対するさらなる軍事的奉仕を通じて経済的および社会的利益を増し加えることもできた。実業家と産業界の大物は、かつて軍人と祭司が保持した名声と特権の地位を次第に剥奪していった。たいていのヨーロッパ諸国では、軍人の系統をひく地主貴族階級に対する彼らの優位性は、封建的伝統をもたないアメリカと比べて完全なものではなかった。今日［執筆の一九三二年当時］の日本では軍人階級は依然として強力であるため、実力を蓄えてきた商業界の権力を破壊しようと脅威を突きつけている。産業文明における経済権力の突出、および経済権力が軍事力をみずからの道具にする能力に関しては、後にさらに述べたいと思う。

ここでのわれわれの関心は、どのような種類の主要な社会権力であっても、社会的不平等を増進させるという事実を記録しておくことである。たとえば歴史が平等主義以外の観点から眺められ、経済的報酬の差の拡大が道徳的に正当化でき、社会的に有用であると是認されるとしよう。しかし、その場合ですら、複雑な社会の洗練された文明の展開とともに、権力集中の増進によって作り出される不平等の広がりを正当化することは不可能である。どの時代の文献にも、これらの不平等の合理的かつ道徳的正当化の試みが満ちあふれているが、それらのほとんどは見かけ倒しで終わっている。たとえ優越した能力や社会貢献が特別な報奨に値するものだとしても、その報奨がつねに貢献にふさわしい程度以上に過大なものになるというのは公理と見なしてよいであろう。

どのような不偏不党の社会といえども、報奨を公平に決定することはできていない。社会を牛耳る権力の保持者たちが、これらの役得を得て素知らぬ顔をするだけのことである。現代の専門家にみられるように、特別な才能が権力と結びつかない時にはいつも、その人の収入——平均以上であっても——の上積みは産業社会の権力の現実の中枢にいる経済界の大物の収入に比べれば信じられないほど低いものである。不平等な特権を合理的かつ社会的に正当化するたいていの試みは、明らかに後から付け加えられた代物である。そういった事実は、所与の社会システムのなかに存在している権力の不均衡によって作り出されている。それらの正当化は、つねに自分たちのむきだしの貪欲さを隠蔽しようとする権力者たちの欲求に影響され、さらに人間生活の赤裸々な事実を覆い隠そうとする社会それ自身の傾向によって促されたものである。これは、むしろ一つの悲哀に満ちた傾向ではあるが、理解できる傾向でもある。というのも、人間の集合的生活という事実のために、平均的な個人から人間の営みへの信頼が容易に奪われてしまうからである。人類の集合的行為様式はすべて不可避な偽善と結びついているが、主にこの源泉から派生している。

個人は道徳的規準律を有しているが、それに照らしてみると、集合的人間の行為は個人の良心を憤激させずにはおかない。それゆえに、個人は集合的行動の本当の性格を暴露するよりも、むしろ曖昧にしてしまうことを好むために、リアルな事実のロマン主義的で道徳的な解釈を発明するのだ。彼らはときおり、自分たちが他者に加える残虐さに対するのと同様に、自分たちが他者から加えられる残虐さに対しても熱心に道徳的正当化を試みる。人間の集団行動の偽善――後に私はさらにこのテーマについて多くを語るだろう――は、自己正当化のなかに明示されるだけでなく、人間行動全般の道徳的正当化においても表れている。そしてこの事実こそ、人間精神の悲劇の一つを象徴的に示している。それはつまり、人々の集合的生活を個々人の理想に服せしめることは不可能だという人間の無力さである。個人として人々は、相互に愛し仕え合い、相互の間に正義を打ち立てるべきだと信じている。しかし、人種的で経済的かつ国民的な集団として人々は、自分たち自身、権力の命じるところに従ってしまうのである。

歴史のなかの権力の不均衡

牧畜経済から農業経済への移行で始まった複雑な社会の権力の不均衡は、狩猟社会および遊牧社会の単純な平等主義と共産主義を破壊し、すべての時代を通じてあらゆる形態の社会的不正義を持続していく要因となった。権力のタイプは変容し、社会的不平等の陰影も変化していったが、本質的な事実は不変のままだった。エジプトでは土地は三分割され、それぞれ王家、軍人階級、祭司階級に権利として要求された。平民は土地を所有しなかった。ペルーではかなり際立った専制的共産主義が発達していたが、王が土地の全体を所有し、三分の一を人民に与え、三分の一を祭司階級に与え、そして三分の一を王自身と貴族階級に残した。言うまでもなく、平民は彼らの土地だけでなく、他の二つの土地をも耕さねばならなかった。中国では皇帝が数世紀にもわたって土地収用の権利を保持していた。そして皇帝は紀元三世紀には封建制度とその試みを撤廃し、名目的に皇帝に帰属していた土地と不可譲の権利とを各家族に授与した。中国では他のどの古代帝国に比してもおそらく不平等はより少なかっただろう。日本では天皇が土地を封建諸侯に授与し、諸侯はそれを下級貴族に貸与した。封建諸侯の氏族の権力は彼らの武力の卓越性に由来し、土地所有を通じて存続したが、近年にいたるまで実際に破滅することなく存続した。しかし、その間、天皇の権力は一九世紀後半にいちおう再建され、産業の成長は部分的には地主貴族階級出身の財閥によって駆動された。

ローマでは貴族階級の「家父長」(pater familias)は、その絶対的所有権によって絶大な権力を保持し、社会的ピラミッドの頂点で君臨することになった。家父長自身の家系の女性たちや子どもたちをはじめとするすべての貴族階級、それから平民、そして最後に奴隷という仕方で、それぞれ社会的階梯の多種多様な段階に位置づけられた。権力がさらなる権力を生み出すという形で次第に拡大していく不平等を打破しようと試みたグラックス兄弟の努力がみられたが、その企図は失敗に終わった。それはちょうど、ギリシアにおけるソロンやリュクルゴスの改革が挫折したのと同様である。軍事的征服は、ローマの大土地(ラティフンディア)所有者たちに数百人にも及ぶ奴隷を与える結果となったが、それらの奴隷の労働によって小地主たちは貧困へと追いやられた。こうしてローマ帝国の衰亡への道が準備されていった。というのも、諸侯と奴隷しかいないような国家は、内部崩壊を防止する社会的接合の要素を欠いていただけでなく、外敵の攻撃から防衛する軍事力をも失っていたからである。

歴史を通じて見いだせるのは、権力のなかに権力それ自体の存在理由を破壊してしまう傾向があるということであろう。権力は国内の統合を実現したり、国民のために対外的な防衛を成り立たせたりするがゆえに、困難を生んでしまう。権力の働きがそれほど大がかりなものになると、権力行使が引き起こす敵意によって国家の社会的平和を破壊し、一般の人間を国民に結びつけている基本的特権を奪いとることで愛国主義の感情を弱めてしまう。次の引用文は、プルタルコスによれば、ティベリウス・グラックスの言葉とされているが、権力者階級が自分たちの支配領域の防衛に奴隷たちの協力を得ようとする欺瞞的な振る舞いがいかに虚妄であるのかを暴露している。

イタリアの手に負えない野獣でさえ、少なくともみずから避難するねぐらや巣穴や洞穴がある。ところが、この国のために闘って死んでいった人たちは、大気と光を除いては何ひとつ手に入れることができず、自分たちの妻子と一緒にあてどもなく放浪することを強いられた。彼らはみずから枕する休息の場所や家を持っていなかった。……貧しい者たちは、他の人間たちの享楽、富、ぜいたくのために、戦場におもむき、そこで闘い、そして命を落とすのだ。(1)

長い目でみれば、これらの欺瞞的な振る舞いはあばき出され、愛国主義の感情は無産者たち［相続権を剥奪された者たち］の胸の内で窒息死を遂げる。特権集団は、近代のプロレタリア階級の間に愛国主義が欠如していることに憤激の情を隠さないが、歴史のわずかばかりの研究だけでプロレタリア階級がなぜ国際主義的になるのかについてその要因を知ることができよう。ディオドロス・シクルスは、エジプトについて語るなかで、「一国の防衛をその地には何も所有していない人々に委託するのは不条理だ」と述べている。(2)こうした反省は、彼自身の時代と国民だけでなく、その他の時代と国民にも適用できる考え方である。ロシアの純粋な共産主義者は、第一次世界大戦中に階級的忠誠心よりも愛国主義を重視したヨーロッパの社会主義者に軽蔑の言葉を浴びせかけた。しかし、ヨーロッパの社会主義者のナショナリズムについては、きわめて簡単な説明が可能である。彼らは、ロシアの同志たちと比べて、完全には、または少なくともそれほど明白な形では収奪されていなかったからである。

すべての古代文明の奴隷制は、社会的単位の規模の拡大と複雑化にともなって社会的不正義が増大していったが、その歴史的経緯に関して興味深い具体的な説明を提供している。原始的な部族組織において集団の内部では権利は本質的に平等であり、集団の外部に対しては権利がまったく認められないか、ごくわずかの権利だけが認められていた。戦争の捕虜は殺害された。農業の発展にともなって、捕虜の労働は有益なものとなり、彼らは命を救われる代わりに奴隷とされた。権利を持たない人たちが集団の親密な生活の内部に迎え入れられてからは、権利の平等は消失していった。奴隷はもはや敵とは見なされなくなり、集団生活に完全に組み入れられてからでさえも、不平等はそのまま変わることなく残存した。奴隷制の原理がいったん樹立されると、それは私有財産制の発展の犠牲者である負債奴隷を包摂する形で拡大していった。もともとの共同体にいた負債奴隷の構成員たちは、最初のうちは捕虜奴隷が享受していなかった権利を保障されていた。しかし、長い年月が経過していくなかで、これらの区別は失われていき、捕虜奴隷は最終的に負債奴隷の地位にまで引き上げられた。こうして人々が社会集団内部で実践する人間尊重の態度が発達していくにつれて、そうした姿勢は他の諸集団に属する個々人への残忍な態度に対してもわずかながら勝利を収めるようになっていった。

しかし、そのような勝利は、奴隷制の樹立によって集団の親密な生活のなかに集団間の関係の道徳を導入した前述の場合と比べると、取るに足らないものである。未開社会は、階級区別に関してはほとんどあるいは何も知ることがなかった。こうした階級区別は、文明によって創造され、そしてますます高度に入念に作り上げられていった。自然が人々に賦与した社会的衝動〔社会を形成しようとする生来の衝動〕は、たとえそれが知性の発達によって強められ、平等な力によって大きな共同体のすべての構成員へと拡張されていく場合ですら、十分に強力なものにはならなかった。奴隷と自由人との区別は、より高度な社会が展開していく際にみられた、数多くの社会的階層化の一つにすぎなかったのである。それらの社会的階層化は、あらゆる場合、軍事的であれ、経済的であれ、権力の不均衡によって決定づけられた。こうした権力の不均衡は、より複雑化した文明とより大規模な社会的単位では増大していったのである。社会的知性の拡大は、こうした傾向に対峙され、またそれに抵抗したであろう。しかし、それは権力の不均衡の傾向をほんのわずかしか変えることはなかった。イスラエルの預言者も、エジプトとバビロンの社会的理想主義者も、社会的不正義に抵抗したが、自分たちの正義の社会のヴィジョンを実現することはできなかった。

権力者は、人間尊重への衝動が内心で芽生えることがあったとしても、ある種のいわば野獣的な一面を失うことはなかった。権力者は、みずからの家族、また権力と特権を共有する集団の内部では寛容でありえたであろう。またきわめて例外的な状況ではあるが、他の諸集団の構成員たちへの権力者の最高度の道徳的態度とは、自分自身の権力に匹敵し挑戦してくる人々に対しては戦闘上のスポーツマンシップで臨むことであり、自分より弱小の権力と特権の保持者たちに対しては慈善的な寛容の姿勢で臨むことである。その慈善は、われわれがすべての人間行動に見いだせる残忍な面と道徳的な面との奇妙な結合を見事に示している。というのも、その寛大さは、同時に自身の権力の誇示と自身の哀れみの情を示すものだからである。もし彼の権力が異議申し立てを受けたり、また彼の寛大さが感謝と謙遜でもって受け止められない場合には、彼の寛大な心情は自分自身の内部で凍りつくのである。たとえ権力者である個々人がここに記述されている以上に優れた倫理的な態度を示す場合であっても、先に書いたことは一階級としての権力者たちにとって典型的なものである。そしてそれは、個々人としてというよりは、一集団として自分たち自身を表現する時に、彼らが示す実際に不変の態度なのである。

近代のデモクラシーと産業主義

一八世紀に始まる近代のデモクラシーの出現は、ときおり、王室と貴族階級の権力を、国民社会の凝集力を基盤とする被統治者の合意によって代替したものと考えられている。こうした判断は部分的には正しいが、近代のデモクラシーの無批判な礼讃者たちが想定するほどには正しくはない。政府は被統治者の合意によって存在するという教説、さらに被統治者の投票が国家の政策を決定するというデモクラシーの技術論は、国民生活における強制的要素を実際に弱めてしまうかもしれない。それはまた、社会的利害の対立を解決したり、政治制度を変革したりする平和的で漸進的な方法を示すかもしれない。しかし、デモクラシーの信条と制度は、それらを構想し発展させてきた商業的階級の特殊利害から完全に切り離されたものではない。経済活動への政治的抑制を破壊することは、彼らの利益になるものだった。それゆえに商業的階級は、国家の権威を弱体化させ、国家を彼らのニーズに適応させたのである。

近代産業主義の時代における経済権力の集権化の強化とともに、こうした展開が意味するのはひとえに、社会それ自体がその福利厚生が要請するほどには経済権力を制御できなかったということである。そして同時にそれが意味するのは、権力――それは政治的、軍事的というよりはむしろ経済的な権力なのだが――が、近代社会の重要な強制力になったということである。経済権力は国家の権力を無視するか、あるいは国家の諸制度を自身の目的のためにねじ曲げてしまうかのいずれかである。政治権力は社会に対して責任を負うが、経済権力は責任を負うわけではない。その正味の結果は、最終的に政治権力が経済権力に対しても責任を負うことになる。換言すれば、社会をまとめあげ、そのプロセスを規制するのは、ここでも権力者ないし支配階級であり、つねに法外な報酬をみずからの功績に対して支払うことになる。相違があるとすれば、それは、かつては土地の所有者であったが、今は工場の所有者が権力を振るうということ、さらにその権力は土地所有の貴族によって行使されていた権力に比べると、より非軍事的でより純粋に経済的であるということである。言うまでもなく、この経済権力は軍事力と完全に切り離されているわけではない。それは、国内および国外の敵に対してみずからの利益を護るために、しばしば国家の警察や軍隊を私的に援用することもある。軍事力は経済権力によって雇用された下僕に成り下がり、もはや経済的所有権の生みの親ではなくなるのだ。

他の章でもっとページをさいて、権力の増大と使用におけるこうした現代的展開について議論する機会があるだろう。それと同時に、商業階級や工業階級の利害を超克し、社会生活の歴史に永続的な貢献をなすというデモクラシーの信条のそうした側面を正当に扱うことは可能である。現時点では、デモクラシーの運動が社会に対して権力と正義に関する悩ましい問題を永続的に解決したとするなおも広範に維持されている確信に対して、割り引いた評価を下すことで十分であろう。

社会を持続的に悩ますものとしては、社会生活における強制的要素――人間の知性と想像力の限界によって不可避となるもの――が、平和の樹立のプロセスにおいて不正義を作り出すという事実があるだけではない。それに加えて、社会集団の内部に不安定な平和を保障するその同じ強制的要素が、集団間の対立を悪化させるという傾向もまた、悩ましい問題である。権力は、共同体内部の平和を維持するために正義を犠牲にしてしまい、数ある共同体の間の平和を破壊してしまう。国王たちだけが戦争を起こすというのは、真実ではない。どの国民共同体の共通のメンバーたちも、感情的には平和を望みながら、それにもかかわらず羨望、嫉妬、傲慢、偏狭、貪欲さといった共同体間の対立を煽るような衝動に浸っている。現代の戦争が、不均衡な経済権力と特権を随伴する現代資本主義体制によってのみ引き起こされるというのも、真実ではない。人間の知性のほとんど奇蹟的な増大なしには、さまざまな国民共同体間の利害の対立を解決することは容易ではない。その困難さは、現在、国際的対立を悪化させている強力な特権や不平等な権力の構造が破壊された後であったとしても、変わらないであろう。それにもかかわらず、人類の全歴史が証言しているのは、集団内部のアナーキーを防止する権力は、集団間の関係においてはアナーキーを助長するという事実である。

昔日の国王たちは、他の圧制者たちとの紛争においてみずからの臣民に忠誠心と犠牲を要求したが、その紛争では国家の利害と人民の福祉は君主の恣意的な目的の下にまったく顧みられなかった。人間が陥りやすい個人的な気まぐれの要素もまた、君主の動機づけのなかに入り込み、不幸にも臣民の血を流させる一因となった。傲慢、嫉妬、失恋、傷ついた虚栄心、より大きな宝物を求める貪欲さ、より大きな領土の支配権への渇望、王室の兄弟間や父子間の小競り合い、一瞬の情念、子ども染みた気まぐれなど、これらすべてが、国際紛争の繰り返しの持続的な——一時的ではない——原因と機会となっていたのである。人類の知性の増大と人民に対する君主の責任感の増大は、権力者の気まぐれを抑制してはきたが、自己利益の抑制にはならなかった。君主は、みずからの傲慢と虚栄心を満足させるために、依然として社会紛争に従事したであろう。しかし、それには必須条件があった。それは、君主が、自分の個人的野心を、集団の野心および集団を構成する諸個人の不憫な虚栄心や情念に結合させ、さらに前者を後者でもって神聖化させる場合に可能になったということである。

ナポレオンの物語は、近代史に属するのであって、古代史に属するのではない。彼は、フランス人の愛国主義の手段として、また革命的熱狂の道具として装いをこらすことができた。その限りにおいて、権力への彼自身の圧倒的な欲望を満足させるために、ヨーロッパを血まみれにさせることを可能にした。実際、ヨーロッパの伝統的な絶対主義に敵対した民主主義の感情は、それが表面上は破壊することを求めた絶対主義以上に残忍で戦慄すべき圧制を作り出すのに利用されたのである。そしてまた、フランス革命の平等、自由、友愛という夢は、ナポレオン的帝国主義の悪夢へと足早に転換されてしまった。この事実は、自分たちの社会生活の諸問題を人間的資源によって解決しようとした試みが、いかに不十分だったのかを悲劇的に示すものであった。みずからの子ども染みた虚栄心の下で大規模な海軍を欲したドイツの皇帝［ヴィルヘルム二世］は、彼の叔父にあたるイギリス国王［エドワード七世］との海軍力をめぐる競合において平等な立ち位置を確立しようと試み、第一次世界大戦を回避できないものとしてしまった。(3) しかし、もし彼の虚栄心が人民の偏見や拡大する帝国の経済的必要性に相い容れるものだと思わなかったならば、彼はこうした虚妄にみずから浸ることはなかったであろう。セオドア・ルーズヴェルトは、アメリカ人民に米西戦争［一八九八年］をそそのかした小さな秘密組織に属していた。彼をつき動かした野心や虚栄心は隠されてはいたが、称揚されていた。というのも、まだ若々しい国家の権力への意志、そして喧嘩好きの抑圧された衝動や好戦気分に浸っていた哀れで小さな「街の人々」は、ルーズヴェルトのなかに象徴的表現と代償的満足を見いだすことができた。

現代産業界の巨頭たちの原料と市場のニーズ、地球上の未発展で未開発の地域の支配をめぐる競合が、現代戦争のきっかけを作った。しかし、各国の支配的な経済集団の野心と貪欲さは、国際紛争の唯一の原因ではなかった。あらゆる社会集団が帝国主義的な野心を発達させる傾向にあり、その野心は集団の指導者たちや特権化された集団の強い欲望だけで起因することはないとしても、それらによって強化された。各集団は、各個人と同様に生存本能に根づいた拡大への欲望を保持しており、みずからを越えて拡張しようとする。生命への意志は権力への意志に転換する。自然が侵略の道具へと転換されることのない防御の武具を供給することも、まったく例外的なことだが、稀にはある。みずからの想像力が理想とする権力や栄光を実現できない挫折感によって、平均的な人間は、自分自身の集団の帝国主義的野心を進んで実現しようとする道具となり、同時にその犠牲者になってしまうのだ。そうした人間の挫折した個人的野心は、彼の国家の権力とその拡張にある種の満足を見いだそうとするからである。

競合する諸種の国民集団の権力への意志は、国際的アナーキーを作り出す原因となった。これまで人類は、道徳的感覚を通じてこうしたアナーキーを克服しようとむなしい努力を重ねてきた。いくつかの強大国は他の国々よりも強力であるので、しばしば、国内のアナーキーを防止しようとして、効果的な帝国主義——現代の産業時代には明白なものというよりもより隠然としたものとなってきている——に訴えかけてきた。しかし、強制力によって得られた平和は、つねに不安定で不正な平和である。強力な諸階級が国家を組織するように、強力な諸国家が粗野な国際社会を組織する。どちらも不正な平和であるので、その平和は暫定的なものである。平和はただ、利害の対立を相互に調停することで部分的にのみ達成されるのであり、それはもちろん諸権利を理性的かつ道徳的に調整することによって実現されるものではない。平和が存続するのは、ひとえに強大国に挑戦するにはあまりにも弱すぎると感じていた弱小国が、そうした挑戦ができるほど強国になるか、そうなったと感じるようになる時までである。国際連盟の道徳的影響力を軽視する必要はなく、また国際連盟が社会の合理的かつ道徳的な組織化において一定の前進を表すものであることを拒否する必要もない。さらに現代のヨーロッパの平和がフランスの軍事力によって維持されていること、またフランスの政治的指導力の巧妙さが、ヴェルサイユ条約に騙されたと感じている人民［ドイツ人民］をまとめ上げる軍事力と相俟ってうまく機能している限り、平和は存続するであろうということも、拒否する必要はない。重要なのは、民衆に直接行動を防止するための恐怖を抱かせているのと同じ権力が、同時に彼らの究極的反乱を促す憎悪の高まりを作り上げているという事実である。

専制とアナーキーの間で

こうして社会は持続的な戦争状態にある。人々は、社会生活を組織する道徳的資源や合理的資源を欠いており、強制力に頼ることもできない。また人々は、最も直接的で親密な社会集団を除いては、諸個人、諸階級、諸国民――その強制力によって瞬間的に強制化された統一が達成されている――の犠牲者であり続けており、さらなる紛争も確実に醸成されつつある。社会における強制の要素は必要であると同時に危険でもあるという事実は、平和と正義の双方を確保しようとする全体的課題をますます複雑にしている。歴史とは、社会の凝集力と正義という望むべき目的にむけた、実を結ぶことのない一連の長い物語である。こうした歴史において失敗は、つねに強制の要素を完全に取り除こうとする努力のせいか、または強制力への不当な依存のせいか、そのいずれかである。強制力への全面的な依存が意味するのは、新しい圧制者が、かつて伝統的な君主が脱落を余儀なくされた最高権力の地位を奪取することである。トルストイ的平和主義者や他の無抵抗の擁護者は、強制力が社会に導き入れる悪に着目する。そして彼らは、強制力を完全に取り除くことができるものと考え、アナーキズムの原理を基礎として社会を打ち立てるというむなしい幻想に、みずから捕らわれてしまうのだ。こうした彼らの確信が幻想である理由は、道徳的善意と社会的知性には明確な限界があるからだ。最も活力ある宗教も、また最も賢明な教育プログラムも、それが親密な社会における個人には可能なことだったとしても、先に述べた明確な限界を越えたところでは、社会集団を導くのは不可能だろうからである。社会が直面する課題とは、明らかに生と生との道徳的で合理的な調整に役立つ諸要素を強化することで、強制力の縮減をはかる試みである。それらはたとえば、次のような事柄である。［一つには］依然として必要な強制力を社会全体の責任の下で管理すること、［二つには］社会的に責任をもてない種類の権力を打破すること（たとえば経済的所有権に属する権力）、［三つには］完全には社会的統制の下に置くことのできないタイプの権力に対して道徳的な自己抑制力を課すこと。

これらの方法にはそれぞれ明らかな限界がともなっている。社会はおそらく、すべての権力を統制下に置くことができるほど十分に知的では決してないであろう。ふつうの人間の愚昧さは、少数の支配者——経済的であれ、政治的であれ——が、自分の本当の目的を仲間たちの監視から隠蔽したり、自分の行為を効果的な統制の網の目から隠したりするのを許容してしまう。権力を所持している無責任な者たちが、その権力を全体の善のために犠牲にするような十分な道徳的善意を備えていることを前提にするのは、不可能である。そうである以上、そうした権力は強制的な方法によって打破されねばならないが、しかし打破された権力の代わりに新たな不正義の形態が導入される危険が生じることはつねに起こりうる。経済界の巨頭たちの権力が、共産主義が用いたより過酷さに欠けた手段で破壊されうるかは、いまだに確証がない。しかしまた、ひとたび革命期の理想主義的な熱情が失われた時には、共産主義的独裁者たちは彼らが除外しようと試みている資本主義的な少数の支配者よりもはたしてずっとましなのかどうかという点についても、何ら確証がない。社会の複雑化の増大は、その精緻な技術やプロセスを統制している人々、それゆえに社会権力を保持している人々を完全な制御下に置くのを不可能にしている。こうして社会的に抑制されないこれらの人々の正直さと自己抑制に部分的に依拠することは、つねに必要であろう。しかし、ここにおいてもふたたび、人間の性格に対する権力という毒の有害な効力を破壊するのに十分に強力な道徳的解毒剤を確実に処方すること、これは決して可能ではないだろう。

それゆえに将来の社会にむけた平和と正義は、唯一の社会的戦略に依存することはできず、むしろ数多くの社会的戦略に依拠することになる。これらの社会的戦略のすべてにおいて、道徳的要素と強制的要素とはさまざまな具合に混淆することになる。専制というスキュラの岩礁とアナーキーというカリュブディスの大渦巻を回避することはたいへん困難であるので、その代わりに、人間社会にとっての永久平和や兄弟愛という夢は完全には実現されないだろうといった預言を思い切って述べることは可能である。これは人間個人の良心と洞察に鼓舞されたヴィジョンだが、集合的人間によっては達成することが困難である。これはまた、すべての真なる宗教的ヴィジョンと同様であって、実際の歴史においては、実現が不可能なものであり、ただそれに接近することだけが可能である。このヴィジョンの生命力は、人間の集合的生活を自然の世界に束縛させようとする運命に対して人間が反逆しようとする試みを示すものではある。だが、人間の魂は、この運命を前にしてたじろぐのである。それゆえに、このヴィジョンは、それ自身の限界を超えることが許される場合にのみ、生命力を保持できる。しかし、他方で集合的人間は、歴史的で世俗的な場面で活動する限り、控え目な目標でもってみずから満足せざるをえない。

来たるべき将来の数世紀にわたる集合的人間の関心は、強制力のない完全な平和と正義が実現される理想社会の構築ではない。それはむしろ、十分な正義が実現され、強制力が十分に非暴力的に行使され、集合的人間の営みが完全な惨事に終わることを何とか防止することでしかない。この目標は、ロマン主義者たちにはあまりにも控え目すぎるように思われるだろう。しかし、彼らは現代社会が抱えこんでいる危険についてほとんど理解しておらず、集合的人間の営みが手にしている道徳的資源をあまりに安易に過大評価している。それゆえに、彼らが達成に値すると見なす目標も、ことごとく達成不可能なものとなるに違いないのである。

第二章　社会生活のための個人の理性的資源

無知と利己性――社会紛争や不正義の源泉

社会紛争や不正義の究極の源泉が人々の無知と利己性に見いだされるがゆえに、人間知性と仁愛を増し加えることで正義を達成しようとする希望がたえず新たに芽生えるのは、当然である。宗教的理想主義者は、つねに無知よりも利己性を社会の不正義の根本要因として強調する傾向にあった。そして彼らは、より純粋な宗教が人間精神の仁愛を増大させ、エゴイズムを減少させるだろうとする希望に託したのである。一方で合理主義者の場合、不正義は人々の知性を増大させることで克服できると信じる傾向にあった。彼らの見解によれば、人々が利己的なのは、無知のゆえに他者のニーズを理解することができないからだとされた。あるいは彼らは、他者のエゴイズムによる犠牲者はあまりに無知であるがゆえに、強奪に遭遇しても自分たち自身を守ることができないからだと論じた。あるいはまた、彼らの信じるところによれば、社会の不正義は古代から伝統的悪行が踏襲されてきたことによるとされ、それらの悪行は不合理な迷信によって是認されてきたので、理性によって廃棄されなければならないとされた。

社会の不正義は人間知性の成長によっておのずと取り除くことができるという信条は、実際には一八世紀およびその時代の啓蒙主義に由来する。社会の不正義が中世的伝統や迷信とあまりにも密接に相互に関係づけられていたがゆえに、「理性の時代」には、そのなかの一つの除去がその他の問題の廃棄に行き着くだろうと結論づけることが当然だと見なされていた。理性の時代の最も熱烈な使徒の一人であったコンドルセは、その世代の信仰を次のような宣言でもって言い表した。すなわち、普遍的に教育が行き渡り、活版印刷がさらに発達すれば、一つの理想社会が不可避的にもたらされるであろう、そこでは太陽が「理性以外に主人を持たない自由人たちの地上に」輝きわたるだろう、と。「というのも、暴君と奴隷も、祭司と彼らの偽善的な道具立ても、すべて消え去るに違いないだろうからである。」

こうした啓蒙主義の信仰は、依然として今日の教育者たちの信仰箇条となっており、多くの哲学者、心理学者、社会科学者にも多かれ少なかれ共有されている。われわれの文明の悲惨な状況にもかかわらず、こうした信仰箇条はほんのわずかしか弱められることはなかった。一八世紀には不正義の根本要因そのものであると考えられていた伝統や迷信は取り除かれてきたが、たえず増大する社会の不正義は抑制されなかった。しかし、識者たちは、知性がもっと増大すれば、社会問題は解決を見るだろうという希望に固執し続けてきた。彼らは、現在の状況をきわめて現実主義的に認識することができるのかもしれないが、だが彼らは、適切な教育技術によって最終的に「社会化された人間」が生み出され、社会問題は解決を見るだろうという希望になおもしがみついている。

人間生活にはつねに未発達にとどまっている、いまだに実現を見ていない潜在的なものが存在している。それゆえに、たとえ希望が人々の発達を促すものでなかったとしても、合理主義者と教育者の楽観主義は価値のないものではない。彼らの楽観主義がたとえあまりに無制約なものであったとしても、彼らが個人生活の諸事実と取り組む際に重大な間違いをもたらすとは限らない。教育は疑いなく社会の多くの問題を解決できるし、仲間たちのニーズを認める人々の能力を増大させ、調和的で衡平な関係のなかで仲間たちと共に生きることを可能にする。個人的関係においても人間精神の未開発な潜在力に大きな信頼を寄せることは、それらを発達させていく手段になるかもしれない。われわれは、

希望が、それ自体の絶望のなかから
真剣に求めるものを創造するにいたるまで、
望み続ける。

したがって、人間の潜在力を楽観的に評価することは、その見方それ自体の妥当性を生み出すといえよう。しかし、個人のもつ限界は人間社会において累積的効果をもたらし、そうした限界をできるだけなくそうとする道徳的態度が、個々人ではなく大衆に向けられる時には、きわめて不十分なものとなる。個々人の道徳的資源の評価に関する間違いは、それがどのようなものであれ、政治理論や実践の根拠とされる場合には、その影響はさらに強化されてしまう。それゆえに、政治と倫理が出会う生の領域につねに存在する混乱を解消するためには、事実と注意深く向き合う必要がある。

人間は、自然によって利己的衝動と非利己的衝動の両方を授けられている。個人は自分自身の活力(エネルギー)の中核であるが、その始まりから他の活力と有機的に関係づけられている。しかし、それにもかかわらず個人は自分自身の明確な存在を維持している。自然のなかのあらゆるタイプの活力は、それ自身の保存と存続を追求し、その比類なき精神の枠組みでみずからの達成を追求している。人間の生の活力も、この点においては自然界全体と異なるところはない。唯一異なるのは、その活力を方向づける理性の程度である。人間は完全に自己意識的である唯一の被造者である。人間は、理性によって自己超越の能力を賦与されている。人間は自分自身を、その環境との関係において、また他者の生との関係において理解する。理性は、限界内においてではあるが、人間の活力が他者との調和において発揮され、他者の生と対立しないように、みずからの活力を方向づけることを可能にする。

しかし、理性は人間における道徳的徳性の唯一の基礎ではない。人間の社会的衝動は、理性的な生のレヴェルよりももっと深いところに根をおろしている。理性は、自分自身の生よりも他者の生を肯定していく能力を作り上げることはないが、そうした他者の肯定を拡張し安定化させることはできる。自然は人間に性的衝動を授けたが、それは自分自身の生命の保全を追求するのと同程度の活力でもって人類種の持続を追求するためである。この性的衝動はきわめて基本的なものであり、フロイト心理学は全面的にこの衝動を機軸にリビドー「人間の行動の原動力となるエネルギー」を解釈することができた。もっとも、われわれはアドラーの信頼度の高い理論――そこではリビドーは、それ自体、主として権力への意志として表現されている――を採用することもあるし、またはユングの理論――そこではリビドーをセクシャリティ[1]、権力への意志、それらからの多様な派生物を生み出す未分化の活力とされる——を採用することもあろう。

しかし、いずれの場合でも、自覚的な目的意識によって利己的衝動を抑えこむようになる前の段階ですら、人間は純然たる自己主張によって自己自身を表現するものではないことは、明らかである。人間の自然的衝動は、自分自身の限界を越えてまで生を持続させようと動機づけるだけでなく、他者の生とも何らかの調和を達成するようにと動機づける。われわれは本能に関してどのような理論を採用するにせよ、たとえば本能を思慮深いもの、あるいは固有のものと見なすこともできるし、あるいは社会的に条件づけられた後に初めて明確に定義可能になると考えることもできる。いずれに理解されようとも、人間は他の低次の被造物と同様、群集衝動を共有しているだけでなく、特殊な憐《れん》憫《びん》の情(pity)ゆえに自分の共同体の苦痛を受けている構成員たちに助力を差し伸べようとする。たとえば、ストア派やカント主義者のように理性主義的なモラリストたちは、人間の道徳的能力を純粋に理性からのみ引き出し、精神と衝動とを闘争状態にあるものとして対峙させる。それゆえに、社会的衝動がもともと善きものであることは否定できないにもかかわらず、またそれは明らかに本能と自然に根ざしているにもかかわらず、彼らはつねに社会的衝動の道徳的性質を過小評価するという自己撞着に追い込まれてしまう。こうしてストア派は憐憫の情を嫌悪し、カントは、共感が義務の感覚から流れ出る場合を除いて、それを蔑視した。

理性の能力と社会的寄与

理性は、生の全領域を見わたす能力をもつが、それゆえに種々の勢力がいかに相互に関連づけられているのかを分析できる。そして理性は、全体の福利の観点からそれらの帰趨を計測しつつ、最も包括的な形で生を肯定する衝動に対して承認の刻印を与えるのである。実際には、功利主義であれ、直観主義であれ、あらゆる道徳理論が、仁愛、正義、親切心、非利己心の善性を主張する。アダム・スミスの政治道徳のように、経済的な自己利益の追求が是認される場合ですら、判断の規準は全体の善である。功利主義者は、利他主義の善はその社会的有用性によって立証されると主張するであろう。彼らはまた、エゴイズムにも社会的有用性と道徳的価値を割り当てることで、より厳格なモラリストから自分たちを区別するであろう。しかし、これらの相違にかかわらず、あらゆるモラリストにとって理性の機能は、みずからの生それ自体を越えて高めようとする衝動、さらに生の社会性の規模と度合いを拡充しようとする衝動を支持することにある。それゆえに、合理性の増大は人間の道徳性の成長を保証するものだと想定することは、適切である。

われわれのもつ合理性の程度にしたがって、われわれがどの程度鮮明に他者の生のニーズを理解しているのかが決まってくる。それだけでなく、それはまた、われわれがどの程度まで自分たち自身の動機づけと衝動の本当の性格に自覚的であるのかをも決定づけている。さらにわれわれの有する合理性の程度は、われわれ自身の生や社会における対立する衝動を調和する能力、そして是認された目的に適切な手段を選択する能力がどの程度であるのかも決めている。それぞれの場合において、理性の発達は道徳的能力を増大させるであろう。

理解力のある人間は、仲間たちのニーズと欠乏を知るために入手可能な資源を活用することができる。それゆえに彼は、理解力に欠けている人たちに比べて、仲間たちのニーズに自分の行動を適合させようと熱心に試みるであろう。このような人間は、何らかの惨事が自分の視野に直接入ってくる時だけでなく、それが地理的に遠隔の地で起きた時でさえも、それに共感を覚えるであろう。中国の飢饉、ヨーロッパの災害、地球の末端から助力を求める叫び声も、その人の共感を呼び起こし、その人を救助のための行動へと促すであろう。

しかし、どのような人間も、自分自身のニーズを認識するようにリアルに他者のニーズを認識できるほどには、また直近の明らかな緊急事に対するようには遠隔地の他者の助力に立ち上がれるほどには、理解力を備えているわけではないであろう。こうした事情に対して、思慮深い社会教育によっても人間の共感力の範囲の増大をはかるのは、不可能である。大都市では個人のニーズが大衆のなかに容易に埋もれてしまうものだが、社会活動をする諸団体は、全般的な社会条件の重要かつ具体的な事例を選択することでニーズの個別化のための標準的な方法を開発してきた。こうしてそれらの団体は、大都市の間接的な関係性のただなかで失われがちな社会的共感を活性化しようと試みている。だが、親密な共同体が自然に進化させたのと同じように、最も賢明なタイプの社会教育が寛大な仁愛を大都市でも普及させようとしても、それは失敗に終わる。この事実が明らかにしているのは、倫理的態度というものは、社会的技術者が想定しがちである以上に、もっと個人的かつ親密な有機的接触に依拠しているということである。個人的接触や直接的関係への倫理的態度の依存は、文明社会の道徳的混乱に拍車をかけてしまう。というのも、文明社会での人々の生は相互に機械的に――有機的ではなく――関係づけられており、さらに相互責任は増大するが、個人的接触は減少するからである。

仁愛、正義、理性の貢献と限界

自分たち自身の利益よりも他者の利益を考慮し、または優先させる能力は、共感力に依存するものではない。調和的な社会関係は、仁愛の感情に依拠しているが、それと同じくらいに、またはそれ以上に正義の感覚にも依拠している。正義の感覚は、心情《ハート》の所産ではなく、精神《マインド》の所産である。それは、理性による一貫性の主張の結果である。イマヌエル・カントの二つの道徳的公理のなかの一つは、「汝の意志の格率がつねに同時に普遍的立法の原理として妥当しうるように行為せよ」である。これは、理性の求める首尾一貫性を行為の準則として適用したものにほかならない。それはちょうど真理というのはあらかじめ発見されている真理の体系との調和的関係によって判断されるように、行為の道徳は一貫した道徳的規則の普遍的枠組みにそれが準拠する可能性によって判断される。このことが行為の枠組みにおいて意味するのは、衝動の充足を善と呼ぶことができるのは、ひとえにそれが衝動の全体的調和との首尾一貫性において関連づけられる場合に限られるということである。反理性であれば、自己のなかにある衝動を是認する一方で、他者のなかにある同じ衝動を否認するであろう。しかし、理性的な人間は、自分自身の行為をある程度は社会状況の全体的必然性に照らして判断しなくてはならない。このように理性は、利己的な衝動を抑制し、他者のなかにある正当な衝動の充足を容認する傾向にあるのだ。(2)

問題は、理性がはたして自己のために要求するものと他者に容認しているものとの間に完全な調和と一貫性を実現できる——または近接できる——ほど、十分に強力なのかどうかということである。しかし、理性は実際にそうした目的にむけて作動している。理性の第一の課題は、自己の有するさまざまな衝動を調和させ、自然が人間に授けた種々の衝動の混乱から秩序を作り上げることである。というのは、自然は、より劣った被造物の場合と同じ程度の秩序を人間に授けたわけではないからである。動物の場合、種々の衝動はあらかじめ確立されていた調和のなかで相互に関連づけられている。ところが、人間の生においては本能が完全に形をなしているわけではない。それゆえに、自然の衝動は増大し、拡張されていくので、一つの衝動の充足は他の衝動の充足と衝突してしまう。サンタヤナ［アメリカの哲学者・詩人］は次のように宣言している。

すべての精神はおのずと総合的である。……思慮深い人間の場合、一方の情念と他方の情念との相互関係のなかに自発的に責任が生み出される。あるいはたとえこれらの情念が依然としてそれぞれ個別的にみずから楽しんでいるようなことがあっても——それぞれの部分における情念の快活さが善であるのは、それなしには情念全体が生命を失うからである——、全体は統一的な方向性を保持し、または保持しようと熱望する。そうなれば、情念のすべての部分が、知らず知らずにであっても統一的な方向性を求めて協力し合うであろう(3)。

個人の生に秩序をもたらすことの方が、個人の生と他者の生との間に統合を打ち立てることよりも容易であることは当然である。理性の力は、しばしば個人の生に秩序をもたらすという第一の課題で使い果たされてしまい、決して他者の生との統合という第二の課題を試みる余裕はない。しかし、理性的人間ならば、他者の要求を認識し、人間的衝動の全体のための何らかの有効な調和に到達する必然性を理解するに違いない。理性は、究極的には内面的秩序と同様に社会的秩序の構築にも役立つのである。

理性の力は正義の実現にも役立つ。というのも、理性は社会的調和のために自己の欲望に内面的な抑制を課すだけでなく、共同体全体の理解という観点から個々人の主張と要求を判断することを可能にするからである。非理性的社会が不正義を許容するのは、強力かつ特権化された社会集団によってなされる欺瞞を分析できないからである。不正義によって最も苦しんでいる社会の一部ですら、その責めを負うべきはずの権力を尊敬の念をもって黙認してしまう。社会に理性的なものが増大していけば、不正義の無批判な受容を撤回することが可能になる。そうすれば、支配集団はみずからの欺瞞の空虚さを自覚させられ、その士気は削《そ》がれるであろう。その結果、支配集団は、以前のような自己欺瞞でもって自分たちの利害を主張したり、特権を擁護したりすることができなくなるだろう。

さらに理性の力はまた、支配集団の特権が権利の多くを剝奪されている人々の悲惨さと密接に関連している現実を暴露し、共同体内部における彼らの社会的威信を打破するであろう。(4) それはまた、不正義に苦しむ人々には社会における彼らの権利をより深く自覚させ、自分たちの権利をより熱心に主張するように説得するであろう。そこから生じる社会的対立は、理性的正義というよりは政治的正義に寄与する。しかし、親密さを欠く人間関係におけるすべての正義は、合理的であると同時に政治的でもある。要するに、正義とは、対立する権利に関する合理的把握と裁定によって確立されるだけでなく、同時に権力と権力との対立の主張によって樹立されるからである。そうしたプロセスから生じる正義は、もし道徳性が純粋に個人の観点から定義される場合には、道徳的に創造された社会的価値というカテゴリーに帰属することはないであろう。しかし、社会の観点それ自体からみれば、正義は一つの道徳的達成を表すものとなる。それが意味するのは、社会全体ならびに社会を構成する各集団が、慣習や伝統によってではなく、正義という理性的理想にしたがって社会的諸関係を判断するということである。各集団は部分的観点にしか立てないがゆえに、対立なしに社会的調和を達成することを不可能にする。

しかし、理性的正義の理想は、対立を開始させもするし、また紛争を解決させもする。

理性の発達と精神の成長がさらなる正しい関係に貢献するのは、一つには社会のすべての衝動を一つの包括的な社会的理想に関連づけ、またその統制下に置くことによってである。さらにそうした貢献は、洞察力が加わることで社会的状況におけるすべての要因が透徹した分析に付されることによってなされる。心理学は、すべての人間行為の基礎に横たわる複雑な動機づけの網の目を発見し分析する。社会科学は、人間行動の帰結を社会生活の最もかけ離れた末端にいたるまで突き止めようと試みる。これらの学問分野は専門化され、人間知性の成長を典型的に示しており、人間行動に関連するあらゆる事実を獲得する努力を続けている。仮に心理学者が人々の真なる動機づけを分析し、彼らの実際の願望から彼らの回避できない——そしてみずから隠したがる——欺瞞を峻別することで助力を与えると想定してみよう。そうすれば、心理学者は社会道徳の純度を増し加えるのに寄与するであろう。また仮に伝統的慣習的な社会政策がそれらを擁護する人たちによって意図されたり、また偽って主張されたりした結果を生まないことが、社会科学者によって指摘されたと想定してみよう。そうすると、真摯な社会的意図であれば社会政策の目標の達成のためのより適切な道具が発見されるだろうし、不正直な欺瞞であれば暴露されるであろう。

レッセ・フェール経済理論 vs. 社会的知性

このように、たとえばレッセ・フェール〔自由放任〕の経済理論は、産業化の時代には経済的行為に対する政治介入を可能な限り最小限にとどめることこそが一般的福祉への最大の貢献であるとする無知な信条を通じて維持されてきた。過去一〇〇年の歴史は、この経済理論を反駁している。だが、この経済理論は依然として維持されており、あるいは死につつあるが細々と生きながらえている。とくにそれはわが国〔アメリカ〕のような政治的に無能な諸国に当てはまる。この経済理論が命脈を保っているのは、一種の無知、つまり、現代の産業生活へのこの理論の適用から不正義を被っているけれども、自分たちの困難をこの経済理論が是認する社会的アナーキーと政治的無責任に帰することを怠る人々の無知による。彼らは、その無知によってレッセ・フェール経済学――その威信は陰りを示している――を詐欺的に利用している受益者たち、つまり現状のアナーキーな産業体制の受益者たちを黙認しているのだ。現代の産業界における権力者たちはもちろん、自分たちの政策を正当化してくれる社会哲学が信用を失ったからといって、簡単に屈服してしまうわけではない。権力がそれ自体を擁護する道徳的哲学的諸理論のきらびやかな鎧を奪われた時でさえ、その鎧なしに権力は闘いを続行するものだ。しかし、権力はやがてより脆弱になり、敵の力は増大していくことになる。

経済権力がただ放任されることを望む時には、レッセ・フェールの哲学を用いて、経済的自由への政治的抑制を思いとどまらせる。経済権力が下層階級の反乱や不満を鎮圧するため国家の警察力を使用することを欲する時には、平和は自由よりも貴重だとか、唯一の願望は社会の平和だとうそぶいて、政治的強制力の行使とそこから生じる自由の抑圧を正当化する。しかし、社会の事実を理性的に分析すると、容易にこうした欺瞞は終止符を打たれるのだ。国家の警察力がいつも時期尚早に行使されるというのは、証明済みである。つまり、不満の原因を取り除く努力が払われる前にその発動がなされ、その結果、不正義とその結果である社会的不満を持続化させる傾向がある。要するに、社会的知性は、社会的に是認された目的——その提示が誠実になされたものであれ、不誠実になされたものであれ——に対する多くの失敗に終わる手段を取り除いてくれる。それゆえに社会的知性は、より高次の社会的道徳の確立に貢献するであろう。

もし心理学者や社会科学者が知性の発達によって社会関係を改善する可能性を過大評価しているとすれば、それは合理主義者のありふれたナイーヴさと見なしてよいかもしれない。合理主義者はおのずと理性に対して過剰な力を帰属させる傾向にあり、その限界についてはしぶしぶ認識するにすぎない。人々は、たんに自分たちの不正直が暴露されたからという理由で、あるいは自分たち自身の虚偽を発見したからという理由で、不誠実であることを決してやめはしないだろう。社会の不平等な権力を握る人々はどこでも、それを保持しようと努力するであろう。彼らはその目的のためには最も都合のよい手段は何でも使用するだろうし、想定可能で最も納得のいく議論によってそれを正当化しようと追求するであろう。

それにもかかわらず、精神と理性の発展を通じて社会正義が増大する可能性は存在する。それは、自然が促す身近な対象を越えて社会的衝動を拡張していくだろう。精神と理性の発展はまた、生命の衝動の全領域における調和を主張するであろう。そしてそれは、人間行動を促すすべての動機やそこから流れ出るすべての帰結を開示し、その結果、本当の間違いも不誠実な欺瞞も減少することになろう。社会正義の発展は、ある程度まで理性の拡充に依拠する。しかし、理性に限界があるために純粋な道徳的行為は、とくに入り組んだ複雑な集合的関係においては不可能な目標たらざるをえない。人々は決して完全に理性的な存在者ではなく、衝動と理性の関係は個々人の生から社会集団の生へと進むにつれて次第に均衡のとれない否定的なものとなる。というのも、社会集団の間では、共通の精神や目的意識はつねに多少とも未発達であり変移しやすく、したがって社会集団はそれらを結合させる共通の衝動に依拠するようになるからだ。

デューイ学派とスペンサー学派への批判

もし仮に理性がより包括的な目標、自然の衝動が促すものよりもさらに社会的に受容可能な目標を提示すると想定してみよう。そうなると、より包括的な目的に向かうのに必要な力源をどのように獲得するのかという問いが生じる。社会哲学者——ジョン・デューイ教授はそうした一人の典型的で恰好の事例と見なされる——の理論においては、その力源は単純に生のもつ全体的衝動という性格によるものだとされる。この学派によれば、生とは活力であると認識される。そして生の動態的な性格は、前進するための力源を供給する。もし理性が生の流れのためにまっすぐな広い水路を切りひらくならば、生はその通路を通じて流れ出る。理性なしには、生は狭く曲がりくねった川床にみずからたたずむしかない。その川床では前‐理性的な衝動が幾世代にもわたり放置されたままであり、生はその活力を直接的に放出されることを求めているのだという。

だが、この理論は、人間行動の複雑さをほとんど正当に取り扱っていない。それはまた、理性によって決定づけられた目的と衝動全体の目的との間の不可避な対立についても正当に理解していない。後者の衝動は理性的に統一されているが、人間の最高度の理性が認識する目標よりももっと目前の目標に方向づけられている。人々が衝動を理性によって統合できるのは、みずからの所有的本能または権力への意志をめぐってであろう。だが、人々はさらに、衝動の有する権力への意志を超克したり、またそれに対立したりする社会的目的の達成に関しては、わずかな義務感しかもち合わせていないのである。

社会学的自然主義者であるスペンサー、ウェスターマーク、さらに一連の他の識者たちの理論によれば、理性のより包括的な目的を支持する良心の声とは、実際はその集団が抱く恐怖の表明であり、さらに道徳的義務の感覚とは個人に対する社会の公然もしくは隠然たる圧迫だとされる。だが、そうした理論は、人間行動のタイプには個人が自分の属する集団に反逆する行動があることを正当に取り扱ってはいない。そうした反逆は、不服従の個人が最も身近で明白に帰属する共同体とは別の共同体に対して保持する忠誠心から生じていると解釈されるべきだと主張されることがある。だが、そうした解釈は、それが支持しようとする立場をかえって無効にしてしまう。というのは、共同体とは警察力を掌握しているだけでなく、(たとえば人類共同体のように)ただ個人の道徳的想像においてだけ存在し、共同体の名において公的な是認や否認を行う潜在的力の統制下にもある。こうした共同体への個人の反逆に対しては、その個人に圧力を加える手段は存在しない。また共同体への個人の反逆は、明らかに社会的というよりは個人的な良心の力によるものである。しかし、こうした良心の個人的性格は、集団の意見がほとんどの道徳的判断を決定することをあらかじめ排除するものではない。たいていの個人は、独立した判断力を形成するための知的洞察力をもち合わせていないのであり、それゆえに自分たちの社会の道徳的意見を受け入れるのがふつうである。たとえ彼らが自分自身の独自の判断をもつ場合であっても、自分自身の精神によって規定された道徳的価値への義務感が、社会によって否認される恐怖を克服するほど十分に強力であるという確証はない。たいていの道徳的判断が社会的性格を有するということ、そして社会が個人に対して圧力を有するということ、これは両方とも考慮されるべき事実である。しかし、その事実はいずれも、ふつう良心と呼ばれている道徳的生活の独特の現象をうまく説明できるものではない。

道徳的義務の感覚と良心

本書の研究の目的の範囲内では、道徳的義務(moral obligation)の感覚の性質を、それに値するほど十分に考察するのは不可能である。しかし、人々が、他の道徳的資源とともに、彼らの精神が構想する善への義務の感覚を保持している事実を指摘しておくことは重要である。この道徳的感覚は、道徳的判断に内容を提供するものではない。それは、個人が保持する善と悪に関する判断がいかなるものであろうとも、その判断にしたがって行うことをその人に要請する行為の原則である。それは、生の全体的な動態的性格とも同一視できないし、個人が抱くみずから所属する集団による否認や処罰への恐れとも同一視することはできない。理性は、直接の衝動に対してそれみずからの包括的目的との対立の可能性を作り上げることで、理性みずからを表示する機会を与える。しかし、義務の感覚は、生の動態的性格と同一視できないが、それ以上に生の理性的性格と同一視することも不可能である。カントが主張したように、法への畏敬がこうした道徳的感覚の本質であるとするならば、理性はそれ自体、法を与えるものだとしても、法への畏敬を与えるものではないと見なすことは当然である。他方、その動態的性格を正しく理解しようとしてブロードは、この道徳的義務の感覚を衝動のカテゴリーのなかに位置づけ、さらにそれに「独自」の性格を付与した。人間の数多くの欲求のなかに一つユニークな欲求があるが、それが「正しいことを行う欲求」である。(5) これはこの道徳的義務の感覚の説明として、かなり納得のいくものである。しかし、それがユニークな欲求であるとしても、一つの欲求として「当為」の感覚を定義づけることは、依然としてそれを正しく取り扱うにはあまりにも一般的すぎる。

この道徳的義務の感覚がいかに独特の性格をもつものであれ、われわれの目的にとって重要な事実は、他の道徳的源泉の間にあって、それをどのように定義するにせよ、人々は善への義務の感覚を保持しているように思われることである。この善への義務の感覚は、理性的な観点からは間違いと見なされるに違いない道徳的判断に寄与することもあるだろうが、その一般的傾向は衝動に対して理性を支持するというものである。歴史的には、こうした善への義務の感覚は、人間本性における理性的要素と衝動的要素の双方に関連づけられてきた。それは、独自の起源を有するものではないとしても、少なくとも概念的認識の能力と同じくらいユニークなものである。概念的認識と同様に、善に対する義務の感覚もまた、訓練によって強化され拡大されていくもので、それを行使しなくなると弱体化してしまうであろう。ギルバート・マレー教授〔古典学者〕は、著書『ギリシア叙事詩の興隆』のなかで、ギリシアの歴史から人間行動におけるこの良心の要素が有する力に関して有意義な事例を提示している。

仮にあなたがすべての旧来の慣習から切り離された人たちのことを想定し、そのなかからある強力で誰をも恐れることのない荒々しい首領を選ぶとしよう。その場合、そのような人は自分の頭に入ってくることであれば何でも自由に行うことができる、と人は思うだろう。だが、人は、彼の数ある無法行為の間でたまたま彼をいかほどか不快に感じさせるある行為が存在することを事実として発見するであろう。もしそういう行為をしてしまったなら、彼はその行為を「後悔し」、それに取り憑かれてしまう。もしそれを実行しないとすれば、その行為を控えることになる。そしてこれは、何者かが彼に強制したからそれをしなかったということではなく、また何か特別の結果が後に彼に舞い込むだろうからというのでもない。そうではなく、彼はただ単純にそこにエイドス〔形相〕を感じたからだった。誰も一身の名誉が生じる場所が正確にどこなのかを語ることはできない。アキレウスがエエチオンの市と戦った時、「彼はキリキア人の幸福な市、高い城壁をもったテーベのすべてを略奪し、エエチオンを殺害した。しかし、アキレウスはエエチオンの鎧を奪うことはしなかった。彼がそうしなかったのは心中にエイドスをもっていたからだった。アキレウスはそこで高価な細工が施された鎧をまとったままのエエチオンの死体を葬り、その上に塚を築いたのである。」それは純にして清らかなエイドスなのだった。アキレウスは、何も得るものはなく、何も失うものもなかった。彼がエエチオンの高価な細工が施された鎧を奪ったとしても、誰も何も言わなかっただろう。そうすることはまったく当然のことだったであろう。しかし、彼はたまたま突然そこにエイドスを感じてしまったのである。(6)

良心は、ひとりエエチオンの死体を侮辱し不名誉に扱う悪事を防ぎはしたが、敵の絶滅を防止しなかったではないか、と皮肉屋は述べるだろう。良心は人間生活における一つの道徳的源泉であるが、それは義務の感覚を涵養することで人類を救おうとするモラリストたちが仮定するほど強力ではない。良心は、個人のすべての欲望からなる全体的衝動と対峙する場合よりも、衝動を比較考量して一方の衝動に対して他方の衝動を支持する場合の方がはるかに大きな潜在力を示すのだ。良心がより有効に作動するのは、たとえば家族生活に関連する衝動のように、社会的に価値ある種々の衝動を結合し、安定化させる場合である。このやりかたの方が、良心が自然の諸力によって規定された目的を越えて無理に衝動を引き上げようとする場合よりも効果的である。レスリー・スティーヴンは、次のように宣言している。「悔い改めから純粋に道徳的でないものすべてを取り除いてみなさい。そうすると良心は、おそらく「法として」(de jure)あるべきだとされていても、「事実として」(de facto)それほど強力ではないことをわれわれは認めざるをえない。」彼は続けて次のように指摘している。

実際に私は以下のように言うべきであろう。ほとんどの人は、直接の悪い結果や隣人たちの軽蔑や憎悪によってつねにその害毒に悩まされることがない限り、良心の棘《とげ》を抑制することが何よりも容易であると考えている。このことは、良心の力の増大がそれほど望ましいものではないとか、実際に現状においても良心の影響はさほど重要なものではないということを証明するものではまったくない。……義務の感覚はたいていの人たちの場合、弱くただ点滅しているようなものだが、社会秩序の破滅を防ぎ、それを維持するには十分なのである。(7)

理性の発達は良心の行使の機会を増大させるが、良心それ自体を強化するかどうかは、はなはだ疑わしい。そうした課題では宗教の方が理性よりも潜在力を有している。宗教と良心の関係については、後に考察することになろう。

道徳における理性の限界

個人の理性的資源とユニークな道徳的資源の双方が増大する可能性はたいへん現実味を帯びているがゆえに、それらの可能性を研究する人たちは、しばしばこの方法によって社会問題を解決しようとする希望に浸ることになる。彼らは、いともたやすく人間生活における道徳の限界を見落としてしまう。理性を拡張できるとしても、そのことは、必ずしも理性が広範囲に行き渡り、その結果、大多数の人々に彼らが直面する社会状況の全体について理解させることを保証するわけではない。理性は衝動を抑制する能力を有しているが、種々の衝動の間の対立、とりわけ社会における集合的衝動の間の相克を防止する抑制力を必ず発揮するほど十分なものではない。

道徳における理性の限界を分析する際に、利己的衝動の力が、いかなるものよりもはるかに強力であることを認識することから始めるのが重要である。しかし、この点は、最も鋭利な心理学的分析家や内省の最も厳格な帰依者たちによってですら、十分に認識されていない。もし利己的衝動の力がより低次かつ明白なレヴェルで挫折してしまうならば、それはより微妙な形で現れることになろう。仮にそれが社会的衝動によって打ち負かされるとしたならば、それは社会的衝動のなかに忍び込み、その結果、人間の共同体への献身がつねに利他主義のみならず変移を遂げたエゴイズムという両面を意味することになる。理性は、エゴイズムを社会的衝動の全体に調和する形で適合させるために、エゴイズムを抑制するであろう。しかし、その同じ理性の力は、個人のエゴイズムを、生命の諸力全体——社会はそれらの調和を求める——における一つの適切な要素として必ずや正当化することになる。そのような自己主張の社会的正当化が時期尚早になされるのを防いだり、またそれが理性によって内面的観点から築き上げられてきた利己的衝動への抑制を破壊するのを防いだりするのは、困難である。道徳における合理主義は、ある瞬間には人々に彼らの利己性が社会にとって危険であるということを説得するが、次の瞬間にそれは全体的な社会的調和に必要で不可避な要素として彼らのエゴイズムを黙認するように説得するであろう。利己的衝動はきわめて強力で執拗であるので、そうした正当化はどのようなものでもすぐに利用されてしまう。一九世紀の功利主義の運動は、利己的衝動を最も包括的で可能な社会的目標に差し向けることで、利己的衝動と社会的衝動との適切な調和を成し遂げることを人々に納得させるという称賛すべき目的をもっていた。しかし、この運動は重要だったが、興隆しつつあった中産階級に自分たち自身の利益を追求するための都合のよい道徳的正当化を与えたにすぎなかった。

理性はエゴイズムを未熟な形で正当化できるだけでなく、非理性的な自然界の生命体が保持していない力をエゴイズムに与えることもできる。人間の自己意識は理性が生む果実である。人々は、他者の生や周囲の環境との関係において自分たち自身を観察するが、それによって自分たち自身についてより自覚的になる。こうした自己意識は、生を保持したり拡張したりする意欲を増し加える。動物の場合、自己保存の本能が、自然によって与えられた必要性を越えて拡大することはない。動物は空腹の時には獲物を殺し、危険に直面する際には闘ったり、逃走する。人間にあっては自己保存の衝動は、きわめてたやすく勢力拡大の欲望へと転化する。このような性向を増長させる人間の自己意識には、一種の哀れむべき性質が見られる。自己意識とは、無限のなかにあってみずからの有限性を認識することを意味する。精神は、「自我」(ego)を世界の巨大さのなかの取るに足らない一つの点としか認識しない。だが、すべての生気あふれる自己意識には、この有限性に対する抗議の声が鳴り響いている。それは、宗教においてはみずから無限性のなかに没入したいという欲求によって表現される。世俗のレヴェルでは、それは自分自身を普遍化し、自分の生に自分自身を越えた意義を付与する人間の努力のなかにおのずと表現される。それゆえに、帝国主義のルーツはすべての自己意識のなかに見られるのだ。

自分自身を越えて意味を獲得しようとする努力が一度でも成功すれば、人間は、自分自身の生のために闘うのと同様の熱心さと正当化の感覚をもって、自身の社会的名声と意味の増大への闘いに従事するようになる。自然の効率性によって与えられた防御の手段は、すぐに攻撃の手段へと転換される。したがって、生存への意志と権力への意志との間に明確な区別の線を引くことは可能ではない。感情においてすら、防御と攻撃の態度はあまりにも混じり合っているものなので、恐怖は容易に勇気へと転化し、勇気によって勝ち取られた勝利を確実なものにする必要から新たな恐怖を生むことを正当化するであろう。

フランスは、ヨーロッパにおけるヘゲモニーの維持を求めて、安全保障の必要性を繰り返し表明した。こうしてフランスは、滅亡への恐怖と権力への愛との奇妙な結合からなる人間精神を典型的に示したのである。権力を一度手に入れると、個人であれ、集団であれ、名声という危険な立場に身を置くことになる。その場合、安全保障は権力の拡充によってのみ可能とされる。こうして生を維持するための無害で正当化される自然の戦略は、人間精神において帝国主義的な種々の目的や政策へと転換される。これら二つの傾向は分かちがたく結合しているので、自覚的にせよ無自覚的にせよ欺瞞に満ちた形で一方が他方を正当化するためにつねに使用されるという状況が生じることになろう。

白人種の帝国主義的支配

おそらく現代世界における白人種の帝国主義的優位性は、彼らの戦争技術の向上、統治技術や経済力の発展に依拠するというよりは、はるかにファウスト的「魂」のより高次の自己意識に依拠しているだろう。ウォルドー・フランク〔アメリカの作家、活動家〕は、ペルーの偉大な文明に対するスペイン人たちの勝利を説明する際に、それを彼らの個人の魂への崇拝に帰した。

スペイン人は自分自身の人格を信じた。彼の世界における最もリアルな現実は個人の魂であり、個人の身体であった。彼の身体は死ぬことは間違いないが、最後の日にはよみがえるであろう。……彼の宗教は何であれ、すべての経験は意志に帰せられ、すべての生活は意志によって支配され、すべての時間は意志に捧げられる。……スペイン人たちと対決するにあたって、ペルーには「個人」は一人もいなかった。ただアイリュ(ayllu)[先住民の血縁・地縁組織]があっただけだ。アイリュの意志は不屈であったものの、攻撃的ではなかった。……アイリュはコンドルの飛行以上のものにあこがれることはなかったし、またトウモロコシの浅い根以下のものも欲しがらなかった。……そこにあったのは、自然の外見上の表面によって制限づけられた意志であった。……インディアン(先住民)は、自分が見たものを把握できなかったし、信じることができなかった。死すべき人間が航路のない海を渡ってやって来るなどという考えは、彼らを狼狽させた。……さらにこれらの人間たち[スペイン人]の欲望と意志は、なお一層思いもつかないものだった。彼らの果敢な行動と野獣のような性格と熱心さ(征服者たちのなかに分かちがたく混じり合っていたもの)は、インディアンの精神では理解できない次元のものだった。(8)

白人と自然そのままのインディアン(先住民)との相違に関するこの透徹した分析は、広範な仕方で人間と自然との相違に適用可能である。人間を自然の上へと高める力そのものは、人間世界において自然の衝動に新しくより恐ろしい潜在力を付与する。人間は、人間精神によって自然の爪を鋭くした道具でもって闘う。自然界の残忍さは、その瞬間の気分や必要だけで促されるが、人間の残忍さは、自然界よりも持続的に維持されるのだ。猛獣は胃袋がいっぱいになれば、その攻撃的行動をやめる。だが、人間の欲望は想像力によって絶えず喚起され、想像力が描く普遍的目的が成就されるまで人間は満足することはない。有限性への人間の抵抗は、帝国主義的な夢が普遍的な性格を持つことを不可避なものとする。人間は、最も健全な瞬間には自分の生が調和的な全体の有機的な一部にすぎず、そのようなものとして成就されると考える。しかし、人間が健全である瞬間というのは、ほとんどない。というのは、人間は理性よりも想像力によって支配されることの方が多いからであり、想像力は精神と衝動の混合体だからである。

自己意識、理性の力、エゴイズム

自己意識はすべての生の原動力を特定の一点に集約した活力であるが、理性の力はこの活力をもたらすことを追求している。だが、こうした理性の力は、それに敵対する形で集約した力に比べると、実際に脆弱であるようにみえる。理性の力は、事象をみる観点として公平性を有していないし、また人間行動に影響を与える支点として超越的なものを有しておらず、それゆえにますます不適切なものとなっている。理性の力はつねに、理性によって規律するはずの力に逆に拘束されている。権力への意志が理性を用いる様子は、ちょうど国王が自分の営みに優雅さを加えるために宮廷人や牧師を用いるのに似ている。最も理性的な人間でさえ、自分自身の利害がかかっている時には、まったく理性的ではないのだ。エルヴェシウスは、次のように述べた。

……もし細心の注意をもって自分の魂の深奥をくまなく探究するならば、誰が自分の美徳と悪徳がことごとく個人的利害のさまざまに異なる変容に由来するものだということを認識しないでおられようか。……というのは、結局のところ人間はいつもすべて利害に従うものであり、それゆえにわれわれの判断はことごとく不正だということになる。(9)

自己の利害が最も理想的な事業や最も普遍的な目的にさえ侵入してくるというこうし

た事実は、最も高度な合理性にいたった瞬間にもみられるものだが、偽善をすべての有徳な努力の副産物にしてしまう。それは、ある意味では人間の道徳的性質に対する賛辞だが、それと同時に、人間の道徳的限界を証示するものでもある。というのも、重要なことに、人々は各自の個別の目的に普遍的価値を付与することができなければ、最も献身的な仕方でみずからの目標を追求できないからである。しかし、人々は、自分たちのより高貴な追求の営みからでさえ自己利益の要素を除去することはできない。それはまた、自己利益を背後に隠したり、それを誠実な努力や普遍性を装う不誠実な見せかけと混合したりすることなく、自己利益を表明できるということも意味しない。不誠実で野心的な動機を取り除こうとする自覚的な試みですら、偽善を拒否する完全な保証にはならない。というのは、人々が、一般的利益に対して自己利益と同じ程度に鮮明な理解を与えるのに十分に高度な合理性が発揮される奇蹟は、どこにも起こりえようはずがないからである。

広範な社会的利益が賢明なエゴイズムと対立することはなく、究極的には調和するということを人々が理解するように導かれさえすれば、彼らは目前の欲望から離脱できるだろう、とジェレミー・ベンサムは述べて、そのような希望に身を任せたことがあった。しかし、彼が失望しつつ発見したことは、賢明な自己利益は、利己心の不在とほぼ同じくらいに稀有なことだという事実であった。衝動が目前の目標を実現しようと突き進む時、たとえ理性によって本当の目的はもっと究極的で包括的な枠組みで獲得されるだろうと説得されたとしても、その試みを思いとどまらせることはつねに不可能である。一八二二年にベンサムは、自身の改革運動の多くが、期待した民衆の支持を得ることに失敗した後に、みずからの告白を次のように記している。

さて数年の年月が経過して、今やすべての不調和、すべての驚きが、消え去った。……迷宮の内部への手がかりが見いだされた。それは自己選好の原理である。人間は、まさに彼の本性の成り立ちそのものからして、すべての他の知覚を備えた存在者たちを足した幸福の合計よりも、自分自身の幸福を選好するものだ(10)。

この判断は、あまりにもロマン主義的な希望への反動を表しており、少し悲観的にすぎるかもしれない。しかし、それは、理性によって自己利益と社会的利益の対立が解決できるだろうという功利主義者たちの初期の希望よりも、真実に近いのである。

家族にもみられる権力への意志

たとえある個人が一つの主義や共同体のために自分自身を献《ささ》げようと強く促される場合ですら、権力への意志は残されたままである。たとえば家族の場合でも、権力への意志は家族の周辺でも、さらに家族を通じても部分的に表される。家族に献身するとしても、そのことは、家族のメンバーたちが横暴な関係を強いる可能性を排除するものではない。家族関係における夫と父親の圧制が相互性の原則に道を譲る場合でも、その道筋はきわめて緩慢なものとなる。そして女性たちがかつて、こうした圧制に反対する純然たる理性的な武器以外のものを用いることなしには、近代の社会生活における男性支配の遺制の名残を克服することはまったく不可能だったという現実は、重要である。女性たちが完全な勝利を得ることができたのは、ひとえに彼女らが経済力と独立を勝ち得た時だった。さらにまた女性たちは、まず国家の政治権力を自分たちのものとすることなしには、彼女らが被ったさまざまな経済的不利益を取り除くことは不可能だった。選挙法改正に先んじた長年の世論喚起において、男性たちもまた、彼女らに向けて同一の議論――つまり、特権集団が特権の［他の集団への］拡大に反対してつねに用いた議論――を援用したことは見逃せない。その議論は、女性たちはみずから切望した権利を行使する能力を持ちえないだろうという主張だった。この議論はまさに、支配者階級が、理性的機能を行使するための機会を非特権階級に対して与えないままにするためにつねに用いてきた論法と同じである。男性たちもまた、行使することによってのみ発展できる能力が欠如しているとして、非特権階級を非難したのだった。

たとえ完全な相互性が家族という親密圏の内部で達成されたとしても、家族は依然として自己拡大の一つの手段にとどまるであろう。配慮に富んだ父親は、妻子が持ちうるすべての利益を得ることを欲するものだ。彼は他の人たち以上に大きな気遣いを妻子に対してもつが、それは親密な関係によってもたらされる共感力から自然に生まれてくる。しかし、それはまた、彼自身の自我(ego)の投影でもある。事実、家族というものは夫のそして父親の成功と繁栄を宣伝するために利用されるかもしれないのだ。家族を批判的な眼で見ていた禁欲主義者や集団主義者は、慣習的道徳の観点からそう思われていたほどには意固地な見方をしていたわけではない。禁欲主義者は、家族への忠誠を神への完全な献身の邪魔になるものと見なした。そして現代の共産主義者は、家族を共同体への忠誠にとって危険と見なす傾向にあった。そしてどちらの考え方にもいかほどかの真実があった。その真実はといえば、あらゆる身近な忠誠は、より高次のそしてより包括的な忠誠にとっては潜在的な脅威であり、同時に昇華されたエゴイズムが発揮される機会にもなるということである。

大きな社会集団とエゴイズム

家族を越えたより大きな社会集団は、共同体、階級、人種、民族にかかわらず、すべて人々に自己否定と自己拡大という二重の機会を提供する。そしてこれら両方の可能性がつねに展開される。愛国主義は、より小規模で偏狭な忠誠心と比較して利他主義の一つの高度な形態である。しかし、絶対的な観点からはそれは単純に利己主義のもう一つの形態である。集団が大きくなればなるほど、全体的な人類共同体においてその集団はやがて確実に利己的にみずからを表現するようになる。それが次第に強力になると、みずからに課されるいかなる社会的制約をも拒否できるようになる。それはまた、内面的な道徳的制約に従うことも少なくなるだろう。集団が大きくなればなるほど、その集団の共通の精神を保持し共通の目的を成就することはますます困難になり、一時的な衝動と直感的で無反省な目的によって支配されてしまう。集団の規模が大きくなると、集団的な自己意識を高めることがいっそう困難になる。もっとも、例外のケースもある。その集団が他の集団との紛争に従事したり、戦争の危険や熱情によって団結している場合がそれである。紛争が集団の結束を高める不可欠な前提条件であるという現実は、むしろ人間の社会生活の一つの悲哀に満ちた局面である。さらにまた、共同体の支配がますます強力になり、さらに広範囲に及ぶようになると、その共同体は、個人の観点からみると、普遍的価値を代表するようになる。トライチュケの次のような論理について何か述べておく必要がある。その論理とは、国民こそが重要な忠誠心を引き出す究極の共同体とするものだった。その論拠として、それよりも小さな単位ではあまりに小規模すぎて不適当であり、またそれよりも大きな単位では忠誠心を引き出すにはあまりにも漠然としすぎて空虚であることが挙げられた。トライチュケが間違っていたのは、ただこの道徳的困難をむしろ称賛した点にのみあった。

どんなに頑張ってみても、集合的エゴイズムに社会的制約をもたらすほどの権力と威信をともなった、国際的共同体を形成するのは不可能であるように思われる。人間は、国民内部の反社会的な集団的エゴイズムを規制することにすら成功した試しがない。それゆえに、人間の共感力の拡充そのものが、紛争を廃止するどころか、むしろより大規模な紛争を生み出す結果となった。このように文明は、個々人の悪徳を、ますます大きな共同体へと移行させる一つの装置となった。この装置は、人々にその共同体は道徳的であるという幻想を与える。だが、そうした幻想は長続きすることはない。科学技術文明は一つの国際共同体を作り上げた。この国際共同体は、たとえ究極的な社会的調和を実現するほどには強力でも賢明でもないとしても、そうした調和を要請するほどには相互依存的なものである。

一方で、こうした社会状況と取り組むことを可能にする、国際精神と良心を創造しようとする不十分な努力が払われてきた。しかし他方で、近代的人間はみずからの倫理的態度を彼が有機的なつながりをもつ集団を越えて拡充しようとする試みでは、先祖よりもほんの少しだけ進歩したにすぎない。というのも、近代的人間のもともとの集団が、社会的共感を刺激するのに十分に生き生きとした象徴を保持しているからでもある。だが、彼の集団は、彼の先祖の集団よりも大きい。しかし、どんなに道徳的な価値の増大がこうした展開に帰せられたとしても、その価値はこのより大きな集団が異質性を増大させ、また相互性を減少させることによって部分的に消失したも同然である。近代国家は諸階級に分断され、それらの階級は原始的共同体以上に権力と特権の大きな不均衡を示した。こうした社会的不平等は国内での闘争をもたらしただけでなく、さまざまな国民的共同体の間の紛争へと発展していった。というのも、特権的かつ強力な階級は、自国民の犠牲のうえに勝ちえた特権を確立しようとして、今度は他の諸国民の犠牲のうえにみずからの利益を追求するように駆り立てられるからである。こうして現代的生活は、階級闘争と国際紛争の双方に巻き込まれることになる。そして階級の特権は、現代社会の全体が国際的および国内的カオスへと落とし込まれるまでは廃止されたり、縮小されたりすることはありえないであろう。人類の知性は、科学技術の進展が作り出した社会的諸問題の統御を成し遂げるほど十分に迅速には発展しないように思われるのだ。

第三章　社会生活のための個人の宗教的資源

宗教、悔恨の精神、道徳的生活

個々人の道徳的能力の発展を通じて理想社会を打ち立てようとする希望と期待は、理性の立場に立つ理想主義者だけでなく、宗教的理想主義者からも表明され、さらに彼らによって奨励されてきた。人々が社会的カオスから自分たち自身を救い出す資源は宗教の復興によって提供されるという信条は、これまで持続的に保持されてきた。そしてこうした信条は、宗教の力が一連の宗教嫌いの人々や宗教を中傷する人々に対して守勢に回る時代でさえ、表明されている。そのことは、道徳的生活と宗教の関係について徹底的に検討することを正当化している。その理由はとくに、感受性の強い多くの人たちがますます増え続け、社会問題に主たる関心を寄せているが、彼らにとって社会をその病理から救い出すうえで宗教は助けになるというよりは障害であると見なされているからだ。

仮に利己心を認識することが、社会における利己心の力を緩和させ、それがもたらす反社会的帰結を減少させるための前提条件であると想定してみよう。そうであれば、宗教は人間の社会化における一つの支配的な影響力だといえよう。というのも、宗教は悔恨(contrition)の精神を豊かに生むものだからである。自己が全知の存在の眼の吟味の下にあることを実感し、自分の脆弱な意志を聖なる全能の存在の意志と対峙させることで、宗教的人間は、みずからの自己中心の生の不適切さについて恥辱感を覚えるようになる。悔恨の感情は、すべての古典的な宗教文学を通じて謙虚というモチーフとして持続的に貫かれているものであり、すべての宗教生活において表現されている。それはあまりに型にはまり、形式化されてしまっているので、その内なる生命力が失われてしまうこともある。だが、それでもなお悔恨の感情は、宗教生活の内面的必然性の証左となるのである。

本質的にいえば、宗教とは絶対的なものの感覚である。よくあることだが、絶対的なものは人間自身の最高の倫理的な憧憬として構想されるのだが、その際、そこにはすべての道徳的達成が不十分と判断される観点が作り出されることになる。歴史的事例を比べてみた場合、いかなる人間行為も、ある歴史的目的に照らして正当化できない行為はなく、あるいは徳性に劣る行為と比べて是認できない行為というものもあるわけではない。しかし、宗教が保持する絶対的な参照枠組みは、これらの部分的観点や未熟な正当化を取り除いてしまうのだ。ただし、絶対的なものについて、誤った道徳的考察によって解釈してしまうリスクに対する保証はどこにもない。そして人間の悪徳や誤謬は、こうして宗教によって間違った仕方で神的な荘厳さの衣装を着せられたり、絶対的なものの威信を付与されたりすることもありうるかもしれない。だが、全般的に高次の諸宗教においては神的なものが、仁愛あふれる意志へと発展させていく傾向がある。その結果、すべての利己的な行為や欲望への非難が増大する。宗教的想像力は、宇宙(コスモス)の核心に倫理的意志を付与し、物理的世界の無限性や威厳を前にした畏怖の感情を、人間の内面の生の倫理的原理への敬意に結びつける。良心の内面世界は、自然の外部世界とはつねに対抗関係にあるが、宗教の権威によって自然の世界に対して優越した立場にある。

バントゥー族は雷を神の譴責《けんせき》の声と見なしたのであり、そのメンバーの一人は次のように叫んだ。「私は盗んでいない、私は盗んでいない、われわれのうち他人のものを盗んだのは誰か」(1)。そしてイエスは、宗教的想像力のきわめて崇高な素朴さにおいて、自然が悪人に対しても善人に対しても公平であることを、神の公平な愛の啓示として解釈した。そうした公平さは、世俗的理性が不正義と見なすものであろう。宗教的想像力は、生の道徳的要求への究極的目標や参照点を求めて、物理的世界の無限性と荘厳さのなかに絶対的なものを仰ぎ見ることへの論拠を発見する。自然界にみられる神の全能は、神の道徳的性格に絶対的なものの特質を与え、それを聖性へと変容させる。至高の全能性と完全な聖性は整合することのない属性であるので、すべての宗教には合理性と矛盾する要素があり、それを理性的タイプの神学は除去しようと試みる。しかし、そうした神学の試みは、重要な宗教的活力を犠牲にすることなしには成功することはありえない。

宗教的良心が感受性に富む理由は、不完全さが絶対的なものに照らして判断されるだけでなく、その義務が一人の人格に対する義務として感じられるからである。聖なる意志は人格的な意志なのである。哲学者たちは、人格の概念を絶対的なものに帰せしめる点に困難を覚えるかもしれない。というのも、この人格の概念は、人間の人格が持つ意味の限界に由来する種々の含蓄を実際にすでに付帯してしまっているからである。しかし、こうした困難は、宗教の詩的な想像力にとっては小さな意味合いを持つにすぎない。それは、絶対的なものを記述するために人間の人格性に由来するシンボル(象徴)を使用するのであり、それらのシンボルを道徳的に強力であると認識するのだ。道徳的態度は、つねに人格と人格との関係にあってきわめて豊かな感受性のなかで展開される。より包摂的な忠誠心は、直接的なものというよりも明らかにより抽象的な忠誠心となるが、それは、人間の心に及ぼす力の幾分かを喪失してしまう。そしてそれこそ、賢明な社会が人格を共同体のシンボルにすることでそうした力を回復しようと試みる理由なのである。この関連では、たとえばイギリス政治のように、君主制が本質的な力を失った後においてその象徴的な重要性を活用しているのは、その証左である。君主が国民にとって利用価値のあるシンボルである理由は、単純な想像力にとっては国民に対してよりも君主に対しての方が、忠誠心の感覚を心に抱くことが容易だからである。国民は一つの抽象であり、適合するシンボルが供給されるのでなければ、把握することはできない。生きた人物は、この目的にとっては最も役に立つ有力なシンボルである。宗教においては歴史的次元では抽象のなかで失われた高次の道徳的義務のすべてが、最高のペルソナへの義務として感得される。こうして神のペルソナと聖性は、宗教的人間の道徳的意志をふたたび強化し、その人の権力への意志を抑制する。

宗教的禁欲主義と神秘主義——その陥穽

宗教史は、人々に対して自己への没入にみられる罪性を深く自覚させる効果を証示している。近代の心理学者たちは人間における執拗な自我中心主義を発見したのだが、その発見のいかなるものも、宗教の古典期の偉大な神秘家たちの洞察において予示されていなかったものは何もない。宗教の偉大な悪徳であると同時に偉大な美徳でもある禁欲主義は、自己意志の悪に関して宗教が感受性豊かな認識をもたらしてきたことの証左である。ショーペンハウアーは、宗教的禁欲主義を「生への意志の否認」とまったく正しく解釈したのだった。

禁欲主義者の意志は向きを転回して、もはやその本性を主張せず、むしろ否認する。……自発的で完全な純潔は、禁欲主義ないし生への意志の否定における最初の一歩である。そのことによってそれは、個人の生を越えて持続しようとする意志の主張を否認する。……さらに禁欲主義は、意志のたえざる苦行を意味する自発的かつ意図的な貧窮に身を置くところに示される。したがって願望の満足、生の甘美によって、ふたたび意志をふるい立たせることはなく、自己認識は意志に対してはむしろ反対に恐怖を覚えるのだ。(2)

厳格な神秘家たちはしばしば人間行動の利己性の評価に行き着くのだが、それは自然主義的な快楽主義者たちによる人間の動機に関する分析と酷似しており、たいへん興味深いことである。フェヌロン［フランスの神学者・作家］は、マントノン夫人への書簡において次のように宣告している。「すべての寛容、すべての自然の愛情は、とりわけ微妙かつ妄想的で邪悪な性質の自己愛にすぎない。私たちはすべての友情に対して全面的に決別しなければならない(3)」。この判断は、マンデヴィル［イギリスの思想家］の以下の言葉と比較することもできよう。

生きている最も謙虚な人間は、次のように告白するに相違ない。つまり、有徳な行為の報奨はそれにともなう満足であり、さらに自分自身の価値を思いめぐらすことによって得られる一定の喜びにこそある。近づいてくる危険に対して顔面が蒼白になり、震え上がるのが、恐怖の徴候であるように、そうした機会にともなう喜びは、誇りの一定の徴候でもある(4)。

神秘主義と禁欲主義とが、あらゆる種類の自己矛盾に陥ってしまったことは、否定できないであろう。というのも、両者の神秘的な黙想はその信奉者たちに利己心を自覚させずにはおかなかったのだが、利己心を根絶しようとする彼らの試みによってそうした自己矛盾に陥ってしまうからである。神秘家は、まさに自我を除去しようとする努力の熱心さそのものによって自我に取り憑かれてしまうという実際上の自己矛盾に巻き込まれてしまう。それだけでなく神秘家は、最も非利己的な欲望すらも、それが欲望であるという理由で利己的だと判断してしまう合理的な自己矛盾にも陥ってしまう。ギュイヨン夫人は、「私たちは自分たちの欲望を、パラダイスの喜びすらも、抑制しなければならない」と主張する。[5] ブセットは完全に徹底した無私の境地を達成しようとする神秘家たちのこれらの病理的な努力を跡づけながら、次のような言葉で彼らの感情を要約している。

神を求める欲望は神ではないので、それゆえに私たちはそうした欲望に対しても門戸を閉じるのである。[6]

神秘家たちは禁欲的実践において絶対的完成への憧憬を満足させようと試みるのであるが、さらにより困難で非合理な状況に巻き込まれてしまうのである。すなわち、彼らはそうした試みを純化させようとする過程で、自分たちの人生と社会を破壊してしまう。キリスト教と仏教の双方の禁欲主義者は、生への意志から利己的欲望を分離することができず、欲望を破壊する彼らの努力において、完全な肉体的破滅を辛うじて回避するだけなのだ。キリストの語る逆説はこうである。「自分の命を救いたいと思う者は、それを失うが、わたしのために命を失う者は、それを救うのである」(7)。こうしたキリストの語るパラドックスにおいて、一方で禁欲主義を駆り立てている宗教的緊張は人生の目標としての自己追求を非難することによって解消されるが、だが他方で自己放棄の一つの副産物として与えられる自己実現は許容されている。このパラドックスは、ヒンズー教と仏教——とくに後者——を特徴づけていた生の悲観主義的な否認からキリスト教を救い出している。しかし、西洋と東洋の宗教との相違は、ただ程度の差である。禁欲主義は、すべての宗教生活の一つの変わることのない特徴としてとどまっている。禁欲主義はさまざまな種類の病的な道徳へと堕落するかもしれないが、しかしその完全な不在は宗教における活力の欠如の証明ともなっている。庭園の木々の果実を熟成させるのに十分に暖かな太陽は、そのなかの果実の一部を過度に熟させてしまうこともある。宗教における禁欲的基調への批判は、禁欲主義をもっぱらその異常な派生物にすぎないと見なし、それを絶対的なものへの宗教的渇望の一つの不可避の副産物としては見なさない。その意味でこうした一方的な批判は、宗教の真なる本質に関する理解の欠如から派生しているのである(8)。

愛の宗教的理想

禁欲的感受性の社会的限界については、後にさらに述べる機会があるであろう。ここでは第一に宗教のもう一つの道徳的資源を考慮するのがよいだろう。この資源は、神秘主義と禁欲主義がいとも簡単に陥りやすい主観主義を、限定したり破壊したりする傾向を示している。それは、最高の徳性として愛を強調する宗教的立場である。理性的倫理は正義を目的とする一方、宗教的倫理は愛を理想とする。理性的倫理は、他者のニーズを自己のそれと平等に考慮することを追求する。宗教的倫理(それにとどまらないが、より個別的にはキリスト教倫理)は、ニーズを比較して注意深く計算などせずに、隣人のニーズが満たされるべきことを主張する。こうした愛の強調は、絶対的なものの宗教的意味のもう一つの果実である。一方において宗教は、仁愛の感情を絶対化し、それを道徳生活の規範および理想とする。他方でそれは、隣人の生に対して超越的で絶対的な価値を付与し、隣人への共感を奨励する。愛は隣人のニーズを満たすことなのであるが、その際、自己のニーズと隣人のニーズとを注意深く比較考量することはしない。それゆえに愛は、理性によって鼓舞される正義よりも倫理的に純粋である。(愛を複雑な社会に適用するのは困難であるので、そうした理由から愛は正義という理性的原則よりも社会的にはもっと価値があると見なす必要はない。)

愛の宗教的理想は部分的に、仲間の魂を絶対的で超越的な観点から見ることによって促され、支持されている。あなたの隣人は、神の子であり、彼に奉仕することで神に奉仕することになる。「わたしの兄弟であるこの最も小さい者の一人にしたのは、わたしにしてくれたことなのである」〔マタイ福音書二五章四〇節〕とイエスは述べた。インドの聖者ラーマクリシュナは、次のように言った。「私は悟りの段階へといたった。神はあらゆる人間の形をとって歩み、自分自身を聖人の姿でも罪人の姿でもあらわした」(9)。こうした宗教的洞察は、直接的なものや不完全なものを絶対的なものや超越的なものの観点から見る宗教的想像力から流れ出ている。そうした宗教的洞察は、聖フランチェスコを促して、ハンセン病患者に接吻させたり、強盗を信頼させた当のものだった。それはまた、パウロを説得して、「キリストにあってはもはや、ユダヤ人もギリシア人もなく、奴隷も自由な身分の者もない」〔ガラテヤ書三章二八節〕と言わせた当のものでもあった。それはまた、年老いたインドの聖者が、インドの暴動の際にその体に鉄の冷たい銃剣を突き刺そうとした兵士に対して、「あなたも神だ」と挨拶するように誘った当のものでもあった(10)。

人間の人格の宗教的理解は、高度に神秘的な性質においてのみ開示されるわけではない。禁欲主義の精神とは異なって、それは宗教のより理性的形態においても開示される。

兄弟愛のストア主義的教理は、ストア派の汎神論に根拠づけられていた。人間はつねに目的として処遇されねばならないのであり、決して手段として扱われてはならないというカントの行動原理は、彼が考えるほどには理性的倫理の公理ではない。この行動原理は、事実、どのような理性的な倫理体系においても一貫して適用可能なものではない。それはむしろ、カントの敬虔《けいけん》主義的な宗教の世界観から受け継がれた一つの宗教的理想である。人間の生への宗教的な畏敬が、合理的キリスト者だったウィリアム・エラリー・チャニングの場合と同様に、理想主義の主要な源泉なのである。彼は次のように記している。

私はこれまで、人間への新たな畏敬は社会改革の大義のために基本的なものであると感じ、そう主張し続けてきた。人々が神との親和性、関係性、さらに神によって与えられる人生の無限の目的を理解するようになることにまさって、兄弟愛の精神と真なる平和を生み出すものはない。……われわれは誰もが、生活様式の改革、新しい礼節と優しさ、相互への親切、敬意と共感、社会改良への人生と努力を頭で考えることはできない。こうしたものは、人が身体を突き抜けて精神＝霊へと浸透し、その時に初めて最下層の人間の実情を学ぶことで、おのずと湧きあふれてくる

ものなのだ。(11)

チャニングは、この論理によって反奴隷制の大義を主張することへと駆り立てられたのである。それはちょうど、もっと神秘主義的なキリスト者、クエーカー教徒のジョン・ウールマンが、奴隷制は神的なものの一側面としての人間の人格性に関する宗教的評価と相容れないと理解したのと同様であった。一方において、トレルチが適切にも指摘しているように、宗教的理想主義は、理性的な政治思想の助力なしには平等主義的な政治的理想には決して到達することはなかった。しかし他方で、すべての人間の人格が持つ超越的価値の教理は、やがてすべての人間の平等な価値の思想へと転化していく傾向にあった。この思想は、実際の倫理的政治的重要性を達成できたかもしれなかった。しかし、その政治的可能性はつねに、神の前での平等は歴史的社会的関係における平等を必ずしも含意しないという宗教側の主張によって損なわれてきたということを付言しなければならない。絶対的なものの宗教的感覚は、この事例においても、また他の事例においても、みずから背伸びをして失敗し、それが生み出した倫理的可能性を破壊して終わってしまう場合もありうる。

悔恨の精神に帰結する宗教の内省的性格はまた、その愛の精神にも貢献した。利己的衝動が発見され分析されるのは、深遠な宗教的内向性のタイプにおいてである。神秘的経験を通じて自己の批判的な眼は、神の非難する眼に転化するからである。こうした経験は、愛を奨励するというよりも、容易に利己性への非難に通じる。こうした経験は、仁愛の理想というよりはむしろ公平無私の理想に結実した。しかし、そうは言っても、それはまた、すべてのエゴイズムへの批判的な態度によって愛の精神に対する強力な支持を与えることになろう。人間の行為は、隠された動機が認識されえないような外部的観点からは、実際の内実よりももっと仁愛に富んだものと見なされるだろう。たとえそうした行為が利己的であると認識される時ですら、社会的観点からは是認されるであろう。

内部的観点からは、こうした混同や是認はどちらもありえない。すべての仁愛を堕落させる利己主義の不純物は、厳密な内面的分析によって仁愛から分離され、取り除かれる場合もある。さらに利己主義が社会的に正当化されたとしても、この分析においてはいかなる重みもない。魂の行為と態度は、絶対的な道徳的理想の光に照らして判断され、それとの比較において不十分とされるのだ。もし自己からの逃亡が社会的参照点なしに試みられるとすれば、宗教的内省によって魂は希望の見えない仕方で自己への執着に陥ってしまうだろう。しかし、宗教的内省による利己主義の抑制は、愛の精神を潜在的に支えるものにほかならない。

愛と正義が実現される千年王国の希望

もし宗教が個人の観点から絶対的なものに特別の仕方で関与するとしたならば、その場合でも、愛と正義が完全に実現される一つの絶対的社会を構想することができる。あらゆる重要な宗教において、千年王国的な希望が表明されている。宗教的想像力は、個人的生の不完全性と同様に、歴史的社会の妥協や相対性、それに不完全性にもいらだたしく思うものだ。預言者イザヤは、ライオンと仔羊が共に横たわる日が来るのを夢見た。それは、換言すれば、強者が弱者をむさぼり食うことを促す自然の法則が廃棄される日の到来の預言だった。エジプトとバビロンの宗教的理想主義者たちも、理想的治世のヴィジョンを有していた。ときおり、現実的なものと理想的なものとのコントラストがあまりにも鋭く描かれるので、宗教的人間は世俗的歴史において理想が成就しないことに絶望する。こうして彼は、その希望をもう一つの世界、つまり来世へと移し替えるのである。こうした傾向は、とくにプラトン的理想主義に影響された宗教について当てはまる。そこでは理想世界は、つねに人類の歴史の終わりではなく、その歴史を越えて天上に存在する。

千年王国が現世的意味で構想されているのは、ユダヤ教の宗教思想の独自の特質である。一方で神の国の福音的構想は、ユダヤ教の千年王国の希望を高度に精神主義化した理解を示しており、それは第二イザヤの理解に大きく依拠している。宗教が社会の諸問題に関連づけられる場合には、どこでもつねに何らかの種類の千年王国の希望が生み出されるものだ。そしてその観点から、現在の社会的現実はその不十分性について告発され、不正義の社会を救済しようとする努力を持続するために勇気が保持されることになる。勇気が必要とされる理由は、仮にただ現在の現実と当面の可能性のみを眺める場合には、正義の社会を構築する仕事はつねに希望のないもののように思われてしまうからである。

完全に平等な社会を打ち立てようとする近代の共産主義者の夢は、古典的な宗教的夢の世俗化された――しかし依然として本質的には宗教的な――理解を示すものなのだ。その世俗化は部分的には、中産階級の宗教共同体において宗教的社会的希望が退化し、非現実的なセンチメンタリズムへと成り下がってしまった状況への一種の反動である。それはまた部分的には、近代生活の機械化と宗教的想像力の破壊がもたらした不可避の帰結である。共産主義者のこの夢は宗教的希望の世俗化された理解なのだが、その宗教的性質は破局の強調にも示されている。それは、新しい社会が漸進的で不可避の進化的プロセスによって出現するとは理解していない。共産主義は、社会における現在の諸傾向について悲観主義的であり、破滅に向かっていると理解している。しかし、その希望は、すべての宗教の場合と同様に、絶望から生み出され、新しい社会が破局を通じて出現すると理解されている。

他方、進化的な千年王国思想はつねに快適に暮らしている特権階級がもつ希望であるが、彼らはあまりにも合理的に考えるがゆえに、歴史のなかで絶対的なものが突如として出現するといった考え方を受容できないでいる。進化的千年王国論者たちにとって理想は歴史のなかにあり、それは究極的勝利に向けてその歩みを進めることなのである。彼らは神と自然を同一視し、さらに現実的なものと理想的なものを同一視する。その理由は、古典的宗教の二元論的な構想が彼らにとって非合理(事実、その構想は非合理であるが)だからではない。そうではなく、彼らが無産階級ほどには現代社会の残虐さから苦難を受けることが少ないからであり、それゆえに現代の歴史について破局的な見方を採用することがないからである。他よりも恵まれたプロレタリアートであれば、同じ理由で破局的マルクス主義を採らず、進化的社会主義を受け入れる。

宗教はつねに希望の最後の拠り所であり、それは絶望の淵に打ち立てられている。人々は、何らかの絶対的な観点から眺めるまでは、個人および社会の道徳的事実を自己満足でもって見てしまう傾向がある。しかし、人々を絶望へと駆り立てる同じ絶対主義はまた、彼らの希望をも活性化するのだ。真なる宗教的人間の想像力において、歴史を断罪する神は同時にやがて歴史を救済する神を意味するのである。

宗教に自明な道徳的資源があることで、宗教的モラリストたちは、宗教的 - 道徳的資源の増大を通じて社会を救済しようとする希望を持っているとして、正当化されるように思われる。だが、それらが何の限定を付されることなく主張されるのであれば、これらの希望はむなしいものにとどまる。宗教には本来的な限界がある。というのも、宗教の真髄は、つねに宗教がより豊かな果実を生むものとして、個人の生を浄化し、家族のような親密な社会関係に健全さを与えることを促すところにある。しかし、宗教の真髄は、必ずしも現代社会のより複雑で政治的諸関係と取り組むことにあるのではない。現代の宗教が倫理的に感受性の豊かな多くの個々人から不評を買っている事実は、みずからを現代文化の精神に調和させることの遅延に由来しているというよりも、これらの複雑な諸問題に取り組むことの困難から派生している。現代世界が直面している喫緊の政治的経済的諸問題に困惑させられている社会は、この最も緊急の課題とは直接的に関連しない、いかなる生の表現に対しても軽蔑的な態度を取りがちなのである。しかし、このような態度は、人間の生身の肉体が罹患するすべての病気に対して自分たちには万能薬があると主張する宗教的センチメンタリストたちの場合と同様に、正当と見なされることはないであろう。

宗教生活のパラドックス――謙虚と自己主張

絶対的なものに対する宗教的感覚は、生への意志(will-to-live)と権力への意志(will-to-power)を、絶対的意志への従属の下に服せしめることで、それらを限定づける。それだけにとどまらず、そうした宗教的感覚は、他の人たちに超越的価値を授与し、彼らの生とニーズをこうして自己にとって高次の要請に至らせることによって、限定づけるからである。これは道徳的な達成である。しかし、宗教はまた自己を絶対化するという結果を生み出すこともある。それは生への意志の昇華である。神は全能者であり超越者であるが、それにもかかわらず神みずからの性質と人間への関与との双方を通じて、神は人間と関係づけられている。神の性質は、人間の徳性が無限にまで引き上げられたものである。神の人間との関係は、現代のバルト神学におけるように、神が「全体他者」として記述される場合ですら持続される。宗教において人間は、みずからの生と憧憬に意味があるものとして宇宙(ユニヴァース)を解釈する。

宗教は絶対者の前における謙虚であり、また同時に絶対者との関係における自己主張でもある。自然主義者たちは、宗教を、それがあまりにも傲慢であるとして、あるいはまたあまりにも惨めな自己卑下であるとして非難する。だが、彼らは宗教生活のこのパラドックスを理解しそこなっている。明らかに、これら二つの要素はつねに同等に強く表現されるわけではない。F・ハイラーは、宗教を「神秘宗教」と「預言者宗教」とに区分しているが、前者は神の前での謙虚を強調し、後者は「生への抗いがたい意志、生きるという感覚の表現と熟達と高揚への制御不可能な衝動」を示すと説明している。一方で神秘的な祈りは、「比類なき対象、唯一の現実、至高の価値である神に対して向けられる。」他方、預言者的祈りの目的は、「人間自身の喜びと悲しみ、その苦しみと恐れ、その計画と確信」の表白である。(12) ただし、ハイラーは、前者をカトリック的敬虔、後者をプロテスタント的敬虔と同定する誤りを犯している。宗教を生への意志の昇華として理解する最も鋭利な解釈を示し、さらに不死性という宗教的希望をとくに強調するのは、現代のカトリックの宗教哲学者ウナムノにほかならない。(13) これら二点の強調は、宗教生活のほとんどすべての表現において、異なった度合いではあるが横並びの形で共存している。生への意志の宗教的昇華が、歴史的レヴェルでの個々人の間の権力への意志の相克の激しさを緩和するのかどうかは、答えるのに難しい問題である。というのは、このような生への意志の宗教的昇華は、生の活力をより高次のレヴェルへともち上げ、超–

歴史的で超－現世的な世界における究極的満足を追求するように魂を魅了することがありうるからだ。これは、いくつかの点で宗教生活の効果にほかならない。一方で宗教を阿片と見なす近代的急進主義者は、宗教のこのような彼岸的性格を理由に宗教への弾劾を正当化する。他方で個人の生と意志を宗教的に是認することは、それを歴史的状況におけるより確固たる力へと定着させるであろう。商業的中産階級が過去三世紀にわたる政治的および経済的闘争において土地所有貴族支配を打破したが、その力は部分的にピューリタン的な人格の宗教的価値と世俗的な価値追求の霊＝精神的性格に由来するものだった。

スペイン人の征服者について語るなかで、ウォルドー・フランクは彼らの勇気と残虐さがともにその宗教的信仰に根ざしていることを見いだした。

教会の神秘的指導がなければ、スペイン人の征服者たちは最初のジャングルで挫折し、それ以上先には進めなかっただろう。ただ信じる人間たちだけが、彼らが信じたことをなすことができた。彼らは安価なぶどう酒がキリストの血へと変化するのを見た。今や彼らは、自分たち自身の野蛮さが変革されてローマ教会を建てる行為へと形を変えたことを理解できた。彼らの残虐さのなかに、神の代理人としての彼らの運命を直観した。彼らの神秘的役割は、不可能な冒険を耐えられるものとなし、さらに彼ら自身をみずからにとって許容できるものとした(14)。

事実は、生への意志の宗教的昇華がまた、歴史的社会的レヴェルでのそうした意志の拡充であり、またはそうでありうるということのようである。もう一つの世界、つまり来世での報奨は、弱い人間を諦念へと促すかもしれないが、強い人間には超人的なヒロイズムの行為へと奨励するものなのである。

人間の生にこうした絶対的価値を付与することは、社会生活にとって危険であることは明らかである。とくにそれが、個々人の間の問題というよりも、むしろ国民やその他の諸集団において示される場合に、その危険は最も明白なものとなる。宗教には道徳的社会的想像力が働いて、他の諸国民に対して自国民に要請するのと同様の重要性が付与される場合もある。しかし、他の諸国民への想像力は、自国民を超越的かつ神的目的を実現する独自の担い手と見なす想像力に比べると、それほど強力でもなく、しばしば見られるものではない。預言者アモスは、神の名において次のように叫ぶことができた。「私にとってあなたたちはエチオピア人と同じではないのか、と主は言われる」〔アモス書九章七節〕。しかし、このアモスの言葉は、世界の諸国民の間で神に仕える特別の民としてイスラエルを見なしていた数多くの人たちの間では、荒野に呼ばわる声でしかなかった。各人が属する国民生活に特別の尊厳と価値を与えるのは、宗教だけではない。愛国主義は敬虔の一形態であり、それは部分的に想像力の限界のゆえに生じてしまう。愛国主義のそうした限界は、聖者たちと同様に、学者たちによっても示されることがある。各国の知恵者たちは、第一次世界大戦の期間中、彼ら自身の国民が「文化」と「文明」に対する特別な使命を保持していることを証明しようとたいへん熱心だった。それと同様の熱心さで、宗教的指導者たちも、神の意志は自国の政策において実現されつつあると主張した。しかし、宗教上の要求はどんな世俗文化の要求よりも絶対的であるので、宗教が自国の意志を先鋭化させる危険はその分、大きなものとなる。

絶対的なものへの宗教的感覚とその二元論の傾向

たしかに絶対的なものへの宗教的感覚は、意志の昇華という仕方ではなく、神の意志に対する個人の意志の従属という形で、あるいは神的観点からの個人の意志への審判《さばき》という形で表されることもある。しかし、たとえそれが道徳性のなんらかの最良の果実を生み出すことになろうとも、絶対的なものに関する宗教的感覚は、最高度の社会生活と道徳生活を危険にさらす可能性もある。絶対的なものへの宗教的憧憬に関する一つの興味深い局面は、神的なものと人間的なものとのコントラストを前にして、それ以下の人間的歴史的レヴェルにおける善と悪の小さなコントラストが、すべて不分明にされることである。罪とは最終的に神への不従順となり、それ以外の何ものでもないとされる。そこではただ神への反逆だけが、また神の前での自己意志の思い上がりだけが罪と見なされてしまう。宗教のこうした論理は、ジョナサン・エドワーズの思想のなかに明らかに見てとることができる。彼は次のように述べている。

罪責は、われわれが多かれ少なかれそれとは逆の清廉潔白への義務の下にあるのに応じて、多かれ少なかれ憎むべきものとなる。どのような存在者をも愛し尊敬し従順であるという義務は、その愛の態度、尊厳ある名誉、権威に応じて表される。しかし、神は無限に愛すべき存在である。なぜならば、神は無限の卓越性と美を保持しているからである。それゆえに、神に対する罪は義務への無限の冒瀆であって、無限の思い上がりの罪責であり、したがって無限の処罰に値するものに相違ない。(15)

宗教的人間が神に対して犯す罪として感じるのは、実際に自己意志の罪である。しかし、そうした事実についての宗教的人間の認識は、特別な社会的意義を有するかもしれないし、また必ずしもそうでないかもしれない。ルドルフ・オットーは、罪の宗教的概念において神と人間の関係性を強烈に強調するので、それを全面的に聖なるものの前における汚れの感情として解釈することができた。[16] しかし、これはおそらく事実に関する一つの誇張であろう。というのも、「聖なるもの」は宗教の展開において道徳的に完全なものという含意を有しているからであり、罪はそれに応じて道徳的意味で定義されるからである。それにもかかわらず、罪の宗教的局面を強調することで善悪の道徳的区別が失われる傾向は、生きた宗教生活にみられる一つの持続的な特徴である。現代のバルトによるルター派正統主義の復興は、宗教的経験が実際に悔恨の感覚のなかに集約されてしまっている。神の聖性と人間の罪性とのコントラストの強調があまりにも絶対的であるので、人は人間共同体の生活に対する何らかの個別的違反によって罪ありとされるのではなく、むしろ人間であって神ではないということで罪ありとされてしまう。

こうしてどの点から見ても、創造と堕罪とは実際に同一視され、人間の歴史におけるあらゆるものが悪と同定され、社会的道徳性の「巧みに計算された少なさと多さ」(nicely calculated less and more)はすべて重要性を失ってしまう。現代のバルト主義者たちにとって嫌われ者(bête noir)であるシュライエルマッハーは、道徳性と宗教の関係に関して、バルト的立場に含意されているもの――率直には指摘されていないが――を明確に告白する仕方で解釈している。彼は次のように書いている。

敬虔な人の思索は、永遠の相における、また永遠的なものを通じての、すべての有限な事物の普遍的実存に関する直接的な意識である。……これが見いだされるところで、宗教は充足するのである。……他方で倫理は、人間の行為と人間の生み出すもののそれぞれの部分を厳密に区別することを求め、同時にそれらの部分を自然の諸関係の全体のなかで結合することを求める。しかし敬虔な人間は、敬虔な者として人間の行為については何も知らないと告白する。彼は実際に人間の行為について思索するが、それはそこから倫理的体系が生じうるような種類の思索ではない(17)。

シュライエルマッハーの立場である暗黙の汎神論は、神の超越性に関するバルトの概念とはまったく正反対であり、悔恨よりも崇敬を支配的な宗教感情とすることに帰着している。しかし、両者ともに宗教と道徳との同様の分離に終わってしまう。

アウグスティヌスは、彼の著書『神の国』(*De civitate Dei*)において二つの国について書いているが、宗教的なものと世俗的なものとをバルトに類似した仕方で対比している。そしてそれによって道徳的差異は不分明にされるか、消し去られてしまう。

それゆえ、二つの愛が二つの国を造ったのである。すなわち、神を軽蔑するにいたる自己愛が地上の国を造り、他方、自分を軽蔑するにいたる神への愛が天上の国を造ったのである。要するに、前者は自分を誇り、後者は主を誇る。前者は人間からの栄光を求めるが、後者にとっては良心の証人である神が最大の栄光だからである。……それゆえ地の国においては賢者たちは、人間に従って生き、身体や霊魂の、あるいはその両方の善を追い求める。……しかし、天上の国においては、人間の知恵は、真の神に仕え、聖なる天使と人間の社会で報いを望む敬虔があるのみである。この敬虔は、神がすべてにおいてすべてであることを待ち望んでいるのである。(18)

他方で、宗教的感受性は罪の感覚を高揚させるが、その道徳的含意を破壊することのない別の宗教的敬虔の形態がある。そこでは神への意図的な侮辱が利己心の罪責の最終的なものだが、しかし唯一のものではないとされている。さらにそこでは神の礼拝が信徒たちにとって最高の栄誉ではあるが、自我を克服した生の唯一の表現ではないとされている。宗教と倫理とのそのような関係は、たとえばトマス・アクィナスの思想に見いだされる。それにもかかわらず、神的な聖性の白色の輝きとこの世の暗黒とのコントラストのみを描くことによって、道徳生活の色合いと明暗を不分明にする宗教の傾向は、宗教生活の一つの持続的な特徴であり続けている。

社会的政治的無関心と敗北主義

このような傾向には、いくつもの問題を含む影響がある。それは、きわめて容易に社会的および政治的無関心主義に帰結してしまうことである。個人、それにもましてとくに社会は、地上の罪にあまりにも深く巻き込まれてしまっているので、いかなる道徳的意味においても救いを得ることは不可能であるとされる。通常、個人は神の恩寵によって救われるのだが、他方で社会は悪魔に引き渡されていると見なされる。要するに、社会問題はいかなる倫理的基盤においても解決不可能だと宣言されているわけである。こうしてアウグスティヌスは、この世の国は「不正義の盟約」によって成り立っており、その支配者は悪魔であり、カインによって打ち立てられ、その平和は闘争によって保持されると結論づけている。これは、社会生活の実態に関するきわめて現実主義的な解釈にほかならない。それが、もし敗北主義の色合いによって損なわれていない場合には、現代の宗教において流布しているセンチメンタリズムと浅薄な分析に対する有益なコントラストとなっている。だが、そうした敗北主義の色合いは、容易に二元論への傾斜とともにすべての厳格な宗教に入り込んでいる。

社会の不正義は、個人の良心によって捉えられる絶対的な道徳的理想との鋭いコントラストにおいて位置づけられ、宗教的に感受性の豊かな人間の魂は、社会を絶望視するように誘惑されてしまう。このようにして宗教は、社会に背を向けた絶対的なものの探求へと頽落《たいらく》してしまう。人間の魂は、静寂主義的な集中か、あるいは現世からの離脱という仕方で神の完全性を探求する。そしていずれの場合でも、完全性は純粋に個人主義的形態で定義され、経験されることになる。もう一つの可能な選択肢は、絶対的なものと完全なものを達成不可能なものと見なし、神の眼において重要性をもついかなる徳性の成就をも絶望視してしまうことである。そうした場合、宗教的人間は、恩寵の経験によって慰められるのである。その恩寵の経験において宗教生活は、神の憐れみと赦しをみずからの挫折への慰藉《いしゃ》として受け止め、到達不可能と見なされているものを先行して享受することによって敗北を勝利へと転換する。これらすべての多様な形態において宗教は生の緊張をいやがうえにも高め、そして後にその緊張を解き放つのである。生の道徳的緊張は、この宗教的解放のプロセスにおいてきまって危機に見舞われる。宗教は生の弓の弦をぴんと引き寄せるので、それは弦がプツンと切れてしまうか（敗北主義）、あるいは的を強く射すぎるか（熱狂主義と禁欲主義）のいずれかになってしまう。宗教の道徳的弱点は宗教的活力を増し加えることによって単純に除去されるだろうという信念は、あまりに単純すぎて真実とはいえない。宗教の活力が大きくなればなるほど、それはますます道徳性を支持するか、危殆におとしめられることになるかのいずれかである。そうした試みは、同じ活力によって道徳的感受性の創造を促すかもしれないし、逆に道徳的力強さを破壊するかもしれないのだ。

愛と仁愛という道徳的資源

社会問題との取り組みにおける宗教の資源と限界は、その悔恨の感覚以上に愛の精神においてより明白に開示されている。すでに見たように、宗教は愛と仁愛を奨励する。宗教がそうするのは、生の道徳的原則を絶対化することによって、それが絶対的な公平無私の純粋さを成就し、さらに他の人たちと生の超越的価値を分かちあうことによってである。これは、道徳生活への宗教の永続的貢献を表している。こうした宗教の貢献は、より入り組んだ複雑な社会関係において限界が示されているにもかかわらず、通常はより親密な関係において表現される道徳的態度の展開と拡大として感謝をもって受容されるにちがいない。「自分を愛してくれる人たちを愛したところで、あなたがたにどんな報いがあろうか」〔マタイ福音書五章四六節〕とイエスは述べた。そしてこれらの言葉の論理のなかに、キリスト教の全体的な社会的精神が開示されている。宗教の超越的観点は、すべての人たちを私たちの兄弟姉妹にするのであり、自然、気候、地理、そして歴史の不幸な出来事が人類という家族を分け隔てている分断を無効とするのである。宗教的に霊感を受けた理想主義者たちは、こうした洞察に基づいて民族、人種、階級の区別を乗り越えようと試みてきた。

宗教の偉大な先見者たちや聖人たちはつねに、社会の救済への自分たちの希望を、宗教的道徳に含意されている愛の普遍主義を人間社会全体で実効的なものとする可能性にかけてきた。かつてケルソスは、初期キリスト教徒たちを非難し、彼らの道徳的絶対主義によって帝国の威厳が損なわれると指摘したことがあった。オリゲネスは、この非難に次のように答えている。

われわれ以上に、皇帝のためによく闘っている者はいない。われわれが皇帝とともに戦争に行かないことは本当だ。しかし、われわれは自分たち自身の軍、つまり敬虔の軍を作って、父なる神へのわれわれの祈りを通じて皇帝のために闘っている。すべての人がキリスト信徒になるならば、野蛮人ですら平和を求めるようになるであろう(19)。

自分たち自身の集団生活にあまねく広がっている愛の精神が、やがて全人類の道徳生活に命を吹き込むであろうというのが、初期のキリスト教共同体における一つの自然で明白な希望であった。そうした希望は、西洋世界の歴史においては繰り返し再生されてきた。第一次世界大戦がキリスト教精神への背信行為であると鋭敏に感じとった無数のキリスト教徒たちは、同時に真なるキリスト教は一度も試みられたことがなかったのだから、キリスト教は失敗したわけではないという考えで自分たち自身を慰めたのだった。こうした観察に込められた含意は、真なるキリスト教はいつの日か試みられるであろうというものだった。キリスト教史を専門とする少なからざる歴史家たちは、キリスト教に早すぎた大衆化をもたらしたコンスタンティヌス大帝の不幸な回心のために、初期キリスト教共同体の愛の精神の出番は将来の歴史へと留保されたであろうとほのめかすのを常とした。だが、こうした議論はすべて、人間の心や想像力に明確な限界がある現実を説明するのに失敗している。つまり、こうした限界のゆえに、愛の宗教的精神の力の幾分かは、それを掲げる共同体の規模の拡大に比例して消失してしまうのを不可避なものとしている。要するに、愛の精神の実現は、それが作動する社会関係が非人格的で間接的になればなるほど、またそれが直面する状況が複雑になればなるほど、ますます困難になる。キリスト教の教派で、クエーカー派や他の小規模な宗教的共同体の方が、包括的なメンバー制を有する教会以上により純粋に愛の精神を保持してきた。さらに愛の精神は、小規模で親密な共同体をも含めて、いかなる宗教的共同体の生活よりも、個々人としての聖人たちの人生を特徴づけてきたのである。

これらのすべてが意味するのは、次のようになろう。［一つには］宗教は寛容な社会的態度の力を増大させ、その範囲をさらに広げるだろうが、寛容な態度は自然に親密な仲間集団で促されるものである。［二つには］しかし、そうした寛容な社会的態度の力と拡散には明確な限界がある。［三つには］すべての人が霊＝精神を深めることは期待できないことであり、それはすべての人が理性的になることが期待できないのと同様である。［四つには］霊＝精神的次元および理性的次元のいずれかあるいは双方で卓越性を示す人たちは、つねに社会生活においてパン種（酵母）のような触媒的な影響力を示すようになる。［五つには］しかし、社会の政治的構造を彼らの成果の上に打ち立てることは不可能である。

さてこのように宗教は、仁愛の感情を強化し、その力を確実に意志に結びつける。それによって各人の性格全体に、たんなる優しさの感情の力を越えて一貫し安定した仁愛が付与されることになる。それにもかかわらず、こうした善意ですら、その励ましや刺激には具体的な個人的接触や明確なニーズの明示が必要となる。人々が最も寛大に愛を発揮できるのは、みずからに身近で自然な言い分を持っている人たちに対してであり、また逆にまったくそうした言い分を持たない遠くの人たちに対してでもある。物乞い、完全な無産者、地球の遠隔地にいる困難者、ダミアン神父が赴いたハンセン病患者、アルベルト・シュヴァイツァーが仕えていた原始林のなかに住む子どもたちといった人たち、さらにまた私たちの親族は、愛の精神の奨励者および促進者である。愛が最も能動的であるのはニーズの具体性や身近さであり、それは想像力に長《た》けていない人たちにも有効である。また遠くからの求めは、想像力の豊かな人たちにとって挑戦となるような時にも、愛が最も能動的になる。愛は、それが一時的なセンチメンタリズムや持続的な善意であれ、感情に依拠しているため、より込み入った社会関係に直面すると困惑してしまう。というのも、そこでは最高度の倫理的態度は、注意深い計算によってのみ達成可能だからである。愛とは直接的な対象を見いだせないならば、みずからを表現するのに困難を覚えるものなのである。複雑な状況に要請される知的分析は、仁愛の衝動の力を実際に破壊する恐れがある。

さらに宗教的寛大さを促す完全主義は、理想的な結果をもたらすことよりも、完全な動機づけの保持により大きな関心を寄せる。純粋な動機づけへのもっぱらの関心は宗教生活の不変の特徴であり、それ自身の徳性がそこにある。しかし、この純粋な動機づけにのみ関心を寄せることは、社会にとっては危険なことでもある。というのも、それは、宗教的慈善の名においてなされた多くの不条理な事例の原因になることがあるからである。仁愛の精神が寛大な行為がもたらす社会的帰結に注意を払わない時、不条理が生じるのは不可避である。二世紀に書かれた『十二使徒の教訓』（*Didache*／教理問答）は、キリスト教徒に彼らの施しの受取人が現れるまでは安心しないように勧めている。「あなたが誰にそれを与えるのかを知るまで、あなたの施し物があなたの手のなかで汗をかくようにしなさい」とそれは宣告している。[20]

より大きく複雑な問題を解決するうえで愛の精神が弱点を持っていることは、ふつうの個々人の間の関係から社会集団の関係へと進むにつれて次第に明らかになってくる。先に注意を促したように、種々の国民や社会集団は、正義の原理に近接することに困難を見いだすものだが、もしそうであれば、明らかに正義よりも多くを要求する愛の原理を達成することはますます不可能になる。宗教的モラリストたちは、諸国民は「キリストの律法」に従うべきだと求めるが、これは非現実的な要請であり、諸国民がそうするだろうという希望はセンチメンタルなものでしかない。最高度の宗教的善意の持ち主である個々人から構成される国民ですら、他国民との関係では、通常、愛することはなかなか達成できないものである。他の特殊な理由がないならば、それは失敗に終わるに相違ない。なぜならば、個々の人間が、純粋な仁愛を確保するのに十分なほど、他の国民の個々人の立場に立って考えることなど不可能だからである。さらに、個々の人間が有しているそのような善意は、国民への忠誠へと流れ込み、自国中心主義を強化する方向に向けられてしまう。愛国主義のこの倫理的パラドックスについては、別の章においてさらに吟味することにしよう。歴史上、その行為において純粋に利己的でないと認識されている国民は一つもないというかなり明白な事実を、ここでは確認するだけで十分であろう。同じことは階級的集団についても、同じような確かさをもって言うことができる。宗教的理想主義は、理性的理想主義と同様に、国家の諸政策を限定づけることができるかもしれない。しかし、この限定でさえ、すべての集団間の生活において示される利己的で残虐かつ反社会的な諸要素を完全に除去することは決してできないであろう。

敗北主義か、感傷主義か

宗教的理想主義者は、みずからの理想の実現にとってこれらの執拗な障害に直面して、次の二つの方向へと引き寄せられる。すなわち、一つは、政治的経済的関係の世界が自然の衝動が促す進路をとるままに放置する方向である。もう一つは、みずからの原則が実際にそうである以上に深遠であり、政治生活に影響を与えていると想定する方向である。換言すれば、宗教的理想主義者は、敗北主義か、感傷主義(センチメンタリズム)かのいずれかの方向に引き入れられる誘惑に直面しているのだ。われわれは先に、罪に関するあまりにも純粋な宗教的解釈から帰結する社会的無関心主義について考察した。この無関心主義にきわめて類似したものとしては、敗北主義がある。敗北主義は、善と悪に関する純粋に宗教的な概念から帰結するものではなく、あまりにも純粋に道徳的な文脈における理想(すなわち、絶対的愛)の定義から帰結している。その結果、複雑な政治的経済的関係は、明らかにこうした宗教的 - 道徳的理想の領域外に存在していると認識されてしまうのだ。要するに、宗教は政治的 - 道徳的問題には無関心を決め込むか、絶望してしまう傾向がある。それは神的なものと人間的なものとの明白なコントラストが描かれる場合だけでなく、人間的および道徳的レヴェルにとどまる場合でもそうなのである。宗教は、その道徳的理想を言明する際に厳格な完全主義を採用してしまうのだ。

初期教会は「現世」への態度においては敗北主義的であったのであり、世界は滅びに運命づけられていると見なし、みずからの楽観主義を千年王国の希望に見いだしていた。そしてこうした考え方が弱体化し始め、教会が政治的経済的生活への責任を担わざるをえなくなった時には、その基本的な社会慣習や諸関係に対してキリスト教の理想の名において挑戦する気質をほとんどもち合わせていなかった。奴隷制、不正義、富の不平等、戦争など、これらすべては神が人間の罪ある状態のための方策として考案した「自然法」によって定められたものとして受容された。しかし、かなりの混乱が生じることもしばしばあった。たとえば奴隷制のような社会制度は、人間の罪の状態の結果として認識されるべき事柄なのか、あるいは神が罪を抑制するために使用する装置として考えられるべきなのかが議論された。いずれにせよ、既存の諸制度については、教会はそれらとみずからの理想との間の不一致を十分に自覚していたのだが、そのまま受容するのが一般的な傾向だった。その自然的決定論、つまり、自然や歴史においては何事も神の明確な意志なくしては存在しえないという教会の信仰がこうした傾向にさらなる支持を与えていたのである。

自然法は福音の律法よりも下位の法であるかもしれないが、国家と所有権、戦争と不平等といった諸制度は、それにもかかわらず神が定めたものと受け止められた。より高次の律法を受肉化する課題は、修道院に任され、さらにプロテスタントの時代にはさまざまな教派に委ねられたのである。教会にとっては、カトリックにせよプロテスタントにせよ、愛の律法は社会的というよりはむしろ宗教的に解釈された。それは神の前での平等を保証し、それゆえに宗教共同体の内部では受容された。しかし、このことは、教会が一般社会において社会正義の理想を実現するために奮闘すべきだということを含意しなかった。事実、ルターは、当時の農民たちが、福音の原理には社会的重要性があるとして、「霊的な」王国を「地上の」王国へと転換しようと試みた時、聖なる戦慄を感じて、農民たちに敵対したのだった。[21]

奴隷たちが初期教会において平等の権利を保持していたという事実は、彼らの市民的地位を改善するのには役に立たなかった。経済的諸力を通じて奴隷制が中世の農奴制へと転換するまで、教会は奴隷制をそのまま放置した。キリスト教徒の個々人が、彼らの奴隷たちを解放していた事実はあるが、このことは、福音の原理が個々の信徒をより容易に霊感づけることが可能である一方で、彼らが社会的政治的政策を促すにいたるまでにはより大きな困難がともなったことを証明している。今日まで宗教共同体や教会は、彼らの組織の内部では経済的社会的不平等を超克する自分たちの能力についてみずから誇らしく思ってきた。だが、それにもかかわらず、彼らが、自分たちの宗教的道徳的理想とは対立していると認識しているより大きな社会の社会的不正義に対して、より力強く反対するということには必ずしもならなかった。[22]

宗教のこうした敗北主義は、きわめて一貫した神─世界、霊─身体の二元論から派生している。その枠組みにおいては自然の衝動が、経済的政治的生活では個人の私的行動とは異なり、理性や良心による抑制の少ない状況で作動する。こうした事実のゆえに、宗教的人間は経済的政治的領域に倫理的価値を持ち込むことに絶望させられてしまう。この敗北主義には一定のリアリズムがあり、それ自身の美徳もある。それはとくに一貫した一元論――そこでは神と世界、理想的なものと現実的なものとが同一視される――に由来する感傷主義と比較した場合に、明らかである。もし仮に敗北主義がカトリックとプロテスタントの正統派に絶えずつきまとう罪であるとするならば、感傷主義は自由主義的プロテスタンティズムの独自の悪徳である。この自由主義的プロテスタンティズムは、近代文化の精神にその信仰を調和させることで、啓蒙思想やロマン主義運動を特徴づけていた進化論的楽観主義や人間の徳性のロマン主義的な過大評価を受け入れている。それゆえに、この悪徳はなにも宗教に特有のものではない。しかし、宗教はしばしば、自然主義的一元論者が抱く幻想に感傷的な深みを加える。「あなたたちは神々だ、あなたたちは水晶のように透明だ、あなたたちの顔は輝いている」[23]とかつてヘンリー・ウォード・ビーチャー[一九世紀アメリカの会衆派の説教者]は叫んだ。この表現は、キリスト教的エートスがいかにそれ自体を自然主義的ロマン主義に調和させることが可能なのかを示している。彼の同時代人のウォルト・ホイットマンは、ロマン主義的伝統にまっすぐに立脚して人間の道徳的精神的価値について同様の評価を有していた。「私は私として存在する。それで十分である。私は内面においても外面においても神的である。そして私が触れるもの、そして私が触れられるものは何でも、神聖なものにする。」

一八世紀と一九世紀の進化論的楽観主義、さらにはロマン主義における道徳的社会的問題への感傷主義的な見方は、アメリカで特別な力を保持していた宗教的理想主義に影響を与えた。なぜならば、それらが若くて活力ある人民の雰囲気に適合していたからである。若者たちは、みずからの活力に不可避的にともなう残虐さをつねに忘却しがちである。さらにアメリカの拡大する経済は、この国の経済生活における階級闘争の過酷さを覆い隠してきた。さらにまたこの大陸の特徴である比較的孤立した状況は、国際紛争の残忍さを忘却させるのに役立った。こうしてわれわれは、感傷主義が染み込んだ一種の宗教的理想主義を展開できたのである。第一次世界大戦の幻滅にもかかわらず、平均的な自由主義的プロテスタントのキリスト教徒たちは、神の国は次第に近づいてきていると国際連盟はその部分的成就であり、ケロッグ協定はその盟約である、と依然として確信している。彼らはさらに、富裕者たちが教会に説得されて彼らの権力と特権を共通善に献げるようになりつつあり、ますます多くの人たちがそうしていると確信している。

彼らはまた、個々人の回心こそが社会問題を解決する唯一の安全な方法であり、そして宗教が依然として示している倫理的弱点は神学的曖昧さのゆえであり、そうした弱点は啓蒙の前進によって除去されるであろうと確信している。

なお次のことを付け加えることもできよう。すなわち、経済生活や政治生活の残虐性がこのように曖昧にされる場合、さらにどんなに宗教的で啓蒙された社会であっても、社会正義のためのあらゆる努力が直面せざるをえない停滞性について認識されていないままだと、全体的には感傷と偽善の要素がそこにつねに介在するようになる、と。社会的不正義から利益を得ている人たちは、明らかにそれによって苦難を受けている人たちよりも、そのリアルな状況を十全に理解することができなくなりがちである。もしほんの少しばかりの慈善の振る舞いが社会的不正義を隠蔽できるとすれば、それだけで彼らは社会生活に倫理的性質を帰属させられると考えてしまうだろう。無産者がこうした振る舞いをシニシズムで捉え、無意識の感傷を意識的な偽善として解釈するとなると、特権的人間は自分たちの慈善を受けとる側が道徳的倒錯に陥っていると憤慨し、立腹することになるであろう。自由主義的プロテスタンティズムは、全般的にみて西洋文明の特権階級の宗教である。それゆえに、社会的不正義にまみれた文明において、それが説く愛の理想は、多くの人々にとってシニカルに偽善として判断され、非難されることは、驚くべきことではない。というのも、彼らの場合、厳しい社会経験によって、快適な生活を送っている人たちが共有する感傷や幻想は、ことごとく打ち砕かれてしまっているからだ。

社会正義の実現と宗教

要するに宗教は、社会正義の道具やインスピレーションとなる点で、いたる所で多くの危険に直面している。社会正義のためのあらゆる純粋な情熱は、つねにそのなかに宗教的要素を包含しているであろう。宗教はつねに、愛の理想をもって正義の理念をパン種のようにふくらませるであろう。宗教は、政治的‐倫理的な理想である正義の理念が、倫理的要素をすっかり洗い落とされ、純然たる政治的理想に転化するのを防ぐであろう。倫理的理想は一方においてそれがあまりに純粋に宗教的なものになるのを防がなければならないが、他方で宗教はあまりに政治的になりすぎる危険にある倫理的理想を救い出す必要がある。さらにまた、正しい社会の希望にはつねに宗教的要素がなければならない。宗教の有する超‐合理的な希望と情熱なしには、いかなる社会も絶望を克服し、不可能事をあえて試みる勇気を決して持ちえないであろう。というのも、正しい社会のヴィジョンは、不可能なものであるが、それに接近できるのはひとえにそれを不可能と見なすことのない人々だけだからである。宗教の最も真実なヴィジョンとは幻想であるが、それは断固として信じられることによって部分的に実現されるようになるであろう。というのも、宗教が真実であると信じているものは、全体的には真実でない面があるとしても、本来、真実であるべきものである。そしてその真理が疑われないのであれば、本当に実現されるようになるであろう。

だが、宗教的信仰の十全な力は、正義の社会の構築のためにすべて入手できるわけではないであろう。なぜならば、その最も高度なヴィジョンは個人の良心の鋭敏な洞察から生まれるものだからである。もしそれが実際に実現されることがあるとすれば、それは親密な宗教共同体においてであろう。そこにおいては個人の理想は社会的実現を成し遂げるだろうが、それが社会全体を征服することにはならない。鋭敏な精神をもった個人にとって、社会はつねにジャングルのようなもののままであろう。社会は実際にそのようなものであり、自然界のようなものであるからだ。もし仮に鋭敏な精神が、自然を打破するために自然の力を使用する術を学ぶのであれば、また正義を成就するために強制力を使用する術を学ぶのであれば、神の国が少しでも近くにもたらされるであろう。こうした戦略のなかには腐敗の危険があり、それを認識するがゆえに、宗教的精神はたじろぐのである。もしそうした恐れを克服できるのであれば、宗教的理想は社会的および政治的意義を達成できるかもしれない。

同時にまた、どんな社会も決して完璧に正しいということはないので、その残虐さと不正義からの脱出のための方法は、純粋な心だけによっては追求できないであろう。十字架へのキリスト教の献身は、個人的な道徳的理想を無意識に賛美することである。十字架はそれ自体の高潔さにおいて勝利した愛のシンボルではあるが、世界と社会において勝利しているわけではない。実際に社会は十字架に対して陰謀を働いたのだった。国家と教会の双方がその陰謀に関与したし、おそらく最後までそうであろう。十字架上の男は、敗北を勝利へと変え、愛が世界において勝利するであろう日の到来を預言した。しかし、その勝利は神の介入を通じて到来するものに相違ない。人々の道徳的資源は、それを保証するには十分ではない。感傷的な世代は、キリストのヴィジョンにおけるこの黙示録的要素を打ち壊してきた。この世代の考えによれば、神の国はすぐそこに来たりつつあるとされるが、キリストは、神の恩寵による以外は神の国の成就は不可能であると見なしていた。

社会の再建という喫緊の問題に直面しているこの時代は、宗教生活のこの局面、つまり、歴史の可能性を越えて魂が飛翔することに関してはほとんど理解しないであろう。そうした理解が可能となるのは、新しい正義の社会が建設され、その社会がそれでもなお正義の社会ではないことが見出される時だけであろう。人々は、自分たちの個人の理想を共同の人生において実現しようと努力しなければならない。しかし、最後に人々は、社会というのは人間の偉大な成就であると同時に、大きな挫折であり続けるということを学ぶであろう。

第四章　国民の道徳性

国民の倫理的態度と利己性

これまでの議論では、個人の態度と集団の態度との相違についてしばしば言及してきた。その命題は、集団間の関係は個人間の関係を特徴づけているほどには決して倫理的ではありえないということであった。社会正義の問題と取り組む場合、国家内部の経済的階級の間の関係の方が国際関係よりもさらに重要である、ということが認識されてきたといえよう。しかし、集団行動の倫理を分析するという立脚点からは、まずは国民の倫理的態度を研究することが望ましい。なぜならば、近代的国民は、最も社会的凝集性が強く、最も明白な中枢的権威を持ち、最も明確に規定された構成員資格を有する人間集団だからである。教会は中世において国民の至高性に異議申し立てを行ったであろうし、現代では経済的階級が人々の忠誠を勝ち取るために国民と競合することもあろう。

だが、国民は、一七世紀以来そうであったように、すべての共同社会のなかで最も絶対的地位にあるといえよう。

国民とは領土を有する社会であり、その結束力は国民感情と国家の権威によって供給されている。国家(state)と国民(nation)が同義語ではないという事実、さらに国家はしばしばいくつかの民族を包摂するという事実は、政府の権威が国民の凝集性の究極的な力であることを示している。国家と国民はだいたいにおいて同義語的であるという事実は、共通の言語と伝統をともなった国民性の感情なくしては、政府の権威があっても国民的統合をつねに維持することができないということを証明している。単一のイギリス国家(British state)の内部にイングランドとスコットランドとの統合が成り立ち、イングランドとアイルランドの間には同じ統合を維持することができないという事実は、国家形成において国民性を乗り越えることの可能性と限界の双方を示している。われわれの目的にとっては、国家と国民とを互換的な用語と考えることもできよう。というのも、ここでの関心は、国家装置を自分たちの裁量において保持している国民の道徳的態度にあるからであり、その国家装置を通じて国民はみずからの社会権力を確立し、みずからの政治的態度と政策を規定することが可能になるからである。

国民の利己性はあまねく知られている。国民はそれ自身の国益以上には信頼を寄せてはならないものだというのは、ジョージ・ワシントンの格言だった。「いかなる国家もこれまで自己利益以外の他の理由で条約を結んだことはない」と、あるドイツ人の著者は宣言している。彼はさらに「それ以外のどのような動機をもつ政治家も絞首刑に値するだろう」と付け加えている(1)。エドワード・ダイシー教授は、次のように述べた。

イギリスの利害がからむ世界のいかなる場所でも、戦争のコストを考慮してさえイギリスの利益を優先させることに、私は賛成する。私が許容する唯一の条件は、われわれがある国を併合したり、保護下に置いたりすることを望む場合、イギリス帝国に具体的な利益をもたらすように計算されるべきだということである(2)。

国民的野心は、後に見るように、必ずしもつねにこのように率直に公言されることはない。しかし、これは実際の事実に基づく適切な言明であり、いかなる歴史の学徒にもこれ以上丁寧に説明する必要がないほどのものである。

国民の利己性の基盤と理由はいったい何であるのか。国民的態度についてあまり重要でないこと、あるいはあまり特有ではないことから議論を始めるとするならば、国民は他の種々の国民共同体――これらとともに当然ある種の国際的共同体を形成する――とは直接の接触をもたないということを確認する必要がある。国民は、他国民の問題について はただ間接的に、二次的に認識するだけである。共感と正義は、相手側の必要性の認識——そうした認識があって共感がおのずと生まれる——、および競合する利害——それは解決されねばならない——についての理解にかなりの部分、依存している。それゆえに、人間共同体は、倫理的関係を達成することにおいて個々人よりも多くの困難を有する。たしかに迅速なコミュニケーション手段の増大によって、さまざまな国の市民の間では世界情勢に関する知識の幅は広がった。そして教育の全般的普及によって、国民間の利害の不可避の対立について合理的に、また適正に考える能力が表面的には促進された。しかし、それにもかかわらず、知性の発達とコミュニケーション手段の達成を通じて、国際道徳が目に見えて改善するという希望はほとんど生じていない。

国際貿易の発達、国民間の経済的依存関係の増大、そして科学技術文明の全般的装置は、国民間の問題や争点をますます増幅させている。そしてそれらの問題や争点の方が、その解決を促す知性の増大よりもはるかに急速に深刻化している。アメリカと日本との絹織物の貿易が拡大しても、排日移民法に対して日本人が抱く実際の感情について、アメリカ市民が適切に理解することはできなかった。第一次世界大戦中のアメリカと連合諸国は協力関係があっても、アメリカ市民が連合諸国間の負債と賠償の問題について十全に認識し、共感をもって取り組むことはできなかった。さらに連合諸国は、賠償問題の解決においてみずからに対しても、彼らが打倒した敵国に対しても、正当に対処することができなかった。

人民の社会的無知がこの程度であるがゆえに、敵国や友好国を正当に処遇することがまったくできていないどころか、みずからの国益さえも賢明に保護することすらできないでいる。自分たちの究極の国益は、近隣諸国に対して少なくとも公平であることによってつねに最善の形で守られるのであり、目の前にある利己的な利益を獲得しようという欲望はつねに自国の究極の利益を危険に陥れてしまう(3)。たとえこの事実が認識されるとしても、それはいつも遅きに失してしまうのだ。こうしてフランスは、数年の非妥協的な態度の後、ついに賢明にも賠償の決着を受け入れた。これは意味深いことであると同時に悲劇的なことでもある。というのも、この決着をみたのが、フランスの情け容赦ない政策が生んだ、ドイツの極端なナショナリズムが勝利した時期を同じくしていたからである。

アメリカは、利己的で無謀な関税政策を推進していた。そしてついにアメリカは、国際社会における他の愚かな国々と相俟って、世界全体の繁栄の破滅に寄与する結果となった。イギリスの場合、その人民はどの近代国家の人民と比べても政治的に知性ある態度を示してきたが、病原菌の予防に間に合うように、素早くアイルランドへの妥協策を講じなかったため、イングランドとアイルランドの関係は依然として阻害され続けている。そしてアメリカの南北戦争はイギリスに一つの教訓を与えたが、イギリスはそれをみずからの植民地帝国の維持に適用した。しかし、イギリスがインドをパートナーシップの相手国として受け入れるのに十分に賢明であるという証拠はいまだどこにもない。というのも、イギリスの帝国主義に対するインドの反対の激しさを前にして、イギリスはインドとのパートナーシップの最小限度の基盤を保持することも不可能になりつつある。このように諸国民の社会的無知についての悲しい物語は続くのである。

あらゆる国民の間でつねに一定の市民は、平均的な市民よりも知的である。彼らは、無知な愛国主義者よりも自国と他国との間の争点をはっきりと理解している。さらに彼らは、国際関係における特殊利害を追求する支配階級の人々よりも、公平無私にその争点を理解しているのだ。この集団の規模は、国民の間で開きがある。そうした集団はしばしば、自国の利益追求を極端に進める国家のタイプに対して抑制する機能を果たすことがある。しかし、彼らは、危機の時代において国民の態度に影響を与えるほど十分に強力であるとはいえない。イギリスの自由主義者たちは、ボーア戦争を防止することができなかった。アメリカの経済学者たちは最近、自殺的な関税政策を激しく論難したが、それは無駄だった。そしてドイツの自由主義者たちは、ドイツ帝国の侵略的政策を抑制することができなかった。たしかに、これらの集団が展開した人道主義的衝動や正義の感覚は、ときおり公式の政府の政策に役立ち、政府の行動に影響を与えてきたように思われる。ベルギー領コンゴにおける残虐行為に反対したE・D・モレルの運動は、それが意図したように、イギリス政府の支持するところとなった。しかしそれは、イギリス政府が別のさまざまな理由によって、ベルギー国王に政治的圧力をかけたいと望んでいた間だけだった。そしていったんその目的が満たされた時、イギリスの内閣は、モレル氏の抗議活動を、擁護したのと同じ素早さでもって却下したのだった(4)。

国際正義への理性的関心は、ある場合には大きな広がりをみせ、影響力を増し加え、諸国家の外交を左右することもある。しかし、通常はそのようなことは起こらない。換言すれば、個人生活においては衝動を抑制しようとする精神はうまく作動することが多いが、国民の場合、そうした精神はただかなり未発達な状態にとどまる。そうした精神はさらに、私的な個々人と比較した場合、国民の意志からはかなり隔たったものとなってしまう。というのも、国民の意志を表明するのは政府であり、その意志は民衆の感情や支配的な経済階級の巧妙な自己利益によって駆動されるからである。民衆の衝動と特別な諸集団の隠された利害を国民の精神の統制下に置くことは、国民の選挙集団が十分に知的であれば理論的には可能である。しかし、実際には、政治的争点を理性的に理解することはきわめて小さな力にとどまる。それゆえに、国民の統一的行動は、政府の統制下で支配集団の自己利益によって支持されるか、または民衆の感情と過剰な興奮――ときおりそれは国民の間に起きる――によって支持されるか、そのいずれかの企図によってのみ達成可能になる。換言すれば、国民とは、精神というよりも、強制力と感情によってより根強く結び合わされた統合的団体なのである。

自己批判なしにはいかなる倫理的行為もありえないし、自己超越という理性の能力なしにはいかなる自己批判もありえない。それゆえに、国民の態度が倫理的なものに近接することはほとんど不可能なのである。国民内部での自己批判が試みられることもあるが、それが表明される際には、統治階級によって、あるいは社会そのものにある統一性を保とうとする本能によって、つねに妨害される。というのは、自己批判は一種の内部分裂であり、国民のなかの脆弱な精神では、自己批判と危険な形態の内部闘争とを峻別するのが困難だからである。したがって国民は、自分たちの道徳的反対者たちを犯罪者と一緒に同じゴルゴタの上で十字架刑に処してしまうのである。国民は、あらゆる社会的統合を成り立たせている標準的な道徳を越えた道徳的理想主義と、その標準には達しない反社会的行動とを区別することができないでいる。共同体に批判的な仕方で忠誠を尽くすというのは不可能ではないが、それは容易には実現されない。したがっていかなる社会でも、批判は忠誠心の欠如の証左と見なされてしまう。カトリックの近代主義者ティレルが観察したように、こうした批判の欠如によって、社会の意志は個人の意志よりも我欲の強い(egotistic)ものとされてしまうのだ。彼は次のように記している。

社会が自我をもつ限りにおいて、それは必然的に自己主張的であり、高慢であり、自己満足的であり、我欲が強いのである。(5)

国民の利己性に拍車をかけているのは、国民共同体の統合を達成するために強制力が行使される必然性であり、さらに集団の強制的手段の行使に不可避的に入り込む利己性である。国民生活におけるこの要素はすでに先に議論したので、これ以上の説明は必要ないであろう。ただし、国民の利己性のこうした要因を抑制するのは、不可能ではないという論点を付け加えることも可能であろう。統治集団が、みずからの特殊な経済的特権を剝奪されている場合、彼らの利益はおおむね国民社会全体の利益と調和するであろう。現在、国民のなかの経済的巨頭たちは、国際貿易における利潤、弱小な人民の搾取、また原料や新たな市場の獲得という仕方で特殊利益を保持している。だが、これらすべては、人民全体の福利にはほとんど関係がない。もしそれらに何らかの関係性があるとすれば、その理由はひとえに、現在の社会の組織化の下では国民全体の経済生活が個々人の私的企業と結び合わされているからである。

さらに現在の経済制度の下では富の配分の不平等は、投資しきれないほどの富を国民それ自身に集約させ、また国民それ自身で消化できないほどの財を生産していることから派生する。したがって、経済的巨頭たちが他の諸国に求めざるをえなくなった投資や市場は、国民全体が守るように求められるのである。もし仮に社会主義国家が、経済的特権を政治権力から切り離すことに成功するならば、それによって国家の利己性は実質的に減少するだろう。しかし、ほとんどの社会主義者が願うように、それによって国際的摩擦の原因がすべて取り除かれるという希望は、おそらくあまりにもロマン主義的であろう。

戦争は、現代の資本主義的社会秩序が成立する以前から存在したし、それが廃止された後にも続くであろう。資本家階級の貪欲さは国家の帝国主義を先鋭化させたが、それを生み出したわけではない。バートランド・ラッセルが予告したように[6]、経済と政治の複雑なプロセスを担当する専門家集団を一般公衆が社会的に統制することは不可能であるがゆえに、科学技術の時代には、資本主義であれ、共産主義であれ、何らかの形態の寡頭制が不可避であると想定してみよう。もしそうであれば、共産主義の寡頭制的支配者の方が、資本主義のそれよりも長期的には好ましいと思われる。というのも、その権力は純粋に政治的なものであり、特別の経済的利害関係によって、国益と異なる経済政策を追求する誘惑に陥ることはないだろうからである。だがそれにもかかわらず、支配者は、私的な野心や壮大な夢を持つことによって、国民を犠牲にするような誘惑にかられることはあるだろう。支配者は、資本主義的巨頭たちと同様に、宣伝機関を統制下に置いているがゆえに、みずからの企図への支持を得るために民衆の感情をきわめて巧妙に操作できるだろう。

社会的知性の貧困と愛国主義

これまでの議論で前提としてきたことは、国民のなかで私的市民の抱える社会的無知ということであった。次の数十年や数世紀のうちには、知性の一般的レヴェルが大幅に上昇し、さらにこの社会的知性の上昇が国民の態度を修正していくと希望するのは、理に適っているのかもしれない。しかし、そうした社会的知性の上昇が国際関係のすべての道徳的危険を取り除くのに十分であるのかどうかは、疑わしい。愛国主義には、最も厳密で洗練された分析以外は拒否してしまう一つの倫理的パラドックスがある。そのパラドックスとは、愛国主義が個人の無私の態度を国民のエゴイズムへと転化させてしまうというものである。国民への忠誠心は、より小規模な集団への忠誠心や偏狭な利害関心に比べると、高度な形態の利他主義である。それゆえに、国民への忠誠心は、すべての利他主義的な衝動の受け皿になるのであり、しばしばみずからを熱烈に表明する結果、国民とその営みに対する個人の批判的態度は、ほぼ完全に駆逐されてしまう。この愛国的献身の無制約な性格は国家権力の基盤そのもの、さらに道徳的制約なしに武力行使を容認する基盤そのものとなる。このようにして、個人の無私の態度は国民の利己性を助長してしまう。こうした現実こそ、人類のより広範な社会問題をただ諸個人の社会的共感を拡充することで解決しようという希望がまったくの無駄であることの理由である。利他主義的な情念は、きわめて容易にナショナリズムの貯水池に流れ込むものである。その情念がナショナリズムの貯水池を越えて流れるようにするためには、大きな困難がともなう。国民を越えて存在するもの、つまり人類共同体は、あまりに漠然としており、それへの献身のインスピレーションとなることはできない。国家内部のより小規模な共同体——宗教的、経済的、人種的、文化的なあらゆる種類の共同体——が、市民の忠誠心を求めて国民と競合することは、同様に困難である。教会は、かつての普遍性の威信を保持していた時代にはそうすることができたであろうが、もはやそれは不可能である。

将来の展開においては国民というよりは階級が、最も重要な忠誠心を保持する共同体となるかもしれない。しかし、現状においては国民が依然として最高位にとどまっている。国民は、他の種々の共同体には欠けている警察権力を保持しているだけではない。国民は、個人の意識にその要求を印象づける最も潜在的で生き生きとしたシンボル(象徴)を利用できる。適切なシンボルの働きなしには大きな社会集団について国民が自覚するのは不可能であるがゆえに、この要素はきわめて重要である。国民は、政府の諸機関のなかに、その装備や儀式のなかに、その戦闘部隊の印象的な誇示のなかに、そしてきわめてしばしば王室の荘厳さのなかに、統合と偉大さのシンボルを保持しており、それらが市民のなかに畏怖と畏敬の念を吹き込むのである。

さらに、人が自分の故郷や見慣れた風景や景色や経験に対してもつ愛や敬虔な愛着――その周囲は若い時代の記憶を通じて聖なる場所として栄光に包まれている――など、これらすべてが愛国主義の感情に流れ込んでくる。というのも、自然の普遍的な恵みは、単純な想像力を通じて、慈悲深い国家がその市民に与える個別的な祝福のシンボルへと転換されるからである。こうして愛国主義の感情は、現代人の魂のなかに力を形づくっているのだが、その力はきわめて無制約的なものである。その結果、国家は、それが望むどのような目的のためにも、個々人の献身によって結束された権力を行使する「白紙委任状」を与えられているも同然である。こうして、数ある事例のうち一つだけ挙げるとすれば、一九一一年の有名なアガディール危機［第二次モロッコ事件］の際のロイド＝ジョージ氏の発言が参考になる。当時、ヨーロッパでの戦争が間近に迫っていたのだが、略奪を進めてきた諸国は、アフリカでの自国の戦利品を新たな強盗が来て奪い取るのを、とうてい黙許できなかった。そこでロイド＝ジョージ氏は、ロンドンの市長公邸での演説で次のように宣言したのだった。

仮にイギリスが数世紀にもわたる英雄的行為と業績とで勝ち得てきた偉大で有利な地位を放棄することによってのみ、平和を維持できる状況に追い込まれた場合、またあたかもイギリスが国際社会のなかで重要な国ではないかのように、自国の利益が著しく損なわれた場合には、私は強調して言うが、そのような代償をともなう平和は、われわれのような偉大な国にとっては許容不可能な屈辱でしかない(7)。

このきわめて過敏な国家の「名誉」とは、つねにその市民の血によって贖われるのである。そしてどのような国家的野心も、卑劣で矮小であるはずはなく、愛国者の多くの支持を求めることも、実際に支持を受けることもできると思われたのである。

明らかに、愛国的利他主義には自己利益の投影といった不純物が見られる。ふつうの人は、自分自身の限界や社会生活の必要性によって権力や名声への欲望が阻止されてしまう時、自分の「エゴ」を国家に投影することで、代わりに際限のない欲望を満足させる。したがって国家は、個人のエゴイズムの発現を抑制するものであり、同時にまたその最終的なはけ口でもある。こうして愛国者個人のなかに表されているものは、ある時は経済的利益であり、また別のある時はたんなる虚栄心でもある。ウィルフリッド・スカーウェン・ブラントは、友人であるウィンストン・チャーチルについて次のように述べた。「多くの人と同様、彼を突き動かしているのは、利益の予想や貿易の必要ではなく、帝国の虚栄である。もっとも、そのことを彼は認めないが」(8)。文化帝国主義は、経済的利益を拒否するとしても、帝国主義的権力による国民文化を拡張させることで自己満足を得るものであり、最も洗練された寛容な魂のなかにも発現するであろう。ラスキンやテニスンのような人たちも、それから免れてはいなかったのであり、それは宗教的な海外宣教活動にさえも欠落していなかった。ポール・シェーファーの報告によれば、ロシア人のなかには、自分たちの統治形態を全世界に伝授したいと希望するだけでなく、ロシア語が世界共通語になることを期待する人たちもいるという(9)。国家の侵略による経済的利益は、全人口にもたらされるというよりは、通常は特権的な経済集団に与えられる。だが一方でそれにもかかわらず、帝国主義から一般市民も利益を受ける可能性がある。そして一般市民は、そうした可能性に期待を寄せることにためらうこともない。現代のイギリス人作家はインドについて次のように述べている。

イギリスの五人に一人は、直接であれ間接であれ、生活上、インドとの結びつきに依存していると算定されてきた。もしそのとおりであるとすれば、このことは、ほとんどの知識人の理解を超えるものであり、またイギリスの貿易や通商を破壊しようとする危険な勢力が日々インド国内で増大している事実について、なぜ説明がほとんどなされていないのか、理解に苦しむ。⑽

このような率直な発言は、他の帝国主義者と同様に、ふつうイギリス人の、表面には出てこない国家的エゴイズムの動機づけを容認しているものといえよう。つまり、ここではひとえにインドの平和と秩序への関心以外には、イギリスがインドで困難な重荷を負う理由は何もないという敬虔を装った主張によって、そうした動機は隠蔽されているのである。

このように、個人における無私と代行される利己心とが結合することによって、国家的エゴイズムは巨大な力を獲得する。そしてこの国家的エゴイズムは、宗教的理想主義および理性的理想主義のいずれによっても完全には抑制できないものとなってしまう。理想主義者たちは、愛国心を普遍的な忠誠心によって限定しているが、彼らはつねに少数者集団にとどまらざるをえない。過去に彼らは、国民の行為に影響を与えるほどには十分に強力ではなかった。そのため彼らは、国民の野望が自分たちの道徳的理想ときわめて激しく対立するような危機の時代には、国民からの離反という方針で満足しなければならなかった。アインシュタイン教授が主張するように、国民の人口の二パーセントの良心的平和主義が、将来の戦争を防止することができるかどうかは、確証をもって回答できる問いではない。むしろ現代のナショナリズムの力は、階級的忠誠心が有効に対抗できるようになるまでは、本質的には抑制されないままとなる可能性の方がはるかに高い。

国民の偽善と自己欺瞞

おそらく国民の最も重要な道徳的特徴は偽善である。自己欺瞞と偽善はすべての人間の道徳生活における不変の要素である、とわれわれはすでに述べた。それは道徳が不道徳に支払う代価でしかない。あるいはむしろ、合理的自己が偽装する時にのみ承認できる衝動と冒険に耽るために、小さな自己が大きな自己の同意を得るための策略なのである。その偽装が、外部の観察者の目だけを対象としているのか、それとも通常そうであるように、自己を欺くものなのかは、確証を得ることはできない。当然のことながら、個人のこの欠陥は、国民という劣った道徳生活ではもっと明らかなものとなる。だが、国民が道徳的であることがそれほど期待されていないために、みずからの行動を道徳的に見せかける必要はないと考えられるであろう。そのような必要のない時代も、おそらくかつてはあったであろう。こうした偽善は、人間の合理性の増大への代価であるとともに、合理的要求がたやすくごまかせることの証明でもある。

仮に国民が、個人の忠誠心と献身に二重の要請をすること、つまり、みずからが特別で唯一無比の共同体であるという主張と普遍的価値と理想を体現する共同体であるという主張に根ざした要請から利点を十分に獲得しようとすると想定してみよう。もしそうであれば、国民の不誠実さは、政策上、必然的なものとなるであろう。というのも、これら二つの要請の場合、一方は個人の感情に触れるものであり、他方は個人の精神に訴えるものであって、両者は相互に相容れず、それゆえに不誠実さを通じてのみ解決できるからである。このことは、とくに戦時下において明白である。国民はふつう好戦的であるが、しかし他国と切迫した対立関係になるまでは、実際に十全にはそれを自覚しないものである。国民の存在に包み込まれている社会的現実はあまりにも大きすぎて、市民の想像力に鮮烈な印象を与えることはない。市民は漠然と国民と自分自身の小さな共同体や家庭の炉端とを同一視しがちであり、通常は自身の国民集団に人格を帰属させる神話を受容している。だが、その印象は、自分自身に何か特別な献身の熱情を惹起するほどには鮮明ではない。しかし、この熱情は、危機の時代、つまり自国が他国と対立している場合に、特有の感情として生じてくる。こうした熱情はそのようにして、国民の控え目な存在の現実と統一性が新たな鮮烈さをもって自覚される際に、生まれてくる。換言すれば、国民が攻撃や防衛に従事している時(そして攻撃を防衛の枠組みで解釈することはつねに可能である)、国民の存在の現実が際立って明確化され、そのため市民は国民に対して最も情熱的で無批判な献身を呼び覚まされるようになる。

しかし、そのような場合、国民は唯一無比であるとの独自性の主張もまた、国民が普遍的価値を具現化しているとの全般に受容されている印象と最も鋭い形で対立することになる。この対立は、欺瞞によってのみ解決される。単純な愛国主義者の想像において、国民とはたんなる一つの社会ではなく、大文字の社会(Society)である。その価値は相対的なものであるが、愛国主義者の素朴な観点からは絶対的なもののように見えてしまう。絶対的なものを求める宗教的本能は、他のどの宗教にも劣らず、愛国主義という宗教にも強力である。国民はつねに聖なるもののアウラを与えられているが、それこそ、普遍性を要請する諸宗教が、国民感情によってそれほど容易に捕縛され、飼い慣らされ、そのプロセスで宗教と愛国主義とがやがて溶解し合うのである。第一次大戦前のドイツの国教体制である教会の精神や「キリスト教とドイツ主義」(Christentum und Deutschtum)の祭儀は、そのような興味深い事例である。普遍性の主張と民族のユニークで相対的な生活とを調和させる最良の手段は、危機の瞬間に開示されるように、国民にとって一般的かつ普遍的に妥当する目標を主張することである。国民は、文明と文化のために闘っていると公的には主張される。そして人類の全体的企図もまた、そうした文明と文化のための闘争に参与することだと想定されてしまう。

ごくふつうの市民生活にあっては、こうした偽善は素朴で巧まざる自己欺瞞として存在する。政治屋は、自分の企図のために市民から最大の献身を確保しようとして、意識的に(彼本人の術中にみずからはまってしまっているのかもしれないが)自己欺瞞を実践している。教養人たちは、政治家以上に、意図せずして自己欺瞞にみずからを委ねてしまう。なぜならば、彼ら自身の内面的な必要のゆえに、ふつうの市民の場合よりも一段と欺瞞を必要とするからである。また彼らは、宗教的文化や理性的文化に傾倒することで、道徳的価値は、それがリアルであるためには、普遍的なものでなければならないことを認識している。それゆえに彼らは、もし普遍性の属性を身にまとうことがなければ、国民の大望に身を委ねることはできない。だが、なかには、そのようなやり方が不可能なことを認識している者も少数はいる。しかし、たいていの教養人たちの場合、理性の力というものは、戦時中の熱狂と国家の政治の愚かさに対して、ふつうの人が考えつかないようなもっともな言い訳をしてしまうだけである。それゆえに彼らは、戦時中には最も悪質な嘘つきになってしまう。

ドイツの戦時中の神学者たちのなかで最も著名なアドルフ・ハルナック教授は、次のように宣言した。

イギリスは、ロシアと汎スラヴ主義の砂漠の侵食から西ヨーロッパとその文明を守ってきた堤防を切開しようとしている。われわれは、ヨーロッパとイギリス自身のために一五〇〇年もの長きにわたって尽力してきた務めを支援しなければならず、そのための努力を惜しまないのである(11)。

そして偉大な哲学者ルドルフ・オイケンは、自国ドイツの危機を究極の価値と同一視し、さらに明確に次のように述べた。

この意味でわれわれには、人類の魂を形成してきたと述べる権利がある。それだけでなく、ドイツ的本性の崩壊は世界史からその最も深遠な意味を奪ってしまうと述べる権利もある。(12)

ポール・サバティエ氏は、次のように断言することができた。「われわれは明らかに自分たち自身のために闘っているのだが、世界のすべての人民のために闘っているのも事実である。今日のフランスは宗教的に闘っているのだ。……われわれの悲しみは続き、それはカルヴァリの罪なき犠牲者［イエス・キリスト］の悲しみの継続であり、それを満たすものである、とわれわれすべては感じている」(13)。戦時中の文献は、知識人たちの自己欺瞞の似たような事例であふれている。そのなかには、民衆の熱狂や政府の圧力にへつらう不誠実な行為によってなされたものもある。しかし、そのほとんどは、本心からなされたものであった。

米西戦争でのアメリカの偽善と自己欺瞞

歴史上、米西戦争［一八九八年］以上に偽善と感傷にまみれた戦争の事例はほとんどなかった。しかし、ウォルター・ハインズ・ペイジ［編集者、ジャーナリスト、のち駐英大使］ほどの知性の持ち主になると、この戦争から次のような敬虔な道徳訓を引き出すことができた。

メキシコに次のような機会が訪れないものだろうか。つまり、盗賊、黄熱病、マラリア、十二指腸虫を駆除すること。これらはすべて国民を健康にし、生活の安全を確保し、投資を可能にし、最終的には秩序立った自己統治を促すのである。キューバでわれわれがなしたことは、このように衛生上の改革によって達成された歴史上の新時代の始まりであり、被征服者にとって唯一の利益となる征服であった。新たな衛生設備はすべての熱帯地方の人々の生活の改善に寄与するであろう。しかし、その仕事は最初に軍事力によって——おそらくは外部から——なされねばならない。ヨーロッパの既存の軍事力が、このために転用される可能性はないものだろうか。……そして熱帯の人々は衛生の改善を強く求めている。(14)

普遍的価値についてのアメリカ的理念が、衛生という用語において表されているのはかなり重要であろう。

米西戦争は、知識人たちの自己欺瞞だけでなく、政府の偽善の最も顕著な事例のいくつかを具体的に明らかにした。この偽善がおそらく並外れたものとなった理由は、若々しく政治的に未熟な国家が、幼年時代の反帝国主義的無邪気さと不器用な青年時代の帝国主義的衝動とを調和させようとした点にあった。その国家は、ちょうど自分の力を感じ始め、それを試し始めたのであり、そしてその力を誇るのと同時に恥じたのである。マッキンリー大統領の種々の教書や演説は、辛辣な冷笑家にとっては恰好の鉱脈であった。敵対行為が勃発する前の議会へのメッセージで、彼は次のように宣言した。

力による介入が、後に自分たち自身に対する、また文明と人類に対するわれわれの義務と思われるようになると想定しよう。そうであれば、われわれの側は過失なしに行わねばならないし、またそうした行為の必要性は、文明化された世界の支持と承認を引き出すためにはきわめて公明正大なものでなければならない。

彼はさらに次のように付言した。「私は強制的な併合について語っているのではない。というのも、それは考えられないことであり、そうした行為は、われわれの道徳の規準によれば犯罪的侵略だからである(15)」。

スペインがアメリカの要求のすべてに譲歩したにもかかわらず、この愛想のよい大統領は、自国の情熱的な愛国主義者たちによって最終的に戦争へと追い込まれたのだった。その際、ヨーロッパ諸国は調停による戦争の回避を追求していたのであり、「大統領と合衆国人民の人間性と穏和さへの緊急の訴え」を発出した。それにマッキンリー大統領は答えて、「際限なき遅延という耐え難き状況に終止符を打つことで、人類への義務を果たそうとするわれわれ自身の真剣な努力と非利己的な尽力に対して、公平な評価が示されるだろう(16)」という希望を表明した。この戦争は、愛国主義的な感傷の波に乗って始められたのだった。その際、宗教的理想主義者と人道主義者の双方が、キューバ人民を英雄的に防衛することへの熱狂に捕らわれてしまったのである。かつて反帝国主義者のトマス・ジェファソンを嚆矢として多くのアメリカの政治家たちが、キューバのように近接した島へのスペインの支配は究極的には維持できなくなるだろうと見なしていたが、そのことは忘却されていた。キューバの実際の併合は、そのような目的を否認したテラー修正条項が敵対行為を認めた上院決議のなかで見落とされて紛れ込んだことによって辛うじて防止されたのである(17)。

フィリピンに関してはいかなる約束もなされなかったので、国家の偽善はフィリピンを扱う政策において最も露骨に表されることになった。セオドア・ルーズヴェルトとロッジ上院議員を指導者とした小さな派閥政権は、フィリピンを獲得するために慎重に戦争計画を練った。その結果、フィリピンはアメリカのものになった。だが、その際、戦争の命運が不本意ながらアメリカをフィリピン諸島の受領者および守護者にしたという作り話が即座に作り上げられ、それは今日まで存続している。アメリカは、キューバ人を表面的には解放するために始めた戦争が終結した際に、彼らの意志に反してフィリピンを保有する決断をしたのである。

大統領は、スペインとの平和条約の締結を交渉する任務を帯びた平和使節団に次のような指示を与えた。つまり、「アメリカは、その最初の行動において正義を求め、人間尊重的であったのと同様に、最終的な解決においても良心的で寛大であるべきである」、と。平和協議の会期中にアメリカ側はつねに自国の要求をつり上げていったので、スペイン側は寛大さの意味について奇妙な印象をもったに違いない。フィリピンに関して大統領は、使節団員たちに次のように要請した。

事態の推移は人間行動を支配し、また過剰に支配する。わが国に何らかの構想が不在のまま、戦争がわが国に新たな責任と義務——われわれは偉大な国家としてそれらに直面し遂行しなければならない——をもたらすことを忘れてはならない。

初めからのこの偉大な国家の発展と来歴については、「諸国の支配者」(the Ruler of Nations〔神〕)はその高次の命令と文明の約束とをはっきりと書き記している。[18]

使節団の間で多くの交渉がなされ、アメリカでは帝国主義者と反帝国主義者の間で多くの論争が闘われたが、その後、フィリピン全体を要求することが最終的に決定された。ヘイ国務長官は委員たちに次のような書面を送った。

あなたがたは、フィリピン全体の割譲を要求するように指示されている。……義務と人間性の問題が大統領を強く動かしており、それゆえに大統領が指示した回答以外に適切なものを見いだすことは不可能なのである。[19]

もちろん、この偽善のすべてを見抜いたアメリカの市民たちがいた。当時の偉大で自由主義的な精神の持ち主の一人、ムーアフィールド・ストーリー氏〔アメリカの法律家、反帝国主義を奉じた活動家〕は、次のように直言した。「一六〇〇万人の住民を擁するキューバは、自由と自治の権利を有するのに、フィリピンに住む八〇〇万人はその同じ権利を拒否されるということが、なぜ起こりうるのか[20]」。だが、これらの批評家たちは、荒々しく若い国家の権力への意志に対して勝利するほど十分に強力ではなかった。スペインが最終的にフィリピンの島嶼を割譲し、平和条約を締結した後に、軍隊への指示は、完全に近い不誠実な表現で一連の偽善の出来事を完了することになった。「われわれが侵略者や征服者としてではなく、友人として来たのだということを最も可能な限り公的な仕方で布告し主張することは、占領軍の司令官の義務であろう(21)」。

後にマッキンリー氏は、どのようにしてアメリカの政策の決断に到達したのかについて、牧師のグループに次のように説明した。

私はホワイトハウスの廊下を毎晩真夜中になるまで歩きまわった。私は一晩のみならず跪《ひざまず》いて全能の神に光明と導きを祈ったことを、あなたがた紳士諸君に話すことを恥としない。そしてある晩、フィリピン人たち全員を手中に収め、彼らを教育し、向上させ、文明化し、キリスト教化すること以外に、われわれがなすべきことは何も残っていないことに私は思いいたった。そしてキリストが彼らのためにも生命を差し出したのだから、われわれの仲間として、彼らのためにわれわれがなしうる最高のことを、神の恩寵によってなしたいと願った。そしてすぐに床につき、心地よく寝入ったのだった。(22)

アメリカは、決してマッキンリー氏の天の導きによるヴィジョンに従わなかったわけではない。というのも、アメリカはフィリピン諸島において教育と衛生のためにかなり信頼できる寄与をなしたからである。それにもかかわらず、東洋における西洋帝国主義の現代の観察者であるナサニエル・ペッファーは、帝国主義の実際の動機についてマッキンリー氏以上により真実に近い評価を与えてくれている。彼は皮肉を込めて以下のような観察をしている。

彼らの自治への適性については、多くのことが語られるであろう。しかしなぜか。それがなぜ重要なのか。もし権力を持ったならば、フィリピン人たちは政府を奪いとって、翌日にはみずから独立を宣言するだろう。そして仮に彼らが権力を持つならば、またその時には、自治への適性のあるなしにかかわらず、彼らは独立するであろう。そしてたとえ彼らが政治的にソロン［古代アテナイの立法者］のように賢明であったとしても、アメリカの利益が失われるのであれば、アメリカ政府は今は彼らを独立させないだろうし、今から一〇〇年後であっても独立させないであろう。(23)

ペッファー氏の観察は、ごく最近の次の事実によって真実であることが証明された。フィリピンの独立を擁護する新しい感情が生じたのは、アメリカ産の砂糖の利益を優先させたいがために、アメリカの関税障壁の外部にフィリピンの砂糖を位置づけるように促されたからである。

一九世紀と二〇世紀初期の諸大国の帝国主義と偽善

マッキンリー氏の偽善は、ふつうよりも少し素朴だった。しかし、そうした偽善は、他の政治家たちや諸国の歴史においてもかなりよく見られた。グラッドストン氏は、マッキンリー氏と同じように敬虔で高潔な政治家であり、おそらくより知的でもあった。彼は、マッキンリー氏のように信念においては反帝国主義者だった。エジプトの占領がグラッドストン氏に降りかかってきた時に、彼はみずからの反帝国主義を装うのに熱心であり、さらにそうした政策を実際に堅持した。彼は次のように宣言した。「世界にあるすべての事柄のなかで、それ(永続的占領)はわれわれがなそうとしていることではない。」「その国[エジプト]の状態が許し、ヘディーウ[エジプト総督]の権威を維持する適切な手段を持つ組織が作られれば、すぐさま」、自国の軍隊は退去するはずである。グラッドストンが言うには、この誓約は聖なる誓約である。それは「この困難で繊細な作戦が進行する間、われわれはヨーロッパの信頼を取得できた。そしてそれは、もし一つの誓約が他の誓約よりも聖なるものとなりうるのならば、この場合の特別な神聖さによってわれわれはこの誓約の実行を義務とするのだ(24)」。

それにもかかわらず、グラッドストンはこの誓約を実行しなかったし、またその後も実行されなかった。こうした不履行という失敗は、今ではイギリス人たちによって「その場しのぎ」のイギリス的才能の一例として誇らしく示されている。それより以前に、キッチナー［イギリスの陸軍少将］がスーダンを征服しようとし、ファショダでフランスのマルシャン将軍と紛争に突入した時、ローズベリー卿は演説で次のように宣言した。

私はこの事件が平和裡に解決されることを希望するが、エジプトの権利に関しては妥協はありえないということを理解してもらう必要がある(25)。

国家の偽善の最高峰は、おそらく神聖同盟条約［一八一五年］の前文において見られた。ロシア、プロシア(プロイセン)、オーストリアが同盟を形成したが、その前文には不誠実な宗教的語調に彩られた言葉でもって同盟を形成する三国の反動的意図が紹介されている。

三国の皇帝は、……彼らの唯一の規範として神聖な宗教の教え、正義の教え、キリスト教の愛と平和の教えを守るべく揺るぎない決意を……ここに厳粛に宣言する。……よって三国の皇帝は、聖書の言葉にしたがって、すべての人が互いを兄弟として尊重し、真実の解消されえない兄弟愛の絆で絶えず結ばれ、すべての条件とすべての場合において同胞のように互いに助け合うことで一致した。それぞれの人民と軍隊に対しては、家族の父として振る舞い、自分たち自身を霊感づけているのと同じ兄弟愛の精神でこれらの人民を導くであろう。……同盟を結んだ三人の元首は、同じ家族の三つの分家を統治する摂理の全権大使であるとみずから任じている。これらの原理に厳粛に従うすべての国々は、この神聖同盟に受け入れられることになろう。

この文書がとくに興味深いのは、ロシアの神秘的センチメンタリストであった皇帝アレクサンドル一世の筆になることが、文面に示されている心情を通じて表されているものの、この文書が神聖化されるように政治的取引を企図したのが、冷笑家で現実主義者だったメッテルニヒであるからだ。多少とも同じ流儀でヴェルサイユ条約の現実は、クレマンソーによって指示され、ウィルソンが感情と理想主義の装飾を施した。どの国家も、これまで現実の帝国主義的動機づけに関して率直に認めたことはなかった。国家はつねに、それが支配する人民の平和と繁栄を第一義的に考えていると主張した。ロシアとイギリスがペルシアを分割した一九〇七年の条約において、両国は「ペルシアの統一性と独立を尊重する」と約束し、「全土の秩序の保存を真摯に望んでいる」と主張した。(26) スペインとイギリスがモロッコを分割した時、両国は共同声明を発表し、そこで「スルタンの主権の下にあるムーア帝国の統一性を固く支持する」と述べた。(27) ヨーロッパ諸国が帝国の戦利品を山分けする手段であったこのような条約のほとんどは、偽善の教科書だった。それらが、どれだけ外部世界を馬鹿にすることを意味していたのか、どれだけみずからの当惑する国民を欺くことを意味していたのか、どれだけ政治家たち――彼らは政治術を用いる必要性と個人の良心の時々の繊細な発露との間で引き裂かれていた――の内面生活において道徳的破綻を癒やすことが意味されていたのか、誰も確証を得ることはできない。マッキンリー、グラッドストン、ウッドロー・ウィルソン、ハーバート・アスキス、エドワード・グレイ卿、ベートマン＝ホルヴェークのような人物たちにおいては、後者の良心の要素はかなり重要だった。

ラテン・アメリカとカリブ海地域におけるアメリカの帝国主義的政策は、歴史家なら誰でも知っているように、ヨーロッパ諸国の帝国主義とは異なり、軍事的な側面はやや希薄であり、商業的な側面が明らかに濃厚であった。(もちろん、アメリカも状況に応じてつねに海軍力を行使する用意があった。) 商業面の重要性は、一九二四年のヒューズ国務長官の演説によって道徳的神聖さを帯びることとなった。

われわれの目的は搾取することではなく、援助することである。転覆させることではなく、健全で独立した政府の基礎を築くのを助けることである。われわれの関心は、外国の諸人民を統制することにあるのではない。……われわれの関心は、繁栄し平和的で遵法的な隣国を有することにある。(28)

このような心情は、アメリカの政治家たちによって際限なく何度も表明された。しかし、それにもかかわらず、あらゆる公平な歴史のなかに明瞭に記録されているように、その背後には、南方の種々の隣国との関係においてアメリカの政策を動かしてきたのは経済的動機だという事実が横たわっている。クーリッジ大統領は、米西戦争後の処理という困難な諸問題に取り組んだが、その際のさまざまな教書は、ほとんど例外なく、聖人君子ぶった偽善の驚嘆すべき事例であった。ヨーロッパに対しては、たとえば戦後の債務処理におけるアメリカの唯一の関心事は、協定の神聖さを守ることであり、ヨーロッパ諸国が商取引上のずさんな慣行に陥らないようにすることだ、とつねに説明された。

国家の偽善を観察し非難してきたモラリストたちのふつうの想定によれば、より完全な社会的知性によってこれらの言い逃れや虚偽が見抜かれ、分析されるならば、偽善は最終的には不可能になるだろうとされた。しかし、ここでもまた彼らは、入手不可能な道徳的資源や理性的資源に依拠してしまっている。一九一四年から一九一八年にかけて世界が種々の不誠実や偽善の海に水没していた時に(ヴェルサイユ条約は、軍縮の誓約と勝利者による敗者に対する独善的な道徳的断罪をともなうもので、偽善の最高の事例である)、不誠実や偽善を除去することは不可能であった。それが、一〇年または一〇〇年以内に、あるいは数世紀以内に可能になることはほとんどないであろう。兄弟の目にある塵《ちり》[小さな欠点]を見る一方で、みずからの目に梁《はり》[大きな欠点]があるのを見つけるのは、個人に比べて国民の方が、つねにより困難であろう。個人の道徳生活の永続的な弱点は、国民の生活ではしばしば際限なく増大してしまう。ウィルソン大統領が一九一六年に交戦諸国に対して平和コミュニケを発表した際、微妙なアイロニーを込めて、次のように語った。「この戦争で双方の交戦国の政治家たちが念頭に置いている目標は、自国民や世界に向けて表明したものと実際に同じであるという事実に、失礼を顧みず注意を促した。」それについて、ノースクリフ卿の報告によれば、イギリスの誰もが「地獄のように怒っている」と述べ、またロバート・セシル卿は「深く傷ついている」と語り、国王は実際にその主張に苦痛を覚えて倒れたとされた。(29) 一九二七年にハイラム・ジョンソン上院議員は、アメリカの偽善と貪欲さに対するヨーロッパ人の非難に立腹し、次のように宣言した。

流血と征服の長年の卑しむべき国際的な歴史において、これらの国々は、アメリカをシャイロックや豚と呼び、わが国の主張をあざ笑い、わが国の行為を馬鹿にはするが、理想主義的、利他主義的ないし非利己的な国際的行為を一度も行ったことがない。……彼らの叫びはつねにより多くの領土と新しい人民を求めるものであった。……そして邪悪な外交が失敗すると、流血と鋼鉄とで脆弱な人々と無力な人々を制圧した。……わが国の失敗は何であれ、それらはほとんどが国内問題であり、合衆国は国際関係において理想主義か利他主義をこれまで示してきた地上で唯一の国家である。……合衆国は、寛容と憐れみの行為において国際政策を履行してきたのであり、こうしてヨーロッパの嘲笑と冷やかしに対して消去できないような形で応答してきた。(30)

これらの発言の著者は、排日移民法案を通過させることにおいてとくに行動的であったことを付け加えておくのも、興味深いことであろう。

イギリス帝国主義に例外的要素はあるのか

おそらく諸国家に期待されている最善のこととは、わずかでも現実の国際的達成によってみずからの偽善を正当化し、自国の利益を追求しながらも、それ以上に広範な利益と正当に取り組む方法を学ぶことであろう。イギリスはしばしば、独自のやり方で国民的独善の技術を修得したとして、大陸諸国から非難されてきた。たしかにイギリスは、この技術を修得したといえるかもしれない。その理由の一つは、イギリスの政策にはかなりの程度、純粋な人道主義的関心があるからである。最近、イタリアの政治家のスフォルツァ伯は、イギリスの政治の技術に対して機知に富んだ相応の賛辞を贈っている。彼は次のように断言している。

イギリス人民は、神の恩寵によって貴重な天稟を賦与されている。イギリスの大きな利害が絡んでいる時には、これらの島国においては、政治家も外交官も同時に何食わぬ顔で特定の具体的な政治的利益を確保しようと協働する。その一方で聖職者や作家は、事前の悪辣《あくらつ》な秘密の申し合わせをすることなく、ダウニング街で行われている外交活動を支持するための最高の道徳的理由を示してくれる。そのような事例はベルギー領コンゴで見られた。当地ではベルギー支配が何年も続いていた。ある時、イギリス領の南アフリカに最も近いコンゴのカタンガ州で金が発見された。すると主教たちとその他の宗教者たちが、激しい組織的な報道活動を開始し、ベルギー人による黒人への残虐行為を非難した。驚くべきであり、また実際に荘厳《インペリアル》だったことは、これが主教たちや他の宗教者たちによる最も完全なキリスト教信仰によって鼓舞された運動だったこと、さらには彼らの背後で操作していた者は誰もいなかったことである。(31)

イギリスの国民生活についてのもう一人の批評家で観察者ヴィルヘルム・ディベリウスは、イギリスの道徳的装いには正当化できるところがあると考え、次のように断言する。

イギリスは、国民的計画をもつ単独の強国である。その国民的計画は一貫して我欲が強いが、同時に世界が情熱的に希求している秩序、進歩、永遠平和といった何か重要なテーマを世界全体に約束している。……それらの諸国(他の強国)のいずれも、イギリスの理想に対抗して自国の理想――国民的であると同時に国際的な理想――をイギリスのように提示することにいまだに成功していない(32)。

イギリスが成し遂げたことは、ディベリウス博士の言葉を借りるとするならば、おそらくどの国民にも期待されうる最高のものであろう。だが、はたしてイギリスの達成は、紛争なしで国際的正義を実現するのを可能にした点で十分に偉大であるのかどうかは、疑問であろう。この問題については、インドがその一例となろう。インドにおけるイギリスの堅固な実績にもかかわらず、当地でのイギリスの帝国主義は、お説教と偽善――すべての国家が好んで用いるのだが――で覆われたものであった。そしてインドが大英帝国との間に十分なパートナーシップを獲得できたのは、インドがイギリスの帝国主義に対して何らかの力を行使できるようになった時だけだというのは明らかである。

仮に国家があまりに利己的で道徳的に鈍感で独善的にすぎるがゆえに、武力の行使なしに国際的正義を実現するのは不可能だと想定してみよう。もしこのテーゼが本当であれば、ここには際限なき武力行使の循環からの逃げ道の可能性があるのかどうかという問いが生じてくる。この武力行使の循環とは、過去の悪行に対する復讐によって新しい悪行が生まれることなど、たとえば勝利したドイツが復讐心に燃えたフランスを生み出したり、今度は勝利したフランスが義憤の種をドイツに蒔いて毒したりすることを意味している。諸国民の道徳はそのような低レヴェルにあるわけなので、たとえ解決策があるとしても、第一次大戦前後のモラリストたちが想定していたような安易なものではなかった。

明らかに武力を道徳的な救いに役立つものとする一つの方法は、個々の国民間の利害対立を超越し、そうした対立に対して公平無私の観点を有する共同体の手に武力を置くことである。そうした方法は、国民共同体の内部における多くの対立の解決に資するものであり、国際連盟の組織化は表面的にはこの原理を国際社会へ拡充したものである。

現代の国際的アナーキーと国民的統合への挑戦

しかし、仮に国民社会において強力な階級が国内の裁判所を腐敗させて、その公平性の維持が不可能になると想定してみよう。その場合、きわめて強力な国民ときわめて脆弱な国民とが結び合わされた諸国民の共同体は、公平性を実現する希望を持ちえない状況に直面するのは当然であろう。さらにまた、国際的共同体の威信はそれほど大きくはなく、個々の国民がもつ権力への意志を制御するのには十分ではない。そうなると、十分に統合された共同体的精神を達成して、反抗的な国民を律するのは困難になる。

このように、日本が満州の征服において誓約を破棄することができたのは、国際連盟の外見上の連帯が本物でないこと、そして列強各国の独自の政策が抑制されることなく、わずかに薄いヴェールで覆っているだけであること——日本はそれに挑戦し、利用することができた——を狡猾《こうかつ》に見抜いたからである。日本の想定が正しかったことが判明し、フランスから一応の支持を勝ち取り、国際連盟の政策へのイギリスの支持を弱めることができた。処罰されずに誓約を破棄した日本の成功は、緒に就いたばかりの国際社会の弱点を白日の光のなかに明らかにした。この弱点は、最近の軍縮会議の失敗や国家間の関税制度が失われた状態の解決に向けたあらゆる努力の挫折にも表れている。こうした弱点によって正当化されているのは、諸国の自己中心的な意志、少なくとも強力な国家に対して有効な社会的抑制をもたらすことのできる政治勢力がいまだに存在しないという悲観的な結論である。たとえ国際的な現状維持(status quo)を基盤に平和を堅持することが可能であるとしても、不正義な平和が平和的手段によって調整できるという証拠はどこにもない。戦闘で不当に不利益を受けた国々が、その悪行を正すために新たな戦争に打って出るのを要求しなくても、それらの国々に正義が与えられるようにならないかぎりは、国際社会が実際にそれ自身の妥当性を証明できたことにはならない。

諸国の政府の階級的性格は、諸政府の貪欲さの唯一の原因ではないとしても、その主要な原因である。それゆえに現在の国際的アナーキーは、破局の恐怖が現在の社会制度を改善するか、または破局がこうした社会制度を破壊するかして、より協力的な国際社会が構築されるまで続くであろう。現代社会には、破局を防止するための知性が十分にはないかもしれない。もし近づきつつある破局が社会変化のテンポを速めることがなければ、われわれの世代は、自発的に社会の再組織化へと進むのに十分な知性が欠如した状態にとどまることは確かであろう。

それぞれの現代産業国家内部における階級対立の先鋭化は、徐々に国民統合を破壊し始め、国際的友好関係をも危うくしつつある。経済的不平等と社会的不正義が持続的に拡大しているがゆえに、諸国は最終的対立へと追い込まれ、それぞれの破壊に行き着かざるをえなくなるかもしれない。階級対立による国民への忠誠心の解体が、とくに発展を成し遂げた諸国の間でこれまで進展してきた。だが、これらの国々は、現在の状況に内在するこうした論理にしたがってそのまま進んでいくことを許容していない。これらの国々、とくに近代文明において展開されてきた種々の力と要因が最も明白な輪郭において見ることができるドイツの現状は、見かけの国民統合であっても、その保持にはどれほど自暴自棄の方策が必要となるかを示している。同時にこれらの方策そのものが、そうした見かけの国民統合をも破壊しかねない国際的対立をどれほど作り出すかを示している。もし現代的状況の可能性と危険とが完全に理解されるならば、国民内部の階級対立を注意深く研究し、文明の将来のためにその重要性を評価することは必須であろう。

第五章　特権階級の倫理的態度

階級分析の困難と社会的特権による不平等の拡大

国家内部の経済的社会的階級は、国民が持つ権威や内的凝集力、明確に規定された実在性を有しているわけではなく、またこれまでも保持していなかった。したがって、階級の態度や行為について語るのは、困難で不正確になってしまう。過去における階級の重要な行動は、個々人の態度によって決定されてきた。そうした個々人の態度は、階級への忠誠の感覚というよりは、むしろ各人の利害によって実際には動機づけられてきたのである。彼らの利害は、特定の他者との間で、ある社会的特権を共通に保持していたり、保持していなかったりする場合、その他者の個人的利害と同一視することができる。それゆえに、彼らは自分たちの共通の利害の擁護において共通の主義主張を行うことができた。階級は、社会において共通の機能を果たしている時に形成されるだろうが、その階級は、機能が特権に転化されない限りは明確には区別されることはない。こうして専門職階級は、特定の心理的特徴によって他の中産階級集団とは区別されるかもしれない。しかし、この心理上の区別は、共通の政治的態度――専門職階級が、類似した社会的および経済的特権を基盤として他の中産階級集団と共有している態度――と比べれば、究極的には取るに足らないものであろう。ジェイムズ・マディソンは、次のように宣言したことがある。

人々の能力の多様性は、そこから財産権が派生するのだが、……利害の一致にとっては克服しがたい障害となる。これらの能力を保護することは、政府の第一の目的である。財産を獲得するこのような異なった不平等な能力を保護することからは、すぐさま多様な程度や種類の財産の所有が生じてくる。またこれらの事柄がそれぞれの財産所有者の感情や見方に対して影響を及ぼし、そこから社会のさまざまな利害や党派への分裂が生じるのだ。(1)

この分析は、あまりに大きな重要性を能力の不平等に置いてしまい、それを特権の不平等の基盤としてしまっている。この点を除けば、この叙述は政治的態度の経済的基盤に関しては適正な分析である。能力と機能における差異は、実際に特権の不平等の発生を助長するものではある。しかし、それらの差異があるからといって、決してそこに作り上げられる不平等の程度を正当化するわけではない。そしてそれらの差異はたいてい、社会システムにおいて永続化される不平等の類型とは関係ない。

われわれの考察にとって重要なことは、社会的特権の不平等はあらゆる社会で進展している点であり、さらにこれらの不平等が階級的分断と階級的連帯の基盤になるという点である。われわれが先に見たのは、特権の不平等が主に権力の不均衡によるものであり、また特権を作り出す権力は経済的なものである必要は必ずしもないのだが、たいていはそうであるということだった。近代日本では依然として経済的に強力な集団よりももっと大きな社会的かつ政治的威信をもった軍閥が存在している。彼らの権力と威信は、軍事力と名誉が経済力よりも重要だった封建的伝統に基礎を置いている。今日のロシアにおいては、経済力というよりも、国家の統治プロセスを操作する能力に依拠している一つの階級が発展してきている。近代の資本主義社会においては、重要な社会権力は生産手段の所有権に根拠づけられている権力である。そしてこの権力こそ、まさに特別な社会的特権をみずから思いのままに使用できる権力実体である。

さまざまな政治的確信や社会的態度は、それぞれの階級によって所持されている社会権力と経済的特権の程度に依存している。主たる差異は、明らかに財産を所有する者と所有しない者との差異ということになろう。しかしながら、一定の観点からみた場合、これら二つの集団内部の副次的なさまざまな区別がみられ、大きな分断が曖昧にされている。こうして、すべての財産が攻撃されるまでは、あるいは財産と所有という二つのタイプが併合されるまでは、たとえば土地所有者〔地主〕は、産業資本の所有者の利害とは異なる独自の利害を持ち、さらには社会政策では対立することになろう。工場労働者は、自分たち自身が属するプロレタリア階級が二分されていくのを見いだし、さらにより特権化された熟練労働者が非熟練労働者と必ずしもすべての機会に共通の主義主張を行うことは不可能であることを発見するであろう。プロレタリア階級の連帯のために努力する人たちは、工場労働者の間にはそのような分断があってはならないと考えるだろうが、こうした主張は必ずしも完全な連帯を達成するとは限らないだろう。そのような連帯は、彼らの究極の利益とは合致するであろうが、それはより特権的な労働者集団の目前の利益を拒否することによって獲得される一つの倫理的達成にすぎない。所有者と労働者の間に立つ階級——専門家、事務職員、小売業者、官僚から構成されている——は、そのメンバーシップと社会的見地においては不明瞭である。この階級の立場が最終的には維持不可能か、この階級が解消される場合には、その身の振り方はどうなるのか、行動を共にするのは所有者なのか労働者なのか、これらの問いは依然として多くの憶測を呼び起こすであろう。これらの問いへの回答は、西洋文明の将来に係わる謎への鍵を握っているといえる。この問題については後にさらに言及してみたい。

近代の経済階級は、中世の社会階級に比べるならば、自意識は強い一方で、その定義は曖昧である。技術文明の力は、階級に凝集性と自己表現力をもつ組織を提供しているが、同時に経済状況を混乱させることも多い。というのも、経済状況は、階級区別を作り出すと同時に、際限ない種類に差異化された機能やそれに相応しい特権の差異をもたらすからである。

階級の自己意識の程度がどのようなものであれ、その階級のメンバーたちがもつ社会的倫理的見地は、それぞれの階級が有している独自の経済状況によって、決定づけられてはいないとしても、例外なく着色されている。経済学者はこの事実を公理として見なしているのだが、たいていの道徳的理論家と倫理的理想主義者はその見解について依然として納得してはいない。これら後者の理論家たちは、宗教的ないし理性的理想主義の役割に無限定の信頼を寄せている。彼らは、何らかの理性と良心の力が作り上げられて、階級分裂の根底に横たわる経済的利害を否認するか、超越するほど十分に力強いものになると希望し続けている。しかし、人類の全歴史は、こうした希望の空しさを証明している。理性的資源や道徳的資源の発展は、実際にこうした社会的倫理的見地を正当づけるかもしれないが、諸階級がもつ利己性を破壊することはできない。道徳的理想主義は、人々の想像力の限界内でみずからを表現せざるをえないのである。その際、人々はそうした限界内でみずからの動機の本当の性格を認識したり、みずからの利害とそれと競合する多様な利害の妥当性を識別しようと試みる。この場合、ごく少数の人たちの想像力だけが、例外的にこのことを成就するのに十分なほど鋭敏であり、また完璧でもあり、それゆえに利己的動機が適切に排除され、他者の利益が十全に理解されるのだ。したがって、いわゆる理想主義というのは、政治的争点や社会的争点を解明するというよりは、しばしばそれらを混乱させる傾向がある。なぜならば、最高の倫理的原理を蹂躙している社会組織の場合、その社会組織の内側で繊細な道徳感情が表明される時、人々の道徳的混乱はさらに増し加わるからである。

特権階級 vs. 普通教育と普通選挙権の拡充

支配的かつ特権的集団の道徳的態度は、全般的な自己欺瞞と偽善によって特徴づけられている。国民の態度を分析した際に言及したことだが、国民が意識的にせよ無意識的にせよ特殊利益を一般利益や全般的価値に同一化しようとする試みは、階級の態度においても等しく明白である。特権階級が非特権階級よりも偽善的である理由は、自分たちの特権がひとえに平等的正義という理性的な理想に照らして擁護しうると見なし、そのことが、全体の善への重要な貢献であるという証明をあげつらうからである。しかし、特権の不平等は、理性的に擁護可能な限界を越えてあまりにも過大なものである。それゆえに、特権的集団は知性を駆使して、全般的価値は彼らが保持する特権から派生し、また一般的利益も彼らの特権によって担保されるという理論のために見せかけの証拠をでっち上げる課題に取り組むのである。

特権階級の間の最もありふれた偽善の形態とは、その特権が、彼らのとくに有益で功績ある働きに対して社会が支払う正当な報酬であるという想定である。社会は、倫理的に正しく、社会的に必要なものである重要な貢献に対しては、特別の報奨を与える。その限りにおいて、社会的特権を有する人々がみずからの提供する社会的働きに照らして自分たち自身を正当化することは、少なくとも彼らの眼にはつねに可能である。（もっとも、不平等な報酬のこの原理に、平等主義的ロシアが逆戻りしている現実は、この原理が簡単には廃止されないだろうということを暗示している。）仮に上述の議論が特権を相続する特権階級それ自体によってなされ、その内容が理に適っていると想定してみよう。その場合、特権を持たない階級は、同じ機会を与えられたとしても、同じ貢献を果たす能力を持っていないということが証明されるか、想定されるかのいずれかである。こうした誤った想定は、例外なくきまって特権階級によってなされるのだ。特権によって教育上の利点を得たり、特権的な社会的立場にともなって権威行使の機会を獲得したりすることで、容易にみずからの能力を発展できるが、それらは簡単に生まれながらの才能に帰せられる。特権化された人々の間に有能な人たちが存在することで、相続的特権がごまかしや無能力に関連づけられる数多くの事例を曖昧にしてしまう。他方で被抑圧階級に対しては、生まれながらの能力を開発するあらゆる機会を拒絶しておきながら、彼らが獲得すべき権利を拒否されてきたまさにそのものが欠如しているとして彼らを非難する。こうした言動が、つねに特権集団の習慣となってきたのである。一九世紀の普通教育のための闘争は、各国の特権階級から同種の議論を引き起こした。すなわち、貧窮者は教育の恩恵を享受する能力がないか、またもし彼らが教育を受けることができたならば、彼らは抑圧者たちの不当な強要に、より巧妙に抵抗することで、その教育をうまく利用してしまうだろう、と。そして学校財政支援の法案が一八〇七年にイギリス議会に上程された際、後に王立協会の会長に就任したギディー氏が、どの国にも当てはまるような反論を提起した。

この計画が教育を貧困な労働者階級に施すことだとする理論上どんなにもっともらしいものだとしても、彼らの道徳と幸福にとって害になるものであろう。この法案は、彼らが農業や他の労務を行うよい従僕にする代わりに、人生における自身の運命を軽蔑することを教え込むようなものだ。それは、彼らに従順を教える代わりに、手工業地域において明らかなように、彼らを党派的にし、手に負えない者にしてしまう。この法案によって彼らは、扇動的なパンフレット、悪質な書物、キリスト教に反対する刊行物を読むことが可能になる。さらに彼らは上の者に対してつけ上がるようになる。数年内に立法部は彼らに対して権力の強硬手段を行使する必要があると考えるようになるだろう。(2)

アメリカ南部の白人は、黒人に平等な投票権を与えることに反対し、それを彼らの読み書き能力のなさを根拠に正当化してきた。だが、南部のどの州も、黒人の教育に対して白人と平等な便宜を提供してこなかった。そして教育を受け、自恃の気概をもつ黒人は、従順で教育を受けていない黒人よりも嫌われていた。一九〇一年から翌年のヴァージニア州憲法会議でワトソン氏は、選挙権資格に関する教育審査に反対したが、その根拠は、それが教育を受けた黒人を優遇し、旧来の従順な黒人に対して差別的だというものだった。

さて皆さん、旧来の黒人は、この選挙権の計画によって闇に葬られてしまうのです。この新しい問題の真相はこうです。皆さん、あなたがたの言う読み書きができる人、あなたがたの言う怠け者だが有権者、あなたがたの言う卒業証書を持ち、長いあご髭にビーバー帽をかぶり、小型ピストルを携え、真鍮《しんちゅう》の指輪をはめ、自転車に乗る見かけだけの学校卒。皆さん、こういう輩こそがすぐれた市民であるとし、われわれの政治家たちは、古い時代の尊敬すべき共和国の最高位にある気高い人たちと一緒にこのような者に栄誉を授けようとしているのです(3)。

ときおり支配集団は、下位集団の資格の不足について何ら証拠を提供することなく、特権を共有することの適切さを拒否したいという強い感情を抱くことがある。その言い分を証明する努力を払うことなしに、こうしたことが独断的に主張されてしまう。こうしてミシシッピー州のヴァーダマン上院議員は、次のように断言した。

黒人の投票権に反対である。よく喧伝される、黒人に精神的および道徳的資格があるかないかは重要ではない。私は、ブッカー・ワシントン〔黒人の教育家〕がどんなにアングロ・サクソン的な流儀の習得を強硬に主張しても、彼の選挙権には反対である。それと同様に私は、ココナッツのような頭をし、肌がチョコレート色をした典型的な黒人小僧のアンディ・ドトソン――彼は毎朝私の靴を磨いている――の選挙権にも反対している。二人とも市民権という最高の機能を果たすのには適していない。(4)

南部の白人はあらゆる点で支配集団であり、下位集団――この場合においてはたまたまあらゆる点で従属的人種――に平等な特権を進んで承認することはしたくなかった。彼らは、偏見が共有され、不平等な制度が受容されている仲間内では、そうした事実について恥ずかしげもなく口にしただろう。しかし、その偏見や不平等への抗議がなされた場合には、彼らは従属的な人種に生まれつきの先天的欠陥があるという偽善的な弁明に依存するのだ。

一九世紀の普通教育と普通選挙権を求める運動は、特権と権力の平等化を進める理性と道徳的理想主義の限界および潜在力の双方を完全に明示するものだった。普通教育の原理は、中産階級の理想主義者たちによって開始されたデモクラシー運動の所産だった。

一方でこの運動は一般的に中産階級によって活用され展開されていったが、当初は工業労働者階級にはデモクラシーの原理が要求されているにもかかわらず、その全面的な共有がなされなかった。しかし他方で普通教育の理念はやがてすべての階級に利益をもたらし、工業労働者階級に自恃と知性をもたらした。それによって彼らは、中産階級がデモクラシー運動を階級目的のために利用しようとする努力に対して抵抗できたのである。純粋な理想主義は、教育の特権をすべての階級に拡充する試みに寄与したが、その際、普通選挙権よりも普通教育を確立することの方が容易だったことに注意を向けなければならない。なぜならば、普通教育は特権を表すのみだったのに対して、普通選挙権は特権と権力の双方を意味していたからである。支配階級が権力を譲渡するのにはつねにきわめて時間がかかるものだが、その理由は権力が特権の源泉になるからである。彼らが権力を握っている限り、特権を破棄したり、共有したりでき、彼らに属していないものを与える道徳的満足を享受し、また社会における彼らの卓越性と優越性を十分に保持する実際的な有利さをも享受している。一方で教育は潜在的な権力である。その理由は、教育によって無産階級が組織化などの有効な手段によって自分たち自身の利益の保護を可能にさせるからである。他方で支配階級は、従順さを植えつけるための手段として教育を用いることができると考えることで、教育の効果への恐れを抑制したのである。

おそらく無意識だっただろうが、そうした希望のなにがしかが、アダム・スミスの普通教育擁護論のなかにも見いだせるであろう。

教育を受けた知性ある人々は、愚かな人々よりもつねに品格があり、規律正しい。彼らはみずから個人的に尊敬に値すると感じ、また正当に高い地位にいる人々の尊敬を勝ちえることも多いと感じている。……彼らは、内紛や治安妨害の利害が介在する不平不満を吟味し、それを見抜く力も多く保持している。そしてそれゆえに、彼らは政府の施策に対するいかなる理由もない不必要な反対に誤導されてしまうことも少ない。(5)

奴隷の教育に関する似たような議論が、西インド諸島に派遣されたこともある宣教師によってなされたことがある。

奴隷たちは、自分たち自身の主人や監督による暴力的発言を通じて、主として何が自分たちにとって益になるのかを学んだのだった。……そして彼らの情念を穏和なものとし、彼らを落ち着かせて義務の遂行に従事させ、人間の法律を破ることで神

に対して罪を犯すことを防止していたのは、宣教師の影響だった。(6)

教育は、今日にいたるまで支配集団の手に握られたプロパガンダの道具でありつつ、下位の階級にとってはみずからの解放の手段でもあった。それゆえに、特権階級が最初に教育の特権を提供し始めた時には、彼らにとってその試みが希望であり、恐怖でもあったことを理解するのは容易である。

一九世紀末の普通選挙権拡充の歴史

普通選挙権の問題は、すでに提起したさまざまな理由から[普通教育よりも]執拗に闘われた。イギリスでは、一八三二年の選挙法改革法案は結局のところ工業労働者階級の運動なしには成立しなかった。だが、この法案は労働者階級をすべての利益から排除する内容だった。この場合は、ロシアにおける最初の革命の時と同様に、中産階級は労働者の助力によって自分たちの自由を勝ち得たのだったが、その後、この勝利の利益から自分たちの同盟者たちを排除したのだった。イギリスでは普通選挙権が完全に確立する前の一八三二年から一八八八年にいたるまでは、半世紀におよぶ運動と政治的画策が必要だった。そして特権階級は、工業労働者階級の完全な選挙権の獲得に至るあらゆる段階に反対したが、その際、次のようなすべての特権階級の旧来の議論を用いたのである。それは、すなわち、選挙権を欠いた人たちはそれを行使するのに適性を有していないという議論だった。(7) そして普通選挙権の獲得の最終的勝利は、決して最終ではなかったということを付け加えなければならない。というのも、女性がこの特権からは排除されていたからである。彼女らは、同じ不適性という非難に抗して権利を獲得しなければならなかった。そしてイギリスにおいては少なくとも、その権利の平等への勝利を勝ち取るためには、道徳的および理性的な説得のほかに闘争が加えられねばならなかった。

支配集団は、彼らが行使する権力や彼らが享受する特権には特別な知的適性があると強引に主張するだけでなく、さらに別の偽善にも巻き込まれていた。しばしば彼らは、知的優越性というよりもむしろ道徳的優越性の主張によって自分たちの利点を正当化した。こうして一八世紀と一九世紀に興隆した中産階級は、労働者の世界に対して自分たちが優越した利点をもつのは勤勉で正しい生活に対する適正な報酬であると見なしたのである。一九世紀の政治経済の個人主義や、ピューリタン的プロテスタンティズムにおける賢慮の徳性を神聖視することは、中産階級が有閑階級と工業労働者たち双方に対する道徳的優越性の感覚を抱くために用いられた。このような個人主義ならびに質素と勤勉への強調のゆえに、労働者の貧困は、彼らの怠惰と無節操なその日暮らしのせいである、と中産階級の人々は信じるようになった。イェール大学の学長だったティモシー・ドワイトは、ニューイングランドの保守主義の指導者であり、また「西部の」開拓者たちの政治に反対する重商主義的利益の擁護者だった。彼は開拓者たちについて次のように叙述した。

彼らは、あまりにも怠惰でお喋り、あまりに情熱的で放蕩でだらしないので、財産も人格も獲得することができないのだ。彼らはつねに自分たちには並外れた知恵があるという考えにとらわれており、医学、政治、宗教について、一生涯それらを研究した人たちよりもよく理解していると思っている。そして彼らは、自分たち自身に関する事柄の管理については他の人たちよりも下手だが、国家の事柄については、彼らは公衆によって信任された政治家よりもはるかにうまく管理できるはずだと完全に満足げに感じている。(8)

ティモシー・ドワイトは、「財産と人格」を一気に語ることのできる中産階級の尊敬すべき地位にある唯一の主唱者ではなかった。中産階級は、自分たちの財産が、有閑階級の相続財産とは異なって、人格や勤勉や節制や節約から派生したということを誇りにしていた。そしてそれゆえに彼らは、類似した徳性をもつ人は誰でも彼らが享受した能力を等しく発揮できると確信していた。そのような能力を発揮することに失敗することは、それ自体、徳性の欠如の証左だった。中産階級のこうした信条は、中産階級の生活環境からあまりにも自然に発生してきたものなので、それはおそらく欺瞞というよりは、むしろ幻想として見なされるべきであろう。しかし、それが産業文明のすべての事実を無視して主張されるとすれば、偽りのない幻想という要素は偽りのある欺瞞へと変質していくことになる。というのも、産業文明ではあらゆる点で、経済的不平等を作り出す経済権力の不均衡という明白な要因に比べれば、有徳な節約や勤勉といった要素はまったく取るに足らないものであることが、明らかにされてしまうからである。ジョン・ヘイ[アメリカの政治家、外交官、国務長官]のような人物は、海賊的資本主義の不正義に抗して起きた一八七七年の労働者の反乱を彼らの無節操さの証左と見なし、それを彼自身の個人主義的信条を再確認する機会とした。しかし、そうした判断はほとんど誠実なものと見なすことはできないであろう。ヘイの伝記作家は次のように断言している。

ヘイは同時代人の多くと同様に、次のように考えた。財産への攻撃は扇動者たちによって画策されたもので、つねに法と政府に対しては進んで反旗を翻して立ち上がるような怠け者、犯罪者、悪質な者、社会の屑を、扇動者たちは道具として利用したのだ。あなたがたが財産を持っていることは、あなたの側あるいはあなたの父親の側に勤勉と先見の明があった証左である。あなたに財産がないことは、あなたの怠惰と悪徳あるいは無節操なその日暮らしへの裁きである。世界は道徳的な世界である。もし徳性と悪徳が同じ報奨を受け取るとしたならば、その世界は道徳的だとはとてもいえないであろう。(9)

資本の利得はまさしく人々の先見の明と節約に対する正しい社会の報酬であるという考え方は、資本主義の黎明期には一定の妥当性を有していた。社会に生産資本を蓄積するために、人々は、直接的な消費の快楽を犠牲にしたのである。当時、生産活動は、しばしば細々とした収入のなかから貯蓄された資本を通じて始められたのだった。しかし、そうした考え方が、現在の特権の不平等を道徳的に正当化するために利用されるとするならば、それはますます虚偽的なものとなってしまう。というのも、特権と権力の集中が進んだことによって、産業への最大の投資を行う人たちが、最も贅沢な生活水準を少しも犠牲にすることなく投資ができる状況が生じたからである。われわれは、生産のための過剰な資本が存在する一方で、消費のための資金はあまりにも少ない世界に生きている。それゆえに経済的不平等が資本蓄積のためには必要であるという議論は、経済的にもその妥当性を喪失してしまった。それにもかかわらず、その議論は、いまだに徳性や社会的機能と特権との見せかけだけの結びつきを立証するために、特権階級によって利用されている。

特権階級の道徳的優越性の主張

特権階級が主張する道徳的優越性は、社会での自分たちの特別な利点を正当化するものであったが、それはつねに功利主義的タイプのものというわけではない。中産階級は、節約と勤勉さの社会的有益性を強調するかもしれないし、またこれらの徳性を尋常ならざる程度に持っていると主張するかもしれない。しかし、土地所有貴族階級は、つねにまったく異なる根拠に立って彼らの優越性を主張してきた。彼らが道徳的優越性を主張してきたのは、彼らが功利主義的徳性を持つからというよりは、むしろそれらを欠いたからだった。彼らは、労働者の勤勉さを軽蔑しただけでなく、商売人や他の人たちを含めて、みずからの生計を稼がねばならないあらゆる人を軽蔑する態度を示した[10]。彼らは時間に余裕のある生活の快適さを賛美し、さらに礼儀正しいマナーを道徳のカテゴリーに位置づけた。

貴族制の道徳的態度には、礼儀正しいマナーと道徳との間の奇妙な混合が見られる。この混合はまた、興味深い両義性をもってあらゆる言語のなかに示されている。英語の「紳士」(Gentleman)や「高貴な人たち」(noblemen)、ドイツ語の「貴族」(adel)や「高貴な」(edel)は、どの言語にも見いだされる重要な言葉の例である。これらの言葉は、一方で「生まれのよさ」(well-born)とか「マナーのよさ」(well-mannered)という含意を有し、他方では「有徳な」(virtuous)とか「思慮深い」(considerate)という含意をもっている。それらの事例が具体的に示しているのは、時間的に余裕のある生活の礼儀正しいマナーを涵養した人たちが、いかに道徳的徳性の威信を彼ら自身の達成として僭称したかということである。「粗野な男／悪人」(villain)や「男／野郎」(Kerl)の二重の含意は、彼らが道徳的価値の欠落を貧しい人に帰すのをためらわなかったということを示している。英語の「優雅な」(gentle)は、同じ両義性をもつラテン語の語根から派生しており、生まれのよさと道徳的な優しさの双方を意味している。ギリシア語の言葉である「よい生まれ」(εὐγενής)は、当初はただ「素性のよさ」を意味したようだが、ギリシア悲劇においてそれは、出生との関連をもつことなく「貴族」を記述するのに使用されている。このようにマナーと道徳とが貴族主義的に混合した例は、あらゆる言語に存在するように思われる。

英語の「寛容な」(generous)はラテン語(generosus)から派生し、寛容はまた類い稀な貴族的徳性と見なされた。それはもっともなことではある。というのも、富裕な人たちのみが、仲間に惜しみなく援助する時間と金銭上の余力を持っているからである。ソースティン・ヴェブレン氏は、特権階級の寛容について皮肉を込めて解釈し、自分たちの資源を誇示することで仲間たちの羨望を引き起こす努力のようなものだと理解している(11)。それはおそらく、富裕な有閑階級が自分たち自身の慈善行為を道徳的に評価するのと同じ程度には真実に近いものといえよう。慈善とは純粋な憐れみの情を権力の誇示と結びつけるものであり、さらに権力の誇示という要素があるために、強者は社会正義をもたらすことよりも惜しみなく与える寛大さに傾くということを、われわれは先に提示した。

芸術や文化に貴族階級が没頭することで、みずからの特権を道徳的に正当化するもう一つの機会となっている。こうした没頭は顕示的な浪費の洗練された形態であるかもしれないし、あるいはまた、自分たちの生計のために稼がなくてもよい人々の退屈によって促されたものであるかもしれない。それにもかかわらず、社会的不平等は文化史にとってあまりに基本的なものであるので、クライヴ・ベル氏は、社会の貴族主義的組織を高次の文化が存在するための前提条件であると見なすことができた(12)。芸術と学問は双方ともに、その始まりをシュメールおよびエジプトの祭司たちの余暇にたどることができる。彼らは、祭司であることで自分たちの特権化された立場を、軍人よりも少ない努力によって維持することができた。したがって彼らは、自分たちの余暇を直接的には功利的利点を持たない芸術や思索に自由に費やすことができた。しかしながら、文化は自由な時間を必要とするという事実は、有閑階級を維持するための十分な正当化であるとはほとんどいえない。というのも、貴族階級が正真正銘の芸術家を一人生み出すのに、また芸術のパトロンを二人得るために、一〇〇〇人にも及ぶできそこないを支援したという現実があったからである。

知的な社会であれば、芸術と学問に特別な才能を有している人たちをどのように支援していくのか、また生計を立てるためあくせく働く必要からどのように解放してやるのかを知っているといえよう。知的な社会であれば、その機会を活用する能力を有する人たちに余暇を付与するのである。さらにまたそこでは、みずからの余暇を卑俗なものや愚かなものに浪費してしまう無数の無能な者たちのなかで、めったにいない一人の創造的天才を生み出すからといって、有閑階級が自己正当化することを許容しない向きもあるだろう。しかし、いかなる複雑化した社会も、特権の不平等をなくすことはできないであろう。それらの不平等のなかのあるものは、特定の社会的機能の適切な遂行にとって必要なものである。それ以外の不平等も(これはそれほど確実ではないけれども)、重要な機能を遂行するうえで活力と勤勉さをもたらすために必要とされるかもしれない。しかし、特権が理に適うものであるためには、機能やそれを遂行する能力に関連づけられなければならない。もしこのような原則が完全な平等主義とは整合しないとすれば、それは同じように階級的特権の存続とも不整合なのである。特権階級は、特権の相続によって維持されていて、それらの特権を共通善のために個人的能力を活用することなど顧みることはない。さらにどの程度の特権が相続されるのかは、その機能の遂行のために必要とされるものかどうかとは、まったく関連がない。それゆえに、相続される特権を理に適った形で正当化することは不可能であり、この方向に向けられるあらゆる努力は、特権階級の自己擁護を特徴づけてきた不誠実に帰結してしまうに違いない。

特権集団は、自分たちの特殊利益を一般的利益の枠組みで正当化する以外に、他の常套手段を持ち合わせていた。彼らが一般的善を増大させる類い稀な知的才能と道徳的卓越性を保持しているという彼ら自身の仮定は、ただそのなかの一つにすぎない。おそらく彼らのよりお気に入りの方法は、彼らがそこから利益を得ている社会の特定の組織を、社会の平和と秩序全般と同一視する方法であり、また自分たち自身を法と秩序の使徒として自任する方法である。あらゆる社会が調和の維持と闘争の回避を求める本能的欲求を備えているので、この方法は不正な現状維持を堅持していくためのきわめて有力な道具となる。たしかにこれまでどのような社会も、不正義をその調和のなかに取り込むことなしには、平和を達成することはできなかった。それゆえに、不正義を是が非でも取り除くことを欲する人たちは、つねに平和を危機にさらすという道徳的に不利な立場に置かれる。特権集団は、たとえ正義への努力が最も平和的な枠組みにおいてなされたとしても、道徳的に不利な状況に自分たちを置くことになるであろう。彼らの主張にしたがえば、辛うじて保持されている均衡を乱すのは危険である。そして彼らは、こうした正義への努力の結果がアナーキーを生じさせることを推測し、それを恐れるふりをするであろう。平和への彼らのこうした情熱は、つねに自覚的に不誠実であるとは限らないであろう。社会で格別な特権を保持している人たちは、おのずと自分たちの特権をみずからの権利と見なしがちであり、それほどの特権に与っていない人々に不平等をもたらす結果については配慮しなくなる傾向にある。こうして彼らは、不正義に対して自然に自己満足的になってしまう。不正義を内に含むものであっても、平和を乱すいかなる試みも、それゆえに正当化できない不満分子から派生するように彼らには思われるだろう。

さらに特権集団の場合、自分たちの特権を保っている暴力や強制力についての自覚は部分的なものにとどまり、したがって彼らに反対する人たちによる強制力の使用ないし暴力の威嚇についてはとくに手厳しくなってしまう。彼らの使用する強制力は、経済力という暗黙の力か、あるいは国家の警察力である。後者は外見においては、それを行使する政府の不偏不党ということになっている目的によって神聖化されているが、それにもかかわらず彼らの利害に容易に左右される。こうして特権集団は、労働者によるストライキという暴力への嫌悪感を率直に表明し、続けて国家にはストライキを押さえつけるために暴力行使を要求することもある。労働争議において暴力が勃発した場合、資本家の立場に立った新聞の一致した反応は、暴力的手段の行使への偽善的な嫌悪感の表明であり、さらに自暴自棄になった労働者たちの抑圧のために国家に民兵の発動を要請することである。そのような推論に信頼を寄せるのは、おそらく少し寛大すぎるのかもしれない。その理由はとくに、特権階級が、彼ら自身の防御と攻撃の手段をともなわせつつ、国家の警察力を増強させるという政策に反対はしていないからである。労働争議においてて会社がみずからの私的な警察力を行使した事例は、合衆国において一つにとどまらない残虐な弾圧のスキャンダルを生み出した。一九世紀のイギリス史も、反乱の弾圧のために国家の警察業務を支持しているとして特権階級が暴力を行使する類似した事例に満ちあふれていた。労働者の耐えがたい貧困と貧困者救済制度の破綻によって、一八三〇年のハンプシャー暴動が起きた。その九年後にウェリントン公爵は、いかに自身が国家の警察力の増強に動いたのかについて、次のようなナイーヴな報告を行っている。

私は行政官たちを説き勧めて、彼ら自身が自分たちの召使いや家臣、下男や狩猟係、番人らを従えて、馬用の鞭、ピストル、猟銃など、何でも持参できるものを持ち、馬にまたがって先頭に立つように指示し、必要とあれば一緒になって、あるいは一人でこれらの暴民に攻撃を仕掛け、彼らを離散させ、また打ち倒し、逃げることのできなかった者たちを捕らえ、監禁するようにさせた。これは、多くの場合、勇敢に行われた。そして驚くべきことに、紳士たちの行為と精神によって、国の治安はすみやかに一番よいかたちで回復した。

公爵がこのように国家の平和を超法規的に防御したことの正当化には、特殊「近代的な」筆致が加えられた。それは、国家の平和を危うくしていると彼には思われた改革の運動家たちが、フランスのジャコバン党の金で買われた回し者にほかならないということを彼がほのめかしたことだった。当時の数年間の改革運動の最も直接的な目的は、腐敗選挙区「有権者が激減したのに議員選出が維持された都市選挙区」の除去であり、選挙権のより衡平な配分であった。それゆえに公爵は、興味深いことに、こうした改革の運動家たちへの彼の嫌悪と恐怖を引き起こした本当の理由を正直にも次のように告白した。

腐敗選挙区には三〇名の議員がいることを私は理解している。これら三〇名は、財産の状態を現状のまま保持しようとする人たちであると理解している。つまり、わが国による外国の植民地の支配、海外における国家の名誉、そして国内における国王の臣民に対する信義、彼らはこれらを保持しようとする人たちである。(13)

特権階級による法と秩序の擁護

アメリカは、階級の区別が他の諸国よりも明白には表に出ていない国家であり、古い産業諸国と比べると階級対立がそれほど深刻に闘われた国家ではない。このようなアメリカにおいて、法と秩序の擁護に対して特権集団がどれほどの情熱を保持していたのかという問題について分析を試みるのは、とくに興味深いテーマである。この国の歴史のまさに始まりにおいて、ハミルトン派の商業的利益とジェファソン派の農民や開拓者との間に熾烈な論争が生じた。この論争はハミルトン派による一七九八年の厳格な外国人法・治安維持法の制定において頂点に達したが、この法律の目的は、ジェファソンの政党を擁護するアイルランド系やフランス系移民の市民権を剝奪し、フランスの大義へのジェファソン派の共感の表明を防止しようとする点にあった。これらの法律の明白な偏見にもかかわらず、ニューヨークの行政機関は次のように宣言した。

ある者が治安維持法を非難するのを聞いた時には、社会の平和のために考案された抑制に服従しない者として取り押さえるのがよい。彼は被疑者として扱われてしかるべきである。(14)

同時にハミルトン派のある主教は、権威への従順を教える聖書の箇所――それはどの国家でも、どの時代にも用いられてきた――について、敬虔な説教をなした。「人はみな、上に立つ権威に従うべきです。……今ある権威はすべて神によって立てられたものだからです」〔ローマの信徒への手紙一三章一節〕。

すでにアメリカ革命以前においてすら、アメリカ政治において階級利害は明らかに存在しており、特権階級は法と秩序に訴えることで革命的感情に抵抗した。アメリカのトーリー党について語るパリントンは、次のように断言している。

要約していえば、それ(トーリーの哲学)は権力への意志を表明するものであった。その動機は経済的な階級利害であり、その目的は国家の装置を通じた社会の搾取であった。このように述べてしまうと、その哲学に利点があるようには見えない。それはその受益者ではない人々からの不愉快な批判にみずからを曝してしまう。結果として裸体を覆う衣服を仕立てる面で創意工夫が必要となる。愛国主義、忠誠心、法と秩序をあつらえることによって、それはきわめて上品な外見となる。そしてそれがイギリス国制という立派な礼服をまとうことで、威風堂々とした並外れた印象を与えるようになる。[15]

ジョナサン・ブーチャーは、トーリー党の最も卓越したメンバーの一人でアングリカン教会の牧師だったが、彼のさまざまな著作においてトーリー的偽善の紛れもない鉱脈を提示している。

政府への従順は、各人の利益であるように、各人の義務でもある。しかし、それは神の積極的な戒めによって命じられているので、とくにキリスト信徒にとっては責務として果たさねばならない。

ブーチャーはまたこうも述べている。「法を尊ぶことは、唯一の理性的意味で自由を尊ぶことである。自由はこの意味で用いられる。というのも、自由は法への従属にこそあるからである。」労働者について語るなかで、ブーチャーは彼らの不平不満を彼ら自身の徳性の欠如のせいにしている。さらにブーチャーは、彼らの不誠実を指摘し、法と自由とを同一視する偽善にも触れて、次のように記している。

そして労働者階級は、富裕者を自分たちの保護者、パトロン、利益授与者と見なす代わりに、今では彼らに不法を働いても、何の不利益にもならないほど大きくなりすぎた巨像でしかないと彼らを見なしている。今日のより一般的に広まっている不平不満の種は、下層階級が、勤勉で節約型で規律正しいという徳性(これらは彼らの生活の持ち場にとくにきわめて相応しいもの)を失い、怠惰でその日暮らしでかつ自堕落になっているということなのである。(16)

アメリカでは後の時代になると、西部の農民が東部の商業的階級の手先になった政府の搾取に対して反旗を翻し、彼らの信条をポピュリズムに、彼らの擁護者をW・J・ブライアン［一八九六年から三度、民主党と人民党推薦の大統領候補］に見いだす。その時代に目を転じてみよう。そうするとそこには、政治世界に関するゴッドキンのような知的でリベラルな観察者を発見するであろう。彼は『ネーション』誌の創刊者で編集者であり、不満足な農業者たちに激しく対峙し、彼らをアナーキーだとして非難している。彼は、金ぴか時代［南北戦争後の経済的繁栄の時代］の使徒たちの無法な政治的慣習を批判はするが、農民の反乱を不正義に対する正統な抗議として理解することはできなかった。農民の抗議が戦闘的になった時、彼は次のように宣言した。

最近の二、三年のこうした予期せぬ突発的事件は、少なくとも次のことを示している。すなわち、外国生まれの連中が群がり、扇動者たちがはびこり、革命の教理が説かれているのは、都市部においてだけではない(17)。

ブライアンの公約である銀貨の無制限鋳造の提言は、「債務不履行をもたらす大胆で邪悪な政策」と見なされた。こうした事情は、ゴッドキンのようなリベラルな人間でさえも、インフレーション政策によって混乱を招く可能性よりも、標準化された通貨制度［金本位制度］――不景気によって債務者は自分たちの負債を下落した通貨で支払うことを強制され、不景気はさらに悪化する――の不正義の方をまだましだと見なしていたことを証明している。この点でゴッドキンは、中産階級的知識人に典型的な臆病さを露呈している。彼は一八九六年の民主党の党大会について書いているが、次のように断言している。「国民は、彼らの狂気じみた大会運営を嫌悪感と戦慄をもって観察してきた。こうして国民は、彼らと彼らの扇動的教説が打倒される一一月［大統領選挙の月］の到来を待ちわびている。」おそらく民主党に対するゴッドキンの最も顕著な非難は、連邦裁判所による命令の乱用に対する民主党の抗議に関連したものだった。ゴッドキンは次のように主張した。

連邦裁判所へのこのような攻撃は、革命家の本能がいかに本物であるのかを示している。彼らは自分たちの最も手強い敵が誰であるのかを知っている。司法的決定は、革命的立法から繰り返しその牙を引き抜いてきたのである。……(18)

もしゴッドキンほどの賢明な観察者ですら、裁判所がその想定される不偏不党性の威信そのもののゆえに、かえって階級支配の道具としてしばしば利用されうるのだということを理解できなかったと想定してみよう。そうであれば、われわれは、どの程度まで階級利害が政治的意見を着色してしまうのかを理解することができよう。ブルックス・アダムズは、次のように断言している。

政治とは、一つの階級や多数者が地位の上昇のためにする闘争である。憲法は……判事たちとその部署によって解釈される。その機能は本質的に政治的なものであり、まさに法廷に大きな圧力がもたらされる。それを取り除くには、数百年もの歳月が必要になるだろう。……最初からアメリカの法廷は、政治的争点のなかでも最も厳しい問題を扱うがゆえに、政治的成功に必要な道具であり続けてきた。……法廷はつねに、公然たる政治的偏見を保持してきたのである。(19)

アダムズ氏は、司法部の偏見はアメリカだけの特有の特徴であると仮定する点においてのみ、誤謬を犯している。

ブライアン氏と民主党に対するゴッドキンのキャンペーンに関して注目すべき事実は、彼ほどの公平な男が、ブライアン氏が公言したような比較的無害で平和的な政策に対してアナーキーや革命の危険が存在すると恐れていたという点である。上昇気運にある階級にアナーキーや革命といった非難を浴びせるというのは、上流階級の持つ階級的偏見と力を開示する明白な事例であった。ブライアン氏の敗北が決まった翌朝の『ニューヨーク・トリビューン』紙は、次のように報道している。

この浅薄でおしゃべりな若者は、……アナーキストのオルトゲルド、革命主義者のデブス、その種の無法者たちの血にまみれた手で操られた人形でしかなかった。しかし、彼は進んで人形の役をこなした。つまり、ブライアンは意欲的で熱心だった。[20]

人間の精神は道具としてはきわめて脆弱であり、容易に人間の情念によって奴隷化され、悪用されてしまう。それゆえに、アナーキーや革命への特権階級の恐怖がどの程度まで偽りのない恐怖であるのか、確かなことは分からない。こうした恐怖は、もしかしたら社会的事実に関する彼らの視野の不十分さに照らして説明できるかもしれない。また、こうした恐怖がどの程度、上昇気運の階級を不利な立場に置くための不誠実な試みであるのだろうか、これも確かなことは分からない。たとえば、ジョセフ・チョート［アメリカの法律家・外交官］が、一八九四年に最高裁判所において新しい所得税法を「共産主義的、社会主義的、そしてポピュリスト的」[21]であるとして攻撃した時に、彼が誠実であったとはほとんどいえないだろう。他方で静穏な礼儀正しいニューイングランドの世界にあってオリヴァー・ウェンデル・ホームズ［アメリカの法律家］は、西部から起こってきた政治的正義を求める叫びに我慢することができなかった。そして彼は次のように主張した。

われわれは、扇動者が昼は雲の柱、夜は火の柱をもってわれわれの文明の進行を導くことを欲しない。またわれわれは、渇きを癒やすための水ではなく、自分たち全員を焼き尽くす石油をもたらすために岩を打ち砕くモーセを必要としていない。(22)

彼はおそらく、あらゆる種類の変化を嫌って快適に暮らしている老人の持つ正直な偏向を表現したのであろう。誠実な人間たちの偏見は、扇動者たちの不誠実な訴えと同様に、政治における倫理的関係の問題にとって同様に大きな危険である。それゆえに、モラリストたちが、これまで政治生活における不正義から逃避する方法として、誠実さの価値をあまりにも強調しすぎたといえるのかもしれない。

アナーキーへのイギリス特権階級の恐怖

アメリカにおける特権集団のアナーキーへの恐怖や、平和と秩序の守護者としての彼らの自己認識は、特筆すべき重要なものである。その理由は、ひとえに階級の区別が旧来の諸国と比べてそれほど明らかではなかった国家において、それがこれほど明白に表明されているからである。他の諸国の歴史において特権階級の持つこうした性格に関しては、はるかに顕著な事例であふれていよう。一八一九年のマンチェスター虐殺――選挙法改革を主張する扇動者たちがイギリス政府によって残虐に抑圧された事件――の後に、イギリスの特権階級は、彼らに対して行使された暴力をみずから反省するというよりも、彼らが行使するかもしれない報復の暴力を恐れるようになった。そしてさらなる反乱を防止するきわめて抑圧的な治安維持法が通過し、リーズデイル卿は次のように主張した。

急進的な改革を求める集会はみな、既存の国制への嫌悪と非難を招くことによってその基礎を切り崩す反乱の企図であるだけではない。それは、国制そのものに対する歴然たる反逆的な陰謀行為である。(23)

イギリスにおける選挙法改革の運動は、一七八九年に始まったが、イギリスのトーリー党によって頑強に反対され、一八八八年までは終わることがなかった。トーリー党は倦むことなく、選挙権の新たな拡大によってそのつどアナーキーが起きると主張し、またその主張を繰り返し行ったのである。(24) ところで、アナーキーの脅威が生じる時、その解決は決まって、実際に不満の原因の除去によってなされるよりも、強制力の行使による平和の再構築によって試みられる。こうした事情は、政府やその政府を操作する支配階級の間でつねにみられる不変の傾向であった。イギリスの一人の歴史家は、一九世紀の初めに起きた改革を求める運動の際の混乱について次のように叙述している。

一八一七年の政府の大きな失敗は、運動がなぜ生み出されたのかという原因を探求することなく、それをたんに終わらせようと努力したことにあった。……運動を引き起こした原因の一つは、政府が納税者全般を救済するための公共支出を切り詰めたり、貧窮者の税制上の重荷の一部を財産所有者に肩代わりさせたりする熱意を、持っていなかった点にあったという印象がある。(25)

このような一八一七年のイギリス政府についての評価は、いつの時代でもすべての政府にほとんど等しく妥当するといえよう。(26)たとえ統治のプロセスや社会の特権に対してより平等な分け前を求める階級がアナーキーの脅威をもたらすこともなく、また暴力行使もない場合ですら、特権集団はアナーキーの危険があるという予告をつねに行ってきた。その理由は、こうした野心的で上昇しつつある階級は、彼らの欲する権利を行使するのにふさわしくないというものだった。インドについて著述しているある博学なイギリス人は、あらゆる時代に特権集団が抱いてしまう不吉な前兆と完全に同じ言い方で、次のように予告したことがある。

われわれの支配の終わりが全般的なアナーキーや破滅の徴候とはならないような時代が来るのを、われわれは予見することはできない。そしてインドにとっての唯一の希望が、イギリス人の仁愛に富む強力な統治が長く継続することであるのは、明白である。……J・S・ミル氏は彼の確信をこう述べている。インドにおけるイギリス統治が、「人類の間でこれまで知られている、意図において最も純粋なものの一つであるだけでなく、行為において最も有益なものの一つでもある。」私は、このことが今でも依然として真実であるのを疑わない。(27)

こうした判断には、支配国家の持つ誇りと支配階級の持つ傲慢とが結び合わされている。それがどのような正当性を持とうとも(この場合、インドにおける大英帝国の堅実な達成にはそれなりにかなりの正当性があるだろう)、支配階級が統治の優れた業績を持っていようが、そのすべての基礎となっている経験の共有を拒む姿勢によって、それは損なわれてしまう。

支配階級の間での平和を求める叫びにはそれほど一貫したものがあり、さらに見たところでは、あらゆる種類の暴力とアナーキーへの嫌悪感にはそれほど根強いものがある。したがって、彼らが国際関係の事象を考慮する場合には、平和主義的な良心を裏切るようなことがまったくなかったならば、誰もが支配階級は最も純粋な平和主義的原理によって導かれていると思い込んでしまうかもしれない。彼らは自国内の平和については最も強い要求をするが、他の諸国との軍事的衝突の場合には、最も安易に参戦の議論に駆り立てられてしまう。特殊な経済的利害が、しばしば彼らの好戦的な熱心さを刺激する場合もある。また別のある時には支配階級は、戦争熱とその結果でもある愛国主義の病的興奮を利用して、国内における自分たちの支配を強化する好機と見ることもある。その際に、平時の国家においては不可能であるような仕方で、完璧に自分たちの利益を一般的福利に融合させる。運よく発生した戦争によって救われた支配的カーストは、一つや二つにとどまらない。ロシアの無能な貴族階級は、好戦的愛国主義を煽って白熱化させ、ロシアの民衆を欺こうと試みたことがあった。こうして彼らは、第一次世界大戦の際に支配者たちの腐敗と無能力によって長らく投げ込まれていた悲惨な状態を民衆が考慮することから目をそらさせようと試みたのである。しかし、その努力は無駄であることが明らかになった。というのも、ロシア社会の解体があまりにも深く進行していたからである。[28]

特権的支配階級の偏見や偽善や不誠実は、階級への忠誠心にはそれほど決定づけられていない。これに比べると、国民の偏見や偽善や不誠実は、国民への忠誠心の帰結である。特権階級の構成員といえども、自分たちの階級への忠誠心を持ちえないわけではなく、また彼らの共通の特権が危険に曝される時には共同行為に参画することができないわけでもない。ただ彼らのメンバーの一部は、国民やプロレタリア階級と比べれば、集団的圧力を受けにくい状況にある。ここに示されているのは、たんに一連の所与の状況が一定の結果をもたらしたということであり、さらに利益が態度と確信に不変の影響力を保持するということである。それゆえに、特権階級の集団的エゴイズムは、国民の利己性の場合——それはしばしば個々人の無私の忠誠心と混じり合っている——よりも、厳密に個々人のエゴイズムの総計と集積となる。

このことは、次のことを意味するであろう。階級的偏見の持つ非倫理的性格は、それほど複雑なものではなく、それに類似した国民の態度よりも、理性によって容易に解消されるだろうということである。それにもかかわらず、この課題は、理性的モラリストたちが考えるほどには容易ではない。そもそも特権階級のメンバー自身があまりにも快適な環境の所産という面があり、社会正義という手に負えない問題をみずから理解するのは不可能だからである。一方で特権階級の主張には、それ自体、意識的に不誠実なものもある。しかし、彼らの主張の大部分は、次のような事実から生じている。つまり、この階級が社会におけるみずからの地位を擁護するために訴えている理性や宗教や文化の基準は、この階級の部分的な経験と観点の所産であり、または少なくともそれらに着色されている。一階級の知的メンバーが理性と正義という法廷に訴える時、この法廷の偏向した判断は、不偏不党性という威信を与えられることでますます危険なものとなる。

より高度な知性とより鋭敏な理性的知見によって、おそらく階級的偏見はある程度までは打破されるであろう。そのことによってたしかに、その階級の多数者の精神と良心を曇らせている道徳的幻想を見破ることのできる人たちの数は増えるであろう。さらに、その階級のメンバーたちのほとんどがしがみついている幻想への確信を抑制し、それによって階級間の不可避な闘争に理性的要素を取り入れることさえできるかもしれない。しかし、それですら階級のエゴイズムを廃止することはできない。デイヴィッド・ヒュームが強く主張するところによれば、エゴイズムが人間本性の唯一ではないが支配的な性向であるという格言は、事実においては真実ではないかもしれないが、政治においては真実である。(29) 彼が政治においてこれが真実であると考えた理由は、集団行動が多数者の意見によって決定されるからであり、多数者が利己的動機によって駆り立てられるだろうというのはつねに真実だからである。人類史を読み込んで、これ以外の結論にいたるのは困難である。それゆえに、階級的特権から生じる社会の不正義が、純粋に道徳的な説得によっては除去できないということは、当然視されなければならない。それこそが、社会的不正義から数多くの苦難を受けてきたプロレタリア階級が、数世紀にもわたって希望を抱いては幻滅を繰り返してきた経験の後に到達した一つの確信にほかならない。

第六章　プロレタリア階級の倫理的態度

近代の産業文明と労働者階級の出現

過去のすべての社会は、その社会システムの犠牲者から特筆すべき抵抗を受けることのないまま、社会的不正義を行い、それを継続させてきた。実際に古代では奴隷の反抗があり、中世では農民の反乱があった。しかし、それらは散発的なものであり、たいていは効果はなかった。それらの出来事は、飢えた者たちの激しい反抗であり、彼らの努力に尊厳と一貫した力を付与する社会哲学が欠けていた。彼らには直面した問題に対する適切な政治的戦略も不在だった。その時々の反抗は、飢餓と剝奪とが農奴たちの忍耐力の限度を超えた時に起こされたものであり、一般的に古代と中世の下層階級を特徴づけていた従属的態度を実質的に変えるものではなかった。

近代の労働者階級は、道徳に対するシニシズム、平等主義的な理想主義、反乱的英雄主義、反ナショナリズム、国際主義、さらには重要な忠誠心を保持する共同体として自分たちの階級を称揚することなど、これらのすべての特徴的な道徳的態度は産業時代の産物だった。ある程度まで、それらはデモクラシーの運動の結果であった。だが、このデモクラシーの運動は、その主たる利益から労働者を排除し、最小限の教育の機会しか彼らには提供しなかった。しかし、この最小限の教育によって労働者たちは、土地も財産も所有しなかった時代には欠如していた、政治や経済上の事実に対する観点を取得したのだった。だが、それらは、主として近代の資本主義と産業主義の帰結でもあった。

中世の社会組織は、総じて人間的なものであった。地主と農奴、親方と職人というような関係は直接的なものであり、時には親密であった。そうした人間的な特質は、それらの関係の社会的不正義や不平等を緩和させたが、同時にそれらの関係を不明瞭なものにもした。領主や親方の側の人間的な責任感は、その関係の非倫理的な性格を実際に抑え込んでいた。また伝統的な「慈悲深い金持ちの婦人」(lady bountiful) によるセンチメンタリズムによる慈善は、その程度の道徳的達成しか遂げていなかった社会にさらなる混乱を加えた。

しかし、［近代の］科学技術文明の興隆は、所有と権力の集中をさらに増進させた。そのことで、所有者の責任感を破壊し、個々の労働者を大衆へと解消し、株式所有のメカニズムや大量生産の技術によって産業関係における人間的要素を不分明にした。科学技術文明は、人間関係を機械的なものにすることで、人間の行為様式における経済的動機づけを増大させ、またそれをより明確に示した。それは、アダム・スミスの言う「経済的人間」という抽象を一つの生きた実在とした。さらにまた、その生産方法とコミュニケーション手段は、所有者階級と労働者階級のどちらの側にも、高度な社会的凝集力と集権化された統制をもたらした。したがって、こうした展開を通じて所与の経済的地位にある個々人は、自意識の高い社会的政治的集団へと引き入れられ、さらに共通の集団的利害を表明する組織を手にした結果、階級間の紛糾と敵対関係は激化した。(1)

産業文明のこうした発展の影響力は、近代のプロレタリア階級の社会的政治的態度に鮮明に示されている。彼らの態度は、マルクス主義の政治哲学においてその権威ある表現と定義を見いだした。批判者たちの議論によれば、マルクス主義というのは、労働者の本来の政治哲学というよりは、むしろ彼らが感染してしまった病気である。批判者たちは、たとえば階級闘争の理念などは、労働者の闘争の経験によって作り上げられたものというよりは、むしろそうした経験を作り上げる教理［ドグマ］であると主張するであろう。一方でそれらの批判には、ある一定の妥当性、少なくとも蓋然性がある。だが他方で、マルクス主義的社会主義が、社会と歴史について工業労働者が感じてきたことを十分に正しく解釈するものになっており、そしてすべての自覚的で政治的に知的な工業労働者が社会哲学および政治哲学として受容したというのも、事実である。政治と経済の状況はさまざまな変化を遂げており、国家や時代が異なれば、社会主義理論も制約を受けるかもしれない。しかし、多かれ少なかれ、マルクス主義的社会主義が、西洋文明の工業労働者の政治的信条であることを否定することは、不可能であろう。アメリカの労働者が、さしあたり一つの例外であるように思われる。その場合、こうした想定は、次のような確信に値する予告を正当化するという理由で説明することができよう。すなわち、その予告とは、アメリカの資本主義が完全に成熟すれば、不可避的にアメリカにマルクス主義的プロレタリアが出現することになるというものである。

労働者階級のシニシズムと平等主義、マルクス主義とレーニン

もし政治的に自覚的な労働者の態度を倫理に照らして分析するとすれば、彼らの最も顕著な特徴は、おそらくそこに示されている道徳に対するシニシズム(moral cynicism)と無制約な平等主義を掲げる社会的理想主義(unqualified equalitarian social idealism)との結合であろう。工業労働者は、人々の道徳性に対する信頼をほとんど持っていない。しかし、だからといって彼らは、社会のための厳格な倫理的理想を打ち出すのを妨げられること

はないのである。

道徳に対するシニシズムはそれ自体、マルクス主義の唯物論的決定論的な歴史解釈に照らして哲学的に表明されている。『経済学批判』への序文において、マルクスはみずからの経済決定論を簡潔な用語で次のように述べている。

人間は、その生活の社会的生産において、一定の必然的な彼らの意志から独立した諸関係を、つまり彼らの物質的生産諸力の一定の発展段階に対応する生産諸関係を、とりむすぶ。この生産諸関係の総体は社会の経済構造を形づくっており、これが現実の土台となって、そのうえに法律的政治的上部構造がそびえたち、また一定の社会的意識諸形態は、この現実の土台に対応している。物質的生活の生産様式は、社会的政治的および精神的生活過程一般を制約する。(2)

この決定論は、マルクスとエンゲルスの場合、彼らの一部の弟子たちほどは絶対的なものではなかった。エンゲルスは、次のように主張している。

経済的条件が基礎である。しかし、上部構造のさまざまな要素、……階級闘争の政治的形態およびそれらの諸結果、憲法、……法律的諸形態……政治的法律的および哲学的諸理論、宗教的見解、……これらすべてが歴史上のもろもろの闘争に影響をおよぼし、また、しばしばそれらの形態を決定するのである。(3)

こうした理に適った形で述べられたのであり、ほとんどの経済学者や歴史家は、歴史のそうした解釈に異論を述べなかった。マルクス主義的決定論のユニークな点は、そこから派生する道徳に対する完全なシニシズムである。社会における種々の階級の関係は、全面的に権力と権力との対立として考えられている。すべての文化的力や道徳的力、宗教的力はすべて「イデオロギー」であるので、さまざまな階級の経済行動を合理化はしても、それを著しく変えたりすることはない。それゆえに、生産手段の所有に内在し、社会的不正義に与する権力は、それに対する強制力以外のいかなる手段によっても除去されることも、制限されることも、破壊されることもないだろうと想定されている。トロツキーは、以下のように主張した。

救済のための第一条件は、ブルジョアジーの手から支配の武器をもぎ取ることである。ブルジョアジーがその手中にすべての権力装置を保持しているうちは、平和的に権力を獲得する考えややり方は、見込みがない。議会制民主主義の道筋によって権力へと到達するという考え方は、それよりも何倍も見込みがない。(4)

もしこうした権力の打倒が不可能な課題であるとすれば、マルクス主義的プロレタリアは、次のような希望によって慰められ、勇気づけられるであろう。その希望とは、資本主義経済において権力の集中が進むことは不可避と見なされたが、所有者階級の構成員を減らし、そのことでこの階級の防護は格段に脆弱化するであろうというものであった。さらに希望は、労働者の悲惨さの増大によって激烈なエネルギーが作り出され、そこから革命的な力が打ち立てられていくだろうという認識にもみられる。資本主義はこのようにそれ自身の破壊の可能性と手段の双方を生み出していくが、真なるマルクス主義者は、そのプロセスが自動的なものであるとは信じていない。つまり、革命的闘争なしには生産手段と国家装置の統制のいずれも獲得できるとは期待していないのである。

仮にこの社会哲学と予言が、プロレタリア労働者の信仰と希望ではなく、マルクス、レーニン、トロツキーの信条であると主張されると想定しよう。その際、社会的不正義がきわめて重たく労働者の上にのしかかるか、労働者が最も完全なかたちで権利を剝奪されているか、さらにまた所有者階級からの政治的圧力ゆえに利益がわずかしか労働者には与えられないか、そうした場合にはどこでも、労働者は純粋かつ無修正のマルクスの信条によってみずからを表明するようになる、と言うことができる。マルクスと彼の信条をより大きな楽観主義の方向へと修正した後継者たちとの相違は、学術的なものではなかった。それは、文字通りより悲惨な立場にある労働者とそれよりも優遇された立場にある労働者との違いであり、さらには現代資本主義に対して実際に希望を見いだせない人たちと、わずかながらもより好ましい経験によってより希望のある観点を有している人たちの間の違いであった。資本主義の危機と労働者のその後の生活不安が、最終的にすべての工業労働者をまったく希望を見いだせない前者の地位へと陥れてしまうのかどうか、これは歴史のみが答えることのできる問いである。いずれにせよ、経済決定論者が、改良主義的で議会主義的な社会主義者——彼らの確信も明らかに自分たちの経済的経験から生じている——を道徳的に卑劣な態度だとたやすく非難する傾向にあるのは、むしろ興味深い。彼らは革命的感情が経済的悲惨さのみから生じてくることを認識しているが、同時に彼らの道徳的判断をみずからの決定論的確信とどのように調停できるのか、この困難をも自覚しているのだ。

個々のプロレタリア指導者の社会哲学は、彼自身の経験からというよりは、労働者階級の経験と緊急のニーズを想像力を用いて理解することから生じたものである。こうした観点からして、指導者個人の社会哲学が、より恵まれない労働者の経験ではなく、より恵まれた労働者の経験から派生する理論を批判する点でもちろん正当化される。彼は想像上、最も恵まれない立場のプロレタリアートに同一化しているがゆえに、そうした同一化にまでいたらない人たちは、勇気か想像力のいずれかを欠いていると感じてしまう。興味深いことにレーニンは、正統派マルクス主義が労働者階級の経験の自然の所産であると主張するほどまでには、彼の決定論は十分に一貫してはいなかった。彼の信念によれば、労働者は助力なしには適切な社会哲学を入念に作り上げることは不可能とされた。彼は以下のように叙述している。

すべての国の歴史が実証しているのは、労働者階級がただ労働組合員としての意識、つまり、雇用者と闘うためには、労働者に有利な法律の制定などを要求し、労働組合への結集が必要となるといった確信を進展させることだけだということである。社会主義の教理は、所有者階級に属する教養のあるメンバーたち、つまりインテリゲンチャ［知識人］たちによって入念に作り上げられた、哲学的および歴史的諸理論から発展したものである。マルクスとエンゲルスをはじめとする今日の科学的社会主義の創設者たちは、ブルジョア的インテリゲンチャに属していた(5)。

労働者の経験を正しく取り扱う理論が展開されるためには、労働者の実際の経験には視野が欠けているので、教育を受けた人間の優れた歴史的視野が付け加えられなければならないという考え方は、純然たる決定論に対する興味深い修正である。そのことは、レーニンがより純然たる決定論者たちが陥る多くの誤謬を回避するのを可能にした。マルクス主義とプロレタリア主義が持つ道徳に対するシニシズムは、政治の分野におけるすべての倫理的偽装や倫理的達成を低く見積もるものであるが、それは民主主義国家の評価においてとくに明白なものとなる。真のプロレタリアは、民主主義国家について、労働者を抑圧するためのブルジョアジーの道具と見なしている。この点に関する彼らの完全なシニシズムは、中産階級の世界において今日、政治的デモクラシーの達成に関して流布しているセンチメンタルな過大評価に対して著しい反命題となっている。レーニンは次のように主張した。

要約すれば、(中産階級民主主義の)これらの制約は、貧窮者を政治からそして民主主義への積極的な参加から排除し追い出すのである。マルクスは、コミューン[評議会]の経験の分析において、被抑圧者は、数年に一度、抑圧者階級の特定のどの代表が政治において彼らを代表しかつ抑圧するかを決めるのを許されるといっているが、そこで彼は資本主義的民主主義の本質をみごとに捉えていたのであった。(6)

近代的デモクラシーにおいて所有者階級がもつ権力、彼らが立法行為に下す指図、彼らを利するかたちで曖昧な法を不変に解釈すること、彼らの目的に沿った法のごまかしといったことを偏見なしに分析すれば、共産主義のこうした論難に答えるのは容易ではないことが分かる。レーニンの格言は次のようなものである。「資本主義社会における自由はつねに、せいぜい古代ギリシアの共和国における自由、つまり、奴隷所有者たちにとっての自由と大差ないものにとどまっている。」この格言に応じるとしても、ただその一部を修正することぐらいのものとなろう。この命題に対する最も重要な修正は、現在の資本主義社会を平和的に変容させるために民主主義の装置の使用を希望するプロレタリア的世界の一部によってなされてきた。そのような希望が正当かどうかは別として、われわれの直近の考察にとっては、そうした希望もまた、より悲惨なプロレタリアではなく、より恵まれた立場に置かれたプロレタリアの経済的および政治的経験から派生してきたという点を記述しておくのは重要である。より正統派のマルクス主義の見解では、国家は純粋に抑圧の道具でしかない。そして労働者の救済には、国家の消滅が必要である。国家に関する正統派マルクス主義のこの見方は、トマス・ペインの次のような確信と類似したものであった。「社会はわれわれの欲求の産物であり、政府はわれわれの邪悪さの産物である。」

民主主義国家へのシニカルな評価は、ナショナリズムと愛国主義についても同様である。真のプロレタリアは、愛国的忠誠心を完全に失っている。彼は、国民を強く結合させている感情や忠誠心の全体系の外部に立っている。ここでもふたたび、共産主義理論や正統派マルクス主義は、たんに学術的で反ナショナリズム的な理論というわけではない。それは、現実のプロレタリア、真の無産労働者の経験と合致している。国民は恵まれた市民には物質的かつ文化的利益を付与しているが、そうした労働者はそれを奪い取られてしまっている。愛国主義の感情はきわめて強いものである。それゆえに、もし仮に労働者が経験する社会的不正義がそれほど耐えられないものではなく、また国民の文化的伝統のほんの一部であっても労働者に受け継がれていると想定してみよう。もしそうであれば、労働者は、中産階級に比べてより不承不承であったとしても、国民の訴えかけに応じることになるであろう。

戦時下のプロレタリア階級とそのディレンマ

第一次世界大戦中の議会主義の立場に立つ社会主義政党の態度は、この点で示唆に富む。戦争が始まる前はそれらの政党は、例外なく反軍事主義的であり、平和主義的であった。彼らは、戦争を不可避なものとする軍事費予算の増額に反対していた。しかし、最終的にはこれらの政党も戦争へと取り込まれていった。レーニンや他の共産主義的批判者たちは、彼らの変節を嘲笑しただろうし、それを彼らの指導者たちの野心と不誠実のせいにしたであろう。しかし、この事実に関するこのような道徳的説明は、批判者の決定論的前提と矛盾を来すだけでなく、底流にある種々の要因に関する分析としても不適切であった。国家が労働者の財産の相続の可能性を完全には剝奪していない場合には、国家は彼らの忠誠心に依拠することが可能なのである。その忠誠心は、中産階級のそれよりもややためらいがちなものであったろう。しかし、全体として国家の軍事的企図の真意を考えると、彼らの忠誠心は国家が受けるに値する以上により大きなものだっただろう。国家の言い分を割り引いて聞けるのは、ひとえに知識人の間でも最も洞察力のある知性によってだが、さらには労働者たちの間では国家の貪欲さと残忍さに関して最も手痛い経験を有する人たちに限定される。

第一次世界大戦中のレーニンの妥協するところのない反愛国主義は、ロシアのプロレタリアートの間に共感をもって受け止められた。なぜなら、当時のロシアでは徹底的かつ明白なかたちで収奪されていたからである。そして国家の支配装置は、あまりにもあからさまに無能で腐敗していた。それゆえに、たとえ幻滅した労働者であっても、みずからの機能をどうにかして維持しようと努める政府には通常は敬意を払うものだが、国家はそれさえ要求することができなかった。

他方、ヨーロッパにおいては、労働者の愛国的熱情は、破壊されはしなかったが、大幅に削がれてしまっていた。ドイツの君主制が敗北の瀬戸際に追い込まれた時ですら、ドイツの労働者は、反君主制と反愛国主義とを区別していた。各国のナショナリストは、社会主義的労働者と共産主義的労働者を区別することなく、彼らを反逆罪のかどで非難した。そしてドイツのナショナリストは、社会主義者がもし「背中から刺す」ことがなかったならば、ドイツが戦争に勝っただろうと依然として信じようとした。しかし、社会主義者に関していえば、彼らへのこうした非難は、本来もつべき事実上の根拠を欠いていた。近代の労働者は、自分たちが苦難を受けている社会的不正義の度合いにほぼ比例して、みずからの愛国主義を捨て去ってきた。ひとえに国家があまりにも明白な仕方で文化的継承と経済的利益の枠組みから労働者を排除した限りにおいて、彼らは国家を拒否した。すべての労働者は、将来の戦争では過去の戦争よりも、洗練された見解をもつであろうことは、当然視できるだろう。人々の知性が増すと、完全な収奪という直接的経験がなくとも、労働者の幻滅を誘うかもしれない。しかし、労働者の間での反ナショナリズムの程度は、つねに幾分かは彼らが受ける社会的不正義の度合いによるのである。

階級への忠誠心を利他主義の最高度の形態に押し上げることは、国民への忠誠心の破壊にともなう一つの自然の結果である。社会主義であれ、共産主義であれ、プロレタリア労働者たちは、一般的に階級への忠誠を彼らの忠誠意識の枠組みにおいて最高の要請であると受け止めている。階級への忠誠が彼らにとって唯一の忠誠であるのか、あるいはいくつかあるうちでただ最高のものであるということなのか、さらに彼らは階級を絶対的意味において構想し、一種の力強く潜在的で過度な単純化によって社会生活の複雑さのすべてを克服できるものであるのか。これらの問いもまた、社会が彼らをどの程度まで排除するのかに依拠している。

先の議論でわれわれは、国民が十分な自己意識に到達するのは、ひとりそれがとくに生き生きとした論争によって他の諸国と対峙する時においてだということを叙述した。階級もまた、同じ仕方で自己意識へと到達する。階級は他の階級と抗争関係にあると感じれば感じるほど、ますます明確な自己意識を取得するのである。闘争中のプロレタリア階級は、それが国民の構造のなかで他の諸階級と共有しているかもしれない共通利害を評価できなくなるであろう。さらにプロレタリア階級は、事実によって立証される以上に絶対的なかたちで階級間の利害対立を解釈しがちになる。このような過剰な単純化は、国内向けであれ、国外向けであれ、対立の情念によって不可避とされる種類のものである。それはまた、特権階級のセンチメンタルで不誠実な態度に対する自然でシニカルな反動でもある。というのも、特権階級は、諸階級が共有する最小限の利益を繰り返し強調することによって、階級間の利害対立を曖昧にする努力を怠らないからである。ジョン・スチュアート・ミルによって「善人ぶった道徳性」として記述されたものへのこうしたシニカルな反動は、国民的共同体内部におけるすべての階級間の利益の相互性をロマン主義的にまた愛国主義的に記述するのと少なくとも同じくらい真理に近いといえよう。ミルは、次のように主張した。

ビジネスが繁栄し、労働と資本への見返りが大きくなるというのは、労働者と雇用者の双方の利益である。両者はその分配に関して同じ利益を共有していると言うのは、儲けの合計が労働者に帰属しようが、雇用者に帰属しようが、各人の利益に関しては同じだと言うようなものである。

マルクス主義と価値の転換の論理――黙示録的ヴィジョン

最も重要な忠誠を捧げる対象の共同体として階級を持ち上げることは、プロレタリアが普遍的価値を自分たちの階級に帰することで正当化される。彼らは、みずからの個別的価値の普遍化を試みることでは特権階級と異なることはない。それは、彼らが人間精神にとって内的かつ理性的で道徳的な緊急の必要性に支払う当然の代価なのである。プロレタリアにとって彼らの階級は、たんなる一つの階級ではない。それは、歴史によって階級なき社会を実在するものへと招き入れるように運命づけられたものである。カール・マルクスは、次のように主張している。

プロレタリアートが従来の世界秩序の解体を告知したとしても、それはただ自分自身のあり方の秘密を表明しているだけである。なぜなら、プロレタリアートはこの世界秩序の事実上の解体だからである。プロレタリアートが私有財産の否定を要求したとしても、それはただ、社会がプロレタリアートの原理にまで高めたものを、すなわち、プロレタリアートが手を加えるまでもなくすでに社会の否定的帰結としてプロレタリアートのなかで具現されているものを、社会の原理にまで高めているにすぎない。(7)

マルクスのこの教理のなかには、何かむしろ壮大なものがある。それは教理以上のものである。それは、プロレタリアの運命に関する一つの劇的な、またある程度は宗教的な解釈である。マルクスの本当の重要性は、マルクスの経済学というよりは、むしろこうした彼の洞察のなかにこそ見いだされるにちがいない。彼の経済学的な労働価値説は不可能な目論見であるのかもしれないが、こうした価値の転換の試みは雄大な企てであるといえよう。プロレタリアの最下等の地位が彼の究極の高挙《こうきょ》の原因となり、彼の社会的敗北という惨状そのもののなかに彼の終極的勝利の前触れを見いだし、さらにすべての財産の喪失のなかに誰もが財産上の特権をもたない文明の未来を見いだしている。これらの論点は、偉大なドラマや古典的宗教の様式と同様に、敗北から勝利をつかみ取ることを意味している。

ニーチェは、キリスト教を奴隷の反乱と見なすことができた。彼はキリスト教の柔和さと赦しの道徳のなかに、道徳的理想をみずからに課すことで弱者が強者に対して行う復讐を見ることができた。つまり、身分の低い者がその道徳的理想によって聖化され、強者の伝統的徳性から道徳的意義を剝ぎ取ることが試みられたと見たのである。マルクス主義は、もう一つのタイプの奴隷の反乱であった。それが高めたのは、身分の低い者の徳性ではなく、彼らの地位であった。これら近代の奴隷たちもまた、価値の転換に参与していた。地を受け嗣ぐ約束を与えられているのは、柔和な者ではなく、弱い者であった。キリスト信徒の貧しい者は、霊＝精神的な力によって究極において柔和さに強さが与えられるのを希望していたとすれば、これらの近代的な弱者の方は、歴史的な「物質的」諸力によって自動的に強者からその強さが剝奪され、その強さは弱者に与えられると信じていたといえよう。

近代的生活のあらゆる悲劇と約束は、これらの希望の違いに示されている。それは、近代的人間が道徳的力への信頼を喪失していることを示している限りにおいて悲劇的な違いである。それはまた、権力闘争の残虐性が人類の集合的歴史にとって基本的なものであることを認識する限りにおいて有益な違いでもある。もしその非道徳主義と無制限の決定論に行きすぎや突飛さがあるとすれば、それらは科学技術文明の非道徳的メカニズムが生み出す害毒と見なすことができるかもしれない。同時にそれらはまた、近代社会がその残虐性を隠蔽している偽善の毒素への必要な解毒剤として評価されるに違いない。産業のメカニズムは本能によって動き、理性と良心の規準を拒否するが、それによって、その残虐さに最も苦しむ人々を決定論者へと作り変えるのだ。事実を変更せずに道徳的偽装によって残虐性を隠蔽しようと試みる文化は、それらの事実を認識する人々をシニック(冷笑家)に作り変える。そのような文明の精神的犠牲者でありつつも同時に道徳的救済者でもあるプロレタリアが、やがてますます犠牲者になっていくのか、それとも次第に救済者になっていくのかは、それはただ歴史のみが決定するであろう。

あらゆる歴史は人間の個性と非人間的運命との闘争であるがゆえに、さらにこれらの二つのうちいずれが特定の瞬間により大きな潜在力をもつのかは誰にも分からないがゆえに、どちらか一方の完全な勝利の枠組みで未来を読解する歴史哲学には、すべて何か強引な面がある。真のキリスト者の終末論では、徳性はそれ自身の力によって、あるいは神の恩寵によって与えられる強さによって究極的な勝利を得るだろうとされる。真のマルクス主義者の終末論においては、人間の歴史において容赦のない論理によって稼働する経済的諸力を通じて弱さが強さへと転換されるがゆえに、正義の樹立がなされるとされる。マルクス主義者は、歴史哲学だけでなく、歴史科学すら持っていると考えている。彼が保持しているのは、実際には黙示録的ヴィジョンである。未来への信頼にたる予言は、決してそれ以上ではない。マルクス主義者において政治的希望は、合理的に証明しうる可能性の限界を飛び越えることで、宗教的特徴を帯びるのである。

それはちょうど、真のキリスト者の魂において道徳的希望が宗教的証明を獲得するのと同様である。柔和な者や弱い者が地を受け嗣ぐことを期待すること、すなわち、無産者が彼らの道徳的資質の徳性のゆえに、あるいは彼らのまさしく無産であることのゆえに勝利することを期待することには、何か崇高なものと滑稽なものとが同居している。それにもかかわらず、どちらの期待にも真理の要素がある。というのも、歴史においては、道徳的にせよ政治的にせよ、権力者を彼らの椅子から追い払うのにつながる傾向性がみられるからである。権力者の政治的敗北は、彼らの道徳的敗北よりも歴史的にはより立証可能であり、またおそらく社会的にはより重要である。それゆえに、マルクス主義者の宗教的政治的な夢には、キリスト者の宗教的倫理的な夢に欠如している直接的な意義がある。両者はともに絶対的なものの実現を期待するがゆえに、そこには共通の宗教的要素がある。しかし、政治的理想は、純粋に倫理的理想よりも歴史的実現を可能としている。それゆえに、マルクス主義の夢は歴史とのつながりがより深く、その分だけ宗教性が薄い。古典的宗教の場合、歴史において純粋な理想を実現することは、実際に期待されてはいるが、それがあまりに純粋であるがゆえに、完全な形で実現することは不可能である。それゆえに、古典的宗教においては超歴史的要素が、長期的には優勢になるのである。

モラリストがマルクス主義の階級に対する高い評価のなかに不道徳的要素を見抜くのは、困難なことではない。マルクス主義は、自己中心主義と復讐心の二つの点で非難されている。自己中心主義は、現代的状況では挫折した自我の埋め合わせであることが、ますます明白になっている。階級はその人間的意味と重要性が目前の状況で破壊されると、自分たち自身を歴史の将来に向けて最も重要な階級であるとして宣言するのである。これは、一つの階級の神格化へと導き、それが常識を逸脱した神秘的な度合いまで達することもあろう。だが、それは反面、主観的な面からは現在の社会的劣位に対する一つの理解可能な反動でもあり、客観的に考えれば、社会の再建という課題におけるプロレタリア階級の戦略的重要性によって正当化されるであろう。一つの文明の真の性格について、その限界のゆえに最も苦しんでいる人たち以上に、よりよく理解できる人はいるのであろうか。また自分たち自身の生活において旧来の社会的現実の破綻を経験した人たち以上に、社会の理想について最も明白な表現でより適切に述べることができる人はいるのであろうか。さらにまた、自分たちの生活において飢餓、復讐、聖なる夢が混じり合って大嵐のような激情をたぎらせている人たち以上に、古いものを打破し、新しいものを建設するための創造的活力を保持している人はいるのであろうか。

復讐心の要素は、それが激烈で死活的なものである限りにおいて、それが危険なものであることは言うまでもない。それは、きわめて破壊的な社会的帰結にいたるかもしれない。現代のロシア人たちは、支配階級の生き残りの人たちを追跡している。彼らは、容赦ない復讐心をもって自分たちの代々にわたる敵と見なしているのだ。復讐は過去を一掃する必要があるという名目の下で正当化された。だが、その復讐は残虐性によって人々の良心を踏みにじっただけでなく、しばしば新しい社会の秩序立った制度化を妨げている。近年、スターリンは、熟達した技術者やエキスパート——彼らは心理的に旧秩序に属しているという嫌疑をかけられていた——を狙い撃ちにした力と恐怖の政策を停止せざるをえなかった。これは幾多の経験によって彼が、新秩序の敵たちを「粛清」するという政策には限界があることを学んだ結果だった。いかなる共同体といえども、それが階級であれ、国民であれ、それ自身の外部にあるものすべてを破壊することによって、社会を建設することはできない。共同体は最終的には社会の複雑さに対応しなければならず、またその敵たちを破壊するよりも、むしろ彼らを協働へと招き寄せることを望まざるをえず、あるいは強制力によって勝ち得た忠誠心は疑わしいものでしかないことを確信する必要があるのだ。

愛国主義者やナショナリストのなかには、階級を高く評価することをたんに国家への忠誠と対立するという理由で、非道徳的であるとして非難する人たちもいる。しかし、それは重大な道徳的問題を提起するものではない。彼らの非難は、理性というよりはむしろ偏見や伝統的感傷に基づくものだからである。というのは、「国民のような」領土的共同体のなかに、［階級のような］機能上の共同体よりも、固有の不可侵な価値があるわけではないからである。さらにまた、みずからの利害を越えた価値を実体化していると自称する国民の要求も、理想のコモンウェルスを夢見る一階級の利益よりも善なるものというわけでもないからである。プロレタリア階級の主張には理性的な正統性があるが、もちろんそのことは必ずしも国民に対して期待するような完全な勝利を保証するものではない。国家がプロレタリアを全面的に無産化する状況でない場合は、彼らはある程度の国民への忠誠によって自分たちの階級への忠誠を制限し、彼らの使命を国民の再生を目指すものとして解釈する傾向にある。彼らは、自分たち自身を国民の外部に立脚している共同体としてよりもむしろ、国民内部における一つの救済的共同体として理解する。こうして彼らは、どの階級に属するかは度外視して、国民的共同体の危機を理解するすべての人たちに呼びかけて、彼らと共通の主義主張を行おうと試みる。これは、とくにイギリスの社会主義においてみられる傾向である(8)。このタイプの社会主義がはたして国民感情のためにあまりに多くのことを犠牲にし、あまりに時期尚早にみずからの立場を犠牲にしているのではないかということは、私たちが後に考慮しなければならない問題である。

労働者階級のシニシズムと平等主義

労働者の道徳に対するシニシズムは、それ自体、ブルジョア文化と政治のすべての道徳的偽装に疑念をはさみ、道徳的説得や政治的圧力といった手段ですら、新しい社会の創造には不適切なものとして拒否する点に示されている。しかし同時に、その道徳的シニシズムは、逆説的ではあるが、彼らの社会的倫理的理想の持つ妥協を受けつけない性格によって和らげられている。プロレタリアは厳格な平等主義者である。彼らの階級の勝利によって、階級なき社会の導入が可能となる。もし仮に彼らの平等主義があまりにも絶対的であるがゆえに、複雑な社会のニーズと人間本性の弱点に十分に対応できないと想定してみよう。もしそうであったとしても、彼らの平等主義には、すべての不平等の疑わしい正当化に対する健全で必要な解毒剤となっているという利点が少なくともある。人間思想の歴史はこうした不平等の偽りの正当化に満ちあふれている。さらにプロレタリアの平等主義は、つねに社会の究極的で理に適った理想として見なされなければならない社会目標を投射するという利点がある。ホブハウスは、次のように主張している。

調和の計画を構築する際には調和を可能にするあらゆる人間と機能が、平等に考慮されなければならない。その意味で、平等は正義の根底に置かれている。……そこからは、もし仮に根拠のある差異がないのであれば、一人の人が要求するであろう善は万人が要求するであろうということが自然に導かれる。そして差異の唯一の究極的な根拠は、全体としての調和を機能させる体系が要請する要件なのである。(9)

このように理に適った受容可能なかたちで述べられた平等の原理は、一貫したマルクス主義者であればどうしても許容できないいくつかの機能上の不平等を容認することになるだろう。しかし、現在の経済システムが許容する不平等のほとんどは、この原理によって確実に除去されることになるであろう。マルクス主義的平等主義があまりにも厳密な仕方で述べられているとすれば、力強い倫理的理想主義がつねに生み出すものである宗教的含蓄のせいであろう。「各人はその能力に応じて働き、各人はその必要に応じて受けとる」というのは、まさに一つの理想である。だが、それはキリスト教の愛の理想と同様に、社会の複雑性を加味すると、首尾一貫した適用が不可能な理想でもある。しかし、それは理性的な社会がそれに向かって進まなければならない理想であり、上述の言葉の宗教的含蓄は理想の希薄化を回避する保証として見なされるかもしれない。社会の再組織化によって、人間本性が十分に改変され、理想への接近が可能になるのかどうかは、ひとえに歴史のみが答えることのできる問いである。この問いについては、マルクス主義の熱狂主義者が自信に満ちた仕方で肯定的に答えるようには、冷徹な理性が答えられないのは明らかである。

平等主義的理想が純粋な倫理的想像力から派生するのではなく、プロレタリア的生活の特殊な状況の帰結であるという事実があるからといって、それが究極的な社会理想であるという妥当性を損なうものではない。プロレタリアがそれほど厳格な平等主義者であるのかどうかというのは、一つの問いである。というのも、その平等主義の理由が、彼らが不平等からそれほど大きな苦難を受けていることに由来するのか、あるいはプロレタリア階級の制約内ではあるが、彼らが平等を強制されたことに由来するのか、分からないからである。両方の要素が、このような理想の形成のなかに入ってくるであろう。ヘンときおり社会の理想は、人々が生きている社会の現実の裏返しであることがある。ヘンリック・イプセンの観察によれば、自由を最も情熱的に愛したのはツァーリ支配の独裁から苦難を受けたロシア人たちであった。これと同じように、不平等から最も苦難を受けているプロレタリアは、その反動で彼らの平等主義に自然に到達したのかもしれない。あるいは、ド・マンが提示するように、羨望の要素が彼らの動機づけに入り込んでいるのかもしれない。[10] さらにまた、労働者階級が強いられている生活条件の平等のゆえに、あるいは労働者たちの間で得られる生活水準の差が取るに足らないものであることのゆえに、彼らがこうした身分の徳性を社会全体に授けるように促されることもあるだろう。(そして同時に、彼らは社会全体がこうした不利な状況から苦難を経験することを無意識のうちに願うように促されるのかもしれない。)

プロレタリア的理想主義のなかに複数のどのような動機づけが混じり込んでいるにせよ、その社会的妥当性は、これらを考慮に入れても、妨げられることはない。さらに、純粋な道徳的理想主義、さらには正義の社会を熱烈に希求することが、労働者階級の社会的見解の一つの重要な要素であることは、否定されることはありえない。どの時代の無産者階級も、正義の社会を夢見てきた。近代のプロレタリアは、自分たち自身を他の時代の恵まれない階級から区別してきた。その理由は、ひとえに彼らのヴィジョンが方向性において、明らかに宗教性が薄く、より明白に政治的であるからだった。

この夢に倫理的性質があることは、マルクス主義者があまりにも道徳的シニシズムに陥っているので、それを喜んで容認しない場合でさえ、肯定されなければならない。初期のマルクス主義者たちの間では、ヴィルヘルム・リープクネヒトが、社会主義の目標の倫理的性質を否定する点ではきわめて明確だった。彼は次のように主張した。

貧困への同情、平等と自由への熱心、社会的不正義の認識とそれを除去しようとする欲求、これらは社会主義ではない。われわれがキリスト教と他の諸宗教のなかに見いだす富への非難と貧困への敬意は、社会主義ではない。……現代の社会主義は、資本主義社会とその階級対立の子どもである。それらがなければ、社会主義は存在しえなかったのである。

階級闘争を純粋に非道徳的な枠組みで解釈しようとするこういった努力は、社会主義思想に一貫して流れている特徴ではあるが、それは些細なものである。その特徴は、正義の社会の約束、すなわち、プロレタリアがたいへんな熱意と宗教的感情をもって信じている約束によって、否定されている。階級なき世界のヴィジョンは、プロレタリア階級の勝利の夢に道徳的な尊厳を与えている。そのヴィジョンによってプロレタリアは、部分的なものや相対的なものを回避し、普遍性の価値を自分たちの努力に帯びさせるのである。もし彼らの階級が救済された世界に対してなしうる寄与を評価することのなかに宗教的幻想の要素があるとすれば、その誤まりは主として過度な強調という点である。社会にはプロレタリア的精神性の救済力に加えて、他のさまざまな救済力が存在している。自分自身の苦難によって明確にされた視点のほかにも、状況を明白に理解できる視点もある。そしてプロレタリアの苦渋に満ちた個人的経験によって要塞のように強固にされた決然たる意志があり、そのほかにも別の断固たる意志もある。だが、みずから個人的に経験しないことをも理解できるのは少数の人たちだけであり、そうした多様な意志は人間の想像力の限界によって弱められているのである。

プロレタリア的理想主義とリアリズム

プロレタリアによる普遍性への主張のなかにみられる幻想の要素は、たしかに国民と特権階級の類似した主張と比べれば、もちろん多くはなく、おそらくかなり少ないであろう。さらにプロレタリアの意識的な不誠実や欺瞞はもっと少ない。というのは、彼らは、他の人たちと共有しようとしない利益を自分たち自身のために求めるということはないからである。仮にプロレタリアがみずから守るべき特定の利益をもっていないという事実によって、この誠実さという徳性が彼らに押しつけられてきたと想定してみよう。そうであるならば、その徳性は誘惑に打ち勝った徳性ほどは純粋ではないかもしれない。だがそれでも、その道徳的性質を剝奪されるわけではないということを、記憶にとどめておくことはよいことであろう。イエスが貧しい人たちに与えた祝福、そして富に対して語った警告は、富があまりに大きすぎて克服しがたい誘惑であることを認識していれば、正しいものとされる。そうした誘惑から逃れる唯一の道は、意図するにせよしないにせよ、貧しさにある。特権はすべての人を不誠実にしてしまう。最も純粋な良心と最も明断な精神でさえ、みずからの特権と道徳的正当化を証明しようとする欲望によって堕落してしまう。中産階級の世界の偏見を明確に示すものとして、プロレタリアの切望する純然たる道徳性を認識しようとしない姿勢以上のものはない。中産階級の世界は、小さな徳性と大きな悪徳に浸りきってしまっているので、反乱を企てる労働者の道徳性について本当の理解を得ることができないでいる。だが、偏見なしの観察者は、ラスキと共に彼の以下の言葉を容認せざるをえなくなる。つまり、「共産主義が前進したのは、そのリアリズムによってではなく、その理想主義によってであり、その物質主義的展望によってではなく、その精神的な約束によってである(11)」。

理想主義は純粋である一方で、それにもかかわらず同時につねにリアリズムとの交錯を探究し、深めていくわけだが、その結果、理想主義には、社会生活における道徳的および理性的要因をすっかり軽視してしまう危険がある。正義と平等という他の夢もあった。マルクス主義的な夢の明白な特徴は、旧来の権力の打破がみずからの権力獲得の前提条件と見なされている点である。平等が樹立されるのは、ひとえに生産手段の社会化を通じてのみ可能であり、それはつまり、私有財産が社会権力であるところではどこでも、私有財産の破壊を通じてもたらされると考えられている。

マルクス主義者はときおり、権力を破壊しそれを統制下に置く社会的理性を低く評価することで、過度にシニシズムに陥る傾向を示すことがある。その場合にマルクス主義者は、社会における権力の不均衡が社会的不正義の実際のルーツであることを主張することで、シニカルというよりはむしろリアリズムを示している。われわれはすでに、社会的特権が権力と結びつくのがいかに不可避であるのか、さらにいかに生産手段の所有が近代社会における主要な権力であるのかを見てきた。そのような事実を明白に認識することこそ、マルクス主義思想が社会生活の問題に寄与した最も偉大な倫理的貢献にほかならない。時としてマルクス主義思想は、複雑化した社会が、政治的であれ経済的であれ、権力を危険なほどにつねに集権化するという事実を、十分な明晰さをもって認識していない場合がある。そして経済権力の凝固化は、用心深く強力な国家が経済権力に対して政治権力を代替させることによってのみ防止することができるという事実も十分に認識していないことがある。そのような代替の主たる利点は、そうした特権が政治権力に不可避的で付随的な要素ではなく、ただ一つのありうる要素でしかないということにある。そして政治権力は、経済権力のようには相続によって容易に継承されるものではないという事実も十分に認識していないことがある。誰もが権力の利己的使用を望まなくなる程度に経済的特権を破壊することで人間本性の変化を期待するのは、おそらくロマン主義的幻想のカテゴリーに位置づけられるに違いない。この問題については後にさらに述べることにしよう。

権力が社会に存続する限り、人類はそれを保持する人たちに最大限の倫理的な自己統制をもたせる必要性から決して逃れることはないであろう。しかし、そのことは、権力を最小限に縮減し、なおも残ってしまう権力を最高度の社会的統制の下に置く必要、さらには社会的統制への従属が最も困難なタイプの権力を破壊する必要を取り除くものではない。というのは、権力が巨大化した場合、その使用に対する十分な内的抑制を加えるほど強力な倫理的力は存在しないからである。ジェイムズ・マディソンは次のように主張する。「権力を保持するすべての人々を信用すべきではないというのは、真理である(12)」。われわれがすでに見たように、諸国民の歴史は、そうした観察が真理であることに証明を与えている。その妥当性を認識しないことが、モラリストたちに繰り返し見られる誤謬である。こうして彼らは正義を夢見ているが、不正義の原因を取り除くことによって正義を達成するいかなる政治的プログラムをも保持していない。

マルクス主義的プロレタリアは、ひとりこの問題を完全な明白さをもって理解していた。たとえ彼らが自分たちの目的を実現するための手段を選ぶ際に間違えたとしても、彼らは社会が目指さねばらならない理性的な目標、つまり平等的正義の目標を示す点においても、または正義の経済的基礎を理解している点においても間違ってはいなかった。たとえ手段の選択におけるシニシズムが時に彼らの不作為の基盤になっているとしても、倫理的理想を政治的および経済的方法によって実現しようとするリアリズムは、彼らが社会的意義をもつ理由となっている。

このマルクス主義的プロレタリアのみが、自分たちの社会的目標の提示においてのみならず、その達成の緊急性を主張することにおいても適切だった。安楽に暮らしている諸階級は、社会の自動的進歩を夢見続けているかもしれない。それらの階級は、社会的不正義から苦難を受けることは少なく、それゆえに社会生活にそれが及ぼす危険を十分に認識できていない。プロレタリアのみが、いかに近代社会において権力と特権の集権化があまりにも急速に進行している事実、それゆえに個々人の良心を踏みにじるだけでなく、社会の基礎そのものを破壊してしまっている事実を理解している。彼らは各国内部の不平等のゆえに、いかに他の諸国との関係において各国ができるだけ相互性を失わせるのかを理解している。各国は、商品を生産して収益を得るために他国に市場を求めるものの、大衆が消費しきれない多量の商品の生産から収益を得るために、市場を他国に与えず、独占しようとするのだ。(13)

プロレタリアは、国際的行動のこうした相互性の欠如が戦争をどんなに不可避にするのかだけでなく、最終的にはその直接の目的を達成することさえも不可能にしてしまうのかを理解している。それは国際的な不景気に帰結する。どの国にも商品はあふれているのに、分配の不平等によって大衆は商品を消費できなくなってしまう。プロレタリアが他の階級よりもこの問題をより明白に理解しているのは、自分たちが失業者の地位に立たされているからである。そしてたとえ彼らが雇用されているとしても、いかに労働の過剰が彼の労働を安価にし、以前にもまして彼らの生活水準を危機に陥れることになるのかを知っている。他の人々もこれらの事実を理解しているかもしれないが、自分たち自身の生活においてこの影響を経験している人たち以上に、そうした事実を身に染みて理解している者はいない。このようなわけで、近代社会の大惨事を予告している(そして実際にこの破局を引き起こす道具になるかもしれない)のはプロレタリアなのであり、彼らは潜在的に社会の最大の救済力になりうる存在でもある。彼らが依然として社会を大惨事から救いたいと希望するのか、または完全にみずから破局的になり、大惨事の後にのみ救済を期待するようになるのか、それは主として彼らの苦難の程度によるであろう。それゆえに、われわれは必ずしも、プロレタリアの歴史的予言にしても政治的戦略にしても、いずれをも権威あるものと見なす必要はない。

プロレタリアは自分たちのために絶対的真理を主張するが、すべての確信がそうであるように、彼らもまた特殊な状況に条件づけられている。もし安楽に暮らしている人々があまりに自己満足的だとしたら、それゆえに彼らはすべての関連する事実を見ることができない。他方でプロレタリアは、あまりにも絶望的なので、すべての関連する事実を認識することができないのである。たしかにプロレタリアは、他の集団よりも完全に近代文明の外部に立っているので、彼らの展望は他のいかなる集団のそれよりも比較的に適切なものといえよう。しかし、彼らは外部に立っているので、社会において考慮に入れねばならないいくつかの理性的で救済的な力を見失うことになるかもしれない。われわれがたとえ彼らの社会的ヴィジョンを社会の正統な目標として受け入れるとしても、それにもかかわらず、その目標達成のための手段に関しては批判的判断力をもって吟味検討しなければならない。社会は前進するだけでなく、生き残りをかけてさらに大きな平等を必要としている。そして不平等の基盤は、社会における権力の不均等にある。平等的正義の目標を認識し、現今の不正義のルーツを分析することにおいては、プロレタリアの見方は適切である。しかし、はたして彼らが使用しようとしている手段は、彼らが考えるように、唯一の可能な手段であるのかどうか、あるいはまたそれらは知的でリアリズムに基づく社会が構想できる最も有効な手段であるのかどうかは、別問題である。

マルクス主義のなかに絶対的に権威的な歴史哲学を保持しており、また同様に社会変革に関しても絶対的で妥当な技法を保持しているというプロレタリア自身の信条は、科学的真理というよりは、むしろ宗教的な過信(overbeliefs)のカテゴリーに位置づけられる必要がある。革命の不可避性と暴力の有効性への彼らの信念は、真理の一面を含むかもしれない。しかし、そのなかの真理は、彼らが想像するように、確証的なものでも無条件なものでもないであろう。それは、注意深い分析に従わせる必要がある。そうした分析は、必ずと言ってよいほど、他の選択肢の考慮をも含意することになる。

社会が直面している問いは、いかにして現今の社会における悪を廃絶する公平な機会をもたらして社会的不正義を除去しうるのかということである。さらに問いは、現今の社会において価値あるものを破壊することなく、また廃棄される悪や不正義に代わって新たな悪や不正義が生じるリスクを排除しながら、いかにしてそれを進めるのかというものである。そうした問いは、プロレタリアが進んで考慮しようとしない二つの問題点を提起することになる。彼らの観点からは、近代社会には保存に値する善きものは何も存在しないとされている。彼らは気分においては、未来について思い悩もうともしない。プロレタリアには、すべての絶望的な人たちと同様に、未来についてはロマン主義的である余裕があるのだ。

第七章　革命による正義

第一次世界大戦後のカオスと諸問題

第一次世界大戦は、いくつかの幻滅させる結果をもたらした。たとえば、諸国民が戦争のいまわしい遺産として残された防衛のための財政負担から抜けだす試みの挫折、将来の紛争防止のために構築された平和機構があまりうまく機能していないという失敗、世界恐慌とそれが各国の数百万人にもおよぶ労働者にもたらした惨状と社会不安、そして最後にロシア革命の激的な成功である。これらすべての要因は、反抗的下層民の政治哲学としてこれまで軽蔑されていたものを、西洋世界の政治生活にとっての大きな希望であると同時に大きな危険へと作り変えていった。それはもはや、たんに先進的プロレタリアの政治的確信を表明するだけのものではなくなっている。一方で知識人たちは、こうした動きに対して、隠然たると公然たるとを問わず、共感を示してきた。だが、他方で企業家たちは、それを子どもを脅すお化けのように利用して、臆病な社会を怯えさせているとし、社会が性急かつ不機嫌で反抗的な労働界に対して大きな譲歩を与えないようにした。世界恐慌の広がりと深刻さのゆえに、プロレタリアの周辺の人たちも、破局主義(catastrophism)の気分を表明するようになっていった。たとえ彼らが破局の後に救済がもたらされるというプロレタリア的希望を共有しなかったとしても、少なくとも漸進的な社会変革の方法によって破局を回避する可能性を疑問視し、希望と恐怖のせめぎ合いのなかで革命を待つという方向に引かれていた。

中産階級の社会において、革命の予言に関しては大部分からの理解と共感がみられるにもかかわらず、革命の方法については嫌悪されたままである。暴力と革命は、ア・プリオリな論拠から社会変革を達成する許容可能な手段としてはふつう排除されている。中産階級と理性的なモラリストたちは、暴力への自然な嫌悪感を有しており、彼らの一般的なテーゼにおいてそれは正しいであろう。しかし、彼らは、暴力が本質的に非道徳であると仮定する点で間違っている。悪意志以外には何も本質的に非道徳なものはなく、善意志以外には何も本質的に道徳的なものはない。先にわれわれは、プロレタリアの動機づけについて吟味した。彼らは全面的に純粋というわけではないが、彼らの動機は集合的人間がふつうそうである程度には純粋である。そしてプロレタリアは、彼らが意のままにできない隠された強制力の手段によって特権を守る人たちの動機と比べれば、もちろん道徳性において劣っているわけではない。

人間の動機を判断するのはきわめて困難である。それゆえに、外部の観点から行為や政策の社会的帰結を検討することの方が、隠された動機を解明するよりも、その道徳性を見極める適切な試金石となるのは当然である。善い動機はその社会的目標によって判断される。動機はその目的として一般的福祉を有しているか、ということである。ある歴史的状況を見ようとすると、すべてのモラリストがプラグマティストになり、功利主義者になる。何らかの一般的な善、何らかの最高善、「最大多数の最大幸福」、あるいは「すべての生命力の最も包括的調和」などは、特定の行為に対する道徳的規準として提示されている。またそれぞれの行為は、究極的目標にそれがどのように関連づけられているのかという点から判断される。先にわれわれはマルクス的な政治の究極の目的を分析したが、その際、それが最も理に適った可能な社会目標、つまり、平等的正義という目標と同一視されていることを発見した。

動機と究極の目的の中間に位置づけられる手段や直接的な目的を選択することは、きわめてプラグマティックな問題を提起している。そのため、これらの問題は倫理的というよりは政治的であるといえよう。政治の領域とは、倫理的問題と技術的問題とが遭遇する不分明な領域である。ある政策が、もし道徳的に承認できる目的を達成するための有効な道具であることを立証できるならば、本質的に悪ではありえない。だが、その政策はまた、究極的に善い結果を目指しているように見えるだけなので、全面的に善きものであると言うこともできない。目前の結果は、究極的結果と比べることで測定されなければならない。生命の破壊や自由の抑圧は、道徳的価値の直接的な破壊に帰結している。こうした直接的な破壊によって達成することが期待される究極的善が、そうした犠牲を正当化するのかどうか、その回答には多くの考察が必要となる。たとえば、より究極的でより包括的な価値のために犠牲に供せられる直接的でより部分的な価値は、どれほど大きなものなのか。また、究極的価値の成就はどれほど確実なものなのか。暴力が平等を達成するということに何らかの確証はあるのか、またはそのようにして達成された平等が維持できるということに何らかの確実性はあるのか。これらは、おのずと提起される実際的な問いのいくつかである。それらの問いの重要性は疑いえない。だが、仮にいかなる社会政策も、たとえば暴力のように、本質的に非道徳的であると仮定されるならば、このいずれの問題も適切に取り扱うことは不可能になってしまう。

暴力と革命は本質的に非道徳的か

暴力と革命は本質的に非道徳的であるという仮定は、二つの誤謬に基づいている。第一の誤謬は次のような信念にある。それによれば、一方で暴力とは悪意志の自然的で不可避的な表現であり、他方で非暴力とは善意志の表現であるがゆえに、暴力は本質的に悪で、非暴力は本質的に善である。たしかにこうしたテーゼにはある程度の妥当性があり、もしくは少なくとも何らかのもっともらしさがあるが、もちろんそれが普遍的に妥当するわけではない。集団間の調和と正義を達成するためには、最も親密かつ想像力豊かな個人間の関係には不必要な一定の強制力が必要とされるというわれわれの仮定が正しいとしよう。もしそうであれば、上述のテーゼは、個人間の関係よりも集団間の関係においてはあまり妥当性がないといえよう。強制力の要素がつねに道徳的に危険であることはわれわれも許容するものの、いったんそれが倫理的に正当化されることを容認するならば、暴力的な強制力と非暴力的な強制力との間に絶対的な境界線を引くことは不可能となる。暴力の直接的帰結は、暴力行使によって正当化される究極の目的を破壊してしまうことだ、とわれわれは議論するかもしれない。だが、それが真実であるとしても、もちろん自明ではない。それゆえに暴力をア・プリオリな論拠に基づいて排除することはできない。もし暴力の直接的帰結が、ふつう想定されるように、非暴力のもたらす直接的結果から明瞭に区別するのは不可能であると考えるならば、暴力を先験的に排除することはますます困難になる。両者の間には、たとえ注意深く比較考量されねばならない重要な区別がそこにありうるとしても、絶対的な相違はない。ガンディーによるイギリス製の綿布のボイコット運動は、マンチェスターの子どもたちの栄養不良を招き、第一次大戦中の連合軍の封鎖は、ドイツの子どもたちの死をもたらした。一つの集団に強制を加える際に、罪責のある人たちと共に無辜《むこ》の人たちの生命と財産を危機に陥れることなく、また彼らの利益を脅かすことなくそれを遂行するのは不可能である。これらの要素が、集団関係の複雑さには含まれている。そしてそれらはまた、個人関係の倫理を集団間の関係の分野に無批判に導入してしまうことを不可能にしている。

暴力が本質的な意味で非倫理的なものと見なされるようになる第二の誤謬は、伝統化された手段的価値を本質的な道徳的価値と無批判に同一視してしまう態度である。善意志だけが本質的に善である。しかし、善意志が個別の行為において表されるやいなや、はたして正しい動機づけによって目標達成のための正しい手段が選択されたかどうか、さらにはたしてその目的は擁護可能なものであるのかどうかが、決定されなければならない。というのも、理性でさえ、手段や目的を選択する際に正しい意志を導きだす点において間違いうるからだ。しかし、個別的な行為や態度のなかには、承認された社会的目的を達成する際にそれが適切かどうかを一般的に判断されることのないものがある。それらは経験によって打ち立てられたものである。そしてそれらの伝統化された手段的価値は、一つの本質的価値と見なされている。他人の生命や意見や利益を尊重することは本質的に善だと見なされ、仲間たちの生命や意見や利益に対する暴力は禁止されている。生命や意見や利益は、正しい究極の重要さをもつこと、さらにそれらは善意志の自然で不可避的な表現であることが、仮定されている。

純粋な個人的関係においては、これらの仮定は一般的にかなり正当であると認められている。道徳的意志は無意識のうちに他者の生命や利益や権利を考慮することのなかに示される。そしてそのような考慮の結果は、善であることが仮定されているであろう。隣人を信頼することは善である。そうした態度は、信頼に値する行為へと促すからである。隣人の生命を尊重することは善である。なぜなら、こうした尊重は、すべての道徳の基礎である生命への全般的な畏敬を確立し保持することになるからである。他人の意見に強制を加えないことは善である。なぜならば、強制によって意見は変わらないし、また強制は誤った意見に不適切な利益を付与してしまうかもしれないからである。真実を語ることは善である。真実の語りがすべての社会生活の基本である経験の分かち合いを活性化するからである。こういった判断は普遍的に受容されないかもしれないが、個人道徳を駆動していく際の動力源となる。

比較的に単純な個人的関係の問題においてさえ、絶対的と見なされるような道徳的価値が存在しない点は、よくよく注意すべき事柄である。ある道徳的価値が、ある瞬間においては何らかの他の価値のために犠牲に供されねばならないこともある。行為とは、諸価値の間の競合に答えを出すものであり、そこでは必ずある価値が他の価値に従属させられることになる。たとえすべての高度で正統な道徳的価値の間に究極的調和がありうるとしても、個別的事例においてはある価値を他の価値に従属させるようなことは必要となる。医者は、人は自分の生命への権利と同様に真実への権利をも有していること、さらにそれら二つの権利の間には究極的な対立は何もないことを認識しているとする。それにもかかわらず医者は、ある瞬間に本当のことを伝えると患者の生命が危機に曝されることになるので、真実を伝えるのを拒否する場合もある。同様に医者は、生命への畏敬がすべての道徳にとって基本的であることを信じながらも、生命と生命の間の選択をなさざるをえなくなるかもしれず、母親の生命を救うために、胎児の生命を犠牲にしなければならないこともある。

内省的道徳はつねに、本質的に善であると見なされる道徳的価値を分析し直さねばならず、また手段の観点からそれらを判断しなくてはならない。目指している目的が包括的であればあるほど、その実現を求める行為の直接的帰結はますます道徳的判断の権威ある規準ではなくなる。社会はつねにこれらの包括的目的と取り組まざるをえなくなるがゆえに、それはつねに目的が手段を正当化するという危険な原理に屈服してしまうように思われる。すべての道徳は、実際にこの原理を受容しているのである。しかし、事実はといえば、直接的結果が正しければ、究極的目的も正しいという仮定——全般的にではないが、しばしば正当化されている——によって曖昧にされている。

社会が信じているだろうこと——通常、実際に信じていること——とは、生命への畏敬こそ、基本的な道徳的態度であるということである。だが、実際に殺人を犯すことを抑止するために、犯罪者の生命を奪うことは許されている。そのようにすることは、間違っているかもしれない。しかし、そうだったとしても、誤りは、生命を奪うことにあるのではなく、そのようなやり方をしたとしても、誰かが殺人を犯すことの抑止にはならないという点にある。この問題は、ア・プリオリな根拠によって解決できるものではなく、ただざまざまなタイプの処罰による社会的帰結を観察することで解決できる。言論の自由の保持が一つの社会的善であることの理由は、思想の自由が一つの固有の自然権であるからではなく、それが社会的進歩の一つの基本的条件であるからだと社会は信じている。だが、場合によっては、自由の原理は社会の結束の必要性に道を譲らねばならず、一定の強制力が要請される。ふつう国家が自由を窒息させる間違いを犯すとすれば、その誤りは強制力の不適正で過度な行使にある。その誤りはまた、連帯の実現に向けて利益の相互の調停が十全になされないままに時期尚早に強制力が適用されてしまう場合、さらにそのようにして作られた社会的連帯を道徳的に是認されない目的のために利用する場合にも認められる。自由か連帯かという相対的価値の問題については、最終的かつ権威ある回答を与えることは不可能である。どんな回答の試みも、個人や集団の社会的経験によって相対的なものだといえよう。これらの個人や集団は、アナーキーあるいは独裁で苦しんできたし、さらに一方の危険を回避する努力によって他方の悪を抱え込む傾向があるからである。

労働者階級と中産階級の道徳に関する相違

プロレタリアの道徳と中産階級の道徳との相違とは、全般的には主として自分たちを一つの集団のメンバーとして感じている人々と主として自分たちを個人と見なしている人々との違いである。後者は、自由、個人的生の尊重、所有権、相互信頼と非利己性といった道徳的価値を強調するであろう。前者は、集団への忠誠やその連帯の必要性を強調し、所有権を全体的な社会福祉に従属させ、彼らの最も大事な社会的目標の達成のために自由の価値を否定し、そして集団間の利害対立は調停によってではなく、闘争によって解決されると信じるであろう。中産階級は、個人道徳の規範をすべての社会関係にとって権威あるものとしようとする。中産階級は、プロレタリアの道徳に対するシニシズム、暴力への傾向性、個人的自由への無関心に衝撃を受けている。一方で中産階級は、個人道徳の理想を人間の集団行動の規範にしようとする真摯な努力を表しており、その限りでこれは、決して完全には放棄されてはならない正統な道徳的態度にほかならない。他方でそれは、彼ら自身の集団行動を彼ら個人の理想に従属させようとはしない中産階級の人々の幻想と欺瞞を表している。その限りにおいて彼らは、プロレタリアのシニカルな反動の標的になるのも当然である。明らかに幻想の要素が、きわめて大きな比重で彼らの見地に入り込んでいる。

中産階級は自由を信じているが、その行使が社会における自分たちの立場を危うくする時には、自由を拒否する。彼らは愛と非利己性の道徳を明言するが、下位の集団に対しては非利己的な集団的態度をとることはない。彼らは暴力を嫌悪すると主張するが、彼らの利益が危殆に瀕する国際紛争や社会の危機のいずれの場合にも暴力を行使する。彼らは、階級闘争よりもむしろ階級間の利益の相互性を欲しているが、その相互性は、自分たちのすべての特権を破壊するほどには徹底されたものではない。

他方でプロレタリアは、文化生活の達成や社会生活の条件において、個人道徳の規範に激しく突き動かされるほどには十分に個人的ではない。彼らの意識はもっぱら集団行動の現実に向けられている。プロレタリアは、特権階級の人々よりも彼自身の集団に完全に没頭しているだけではない。彼らはまた、特権階級のメンバーたち以上に明白に他の集団の行動からの影響を感じとっている。プロレタリアの道徳的態度は、個人の道徳的行動よりも集団の道徳的行動によって決定づけられている。彼らが前者を低く評価する理由は、彼ら自身が特権階級の人たちに比べれば個人的ではないだけでなく、個人道徳によっては特権集団の圧倒的な貪欲さと権力への欲望を十分に制御できないと見ているからである。こうしてプロレタリアは、道徳的な集団生活を実現するという希望は幻想に終わるという結論に達している。プロレタリアの道徳と中産階級の道徳の対立は、偽善と残虐性の抗争、センチメンタリズムとシニシズムの抗争である。一方の限界は、他方の限界を際立たせる傾向にある。こうした対立の全体的含意は、トロツキーの次の言葉において示されている。

われわれに関しては、「人間の生の神聖性」に関するカント主義者や聖職者、ヴェジタリアンやクエーカー教徒のおしゃべりにはまったく関与しない。われわれはかつては在野の革命家だったが、今は権力の座にある革命家である。個人を神聖視するためには、われわれは個人を十字架につける社会秩序を破壊しなければならない。そしてこの問題はただ流血と鉄によってのみ解決できるのだ。

中産階級の道徳に対する共産主義者の反発は、権力者たち——個人の道徳的理想を公言しながら、集団行動において貪欲な動機づけによって統治し、自分たちの目的をかなえるために強制や暴力の手段を行使する人々——の偽善に向けられただけでない。彼らの反発は同時に、個人道徳の理想を集団行動にも取り入れることを望む中産階級の知識人や宗教的モラリストに対しても向けられていた。プロレタリアは、前者の言い分が偽善的であることを確信するとともに、後者の希望が無益なセンチメンタリズムを表していることを確信していた。プロレタリアが理想世界を構築しようと試みるのは、個々人の道徳的資源を信頼することによってではなく、権力者が立っているのと同じ平面にとどまって、自分たちの手段を用いて彼らに対抗することによってである。中産階級のほとんどの理想主義者が、ラディカルな社会変革のために入手できる道徳的資源を過大評価していることは明らかである。反面、プロレタリアの場合、彼らの政治戦略には道徳的シニシズムが染みついているが、その点において完全に間違ってはいないことも明らかである。しかし、プロレタリアの場合、あまりにも完全に社会集団のなかに没入してしまっており、さらにあまりにも多くが集団的残虐性の犠牲になっている。それゆえに彼らは、人間の生の道徳的資源について全面的な真実を有していないのかもしれない。一方で彼らの政治戦略の残虐性が正当化できるのは、ひとえにもしそれを生み出す道徳的シニシズムがすべての事実について真実である場合のみであろう。他方で中産階級の理想主義者の方も、幻想の下に生きているかもしれないし、またおそらくそうであろう。彼らはあまりにも完全に個人であることにこだわるので、集団行動の最も重要な意義については自覚できない。彼らは、自分たちの快適な立場にいて集合的人間の残虐性から苦しむことも少なく、その意味で集合的人間の支配的衝動を十分には理解できない。彼らはそうした衝動から自分自身を切り離し、心理的に距離をとっているのかもしれない。しかし、彼らは経済的には離反できないままであり、それゆえに支配集団の衝動の完全な威力とその本当の意味を感じとることはできないでいる。彼らは自分の集団の内部では道徳的力が効果的に作動しているのを見ており、それゆえにこれらの力が拡充されて、ついにはすべての集団的対立を解決できるといった間違った想像に身を委ねてしまうのである。

プロレタリアの世界と中産階級の世界との道徳的見地における相違は、それゆえにどのような純然たるア・プリオリな規準によっても判断できない。両者の相違の問題は、歴史研究によってのみ解決可能である。そして研究されるべき歴史のある部分は、いまだに手つかずのままである。したがってあらゆる分析が、ある程度までは予言の領域に入り込んでしまうのは避けられない。一方で、革命的戦略が堅実な道徳的基盤を与える動機や目的を欠いていなかったことは重要である。しかし、革命の動機や目的のいずれも、その方法や手段の妥当性を裏づけるものではない。これらの点は、集団的な人間行動に関連するすべての事実と可能性に照らして判断されなければならない。

革命の可能性の有無

もし暴力により正しい社会体制を樹立することができ、その存続の可能性を生み出すことができるとするならば、暴力や革命を排除すべき純然たる倫理的根拠があるわけではない。これが可能になるのは、ひとえに純然たるアナーキーの倫理的かつ政治的前提の基盤の上になされた時である。いったん倫理が政治に決定的に屈服し、強制力が社会の凝集化の必要な手段として受容されてしまうと、強制力の非暴力的タイプと暴力的タイプ、または政府による強制力と革命家による強制力の行使との間を絶対的に区別することは不可能になる。もしそのような区別がなされるとしたならば、それらの行使が生み出す結果に照らして正当化されねばならない。この関連で実際の問いは、次のようになる。暴力を通じて正義を樹立する政治的可能性はどれほどあるのか。

ある権力体制、つまり財産所有に内在する力に依拠し、国家の政治権力によって強化されている体制に対して、労働者の要求が対峙される。労働者は、数の多さに由来する政治権力を付与されることで経済権力を破壊しようと奮闘する。だが、そうした奮闘は、支配集団の統制下にある教育機関とプロパガンダ機関の利用、さらには一部の労働者の無知によって挫折してしまう。はたして労働者は、既存の権力を転覆させ、国家装置と教育機関の双方を統制下に置いて、平等な世界を樹立し、またそれを維持する新しい世代を教育することは可能であろうか。一方で、革命はかなり容易に達成されると考える特定の知識人階級の間には、ロマン主義的幻想が行き渡っていた。しかし、他方でこの問題をそれぞれの陣営で入手可能な資源を比較して分析した現実主義的なマルクス主義者たちは、そのようなロマン主義的な幻想に身を委ねるようなことはなかった。彼らの認識によれば、その課題は容易ではないとされた。しかし、彼らはまた、歴史の容赦ない諸力が、次第に権力の均衡を変化させ、労働者の究極の勝利を作り出すと信じていた。彼らの信ずるところによれば、権力と特権の集中化の増大は、特権集団の相対的な強さを縮小させ、労働者と下層の中産階級の悲惨さの増大は、彼らの数と革命的熱情を増強させる。そして資本主義が不可避的に現在の社会秩序を巻き込んでいく国際戦争は、最終的に国民国家の威信と権力を縮減し、ついには権力の移譲を十分に可能にするとされた。

こうした破局の予告には、真のプロレタリアの場合、宗教的希望や信条という性格があった。だがそれは、産業文明の歴史によっては権威ある仕方で証明されたことも反証されたこともなかった。彼らの予言の実現の可能性に関しては、賛否両方から非常に強力な証拠が挙げられていた。工業労働者たちは、過去五〇年の間、実際に近代科学技術の恩典のいくつかにともに浴し、その結果、彼らの生活水準は以前の状態に比べて改善されてきた事実がある。彼らは国民所得の比較的大きな部分を勝ち得たわけではなかったが、彼らの政治権力の増大は、支配階級に譲歩を強いるまでになっていた。これらの事実は、労働者のさらなる悲惨さの増大を梃子にしたマルクス主義的革命理論に深刻な疑念を投げかけるようになっていた。

ドイツではこうした動向が、社会主義思想の新しい一派の登場を促した。この一派は、エドゥアルト・ベルンシュタインによるマルクス本来の教理の修正(1)を受け入れ、破局への期待から平等的正義に向けた進化的な進歩の希望へと変更させた。資本の集中が、マルクスの予言において構想されたようには、素早く実現されなかったという事実、予期された以上に数多くの頑強なプチブル階級が資本主義の下で成長していった経緯、種々の労働者政党の政治権力の拡大が、国家による資本の集中によって作り上げられた不平等を部分的に平等化させた事実。これらすべての要素が、社会主義を一種の進化的教理へと修正するのを正当化しているように思われた。資本の集中が工業よりも農業では緩慢に進行するというベルンシュタインの議論は、歴史によって完全に証明された。農民や小作農が土地を収奪された場合ですら、彼らが集産主義者に転化することはなかった。彼らの政治的態度は両義的なままにとどまった。トロツキーは以下の主張において正しかった。「農民階級は、つねに二つの顔をもっている。一つの顔はプロレタリアートに向いているが、もう一つの顔はブルジョアジーの方に向いている(2)」。ロシアよりも発展した国々において、小作農は自分たちの政治組織を発展させた。これらの組織は、ロシアにおいて可能であった以上に、プロレタリア的集産主義に対してはるかにより頑強に闘っている。さらにまた中産階級は、独立した小売店主が資本集中のあおりを受けてチェーンストアの店員になった時でさえ、こうした状況に対してプロレタリアの流儀では反応しなかった。ホワイトカラー労働者は、財産を所有せず、それゆえに論理的にはプロレタリアートに帰属しているといえるかもしれない。だが、サラリーマンは「単なる日雇い労働者と同様に現実にはプロレタリアートの一部にすぎない」(3)というブーディンやその他の人たちの言い分は、重要な心理学的要因を考慮しそこなっている。もし近代文明のすべての社会的政治的諸力が最も発展した形態に到達したドイツを基準と見なすならば、財産を所有しない中産階級の誰も、プロレタリア的なかたちで政治的に自己主張することはない。それとは逆に、彼らはファシズムに転ずるのである。ファシズムこそ、将来的に貧しい中産階級に善をもたらす希望を与えてくれるのに十分なラディカリズムを、反マルクス主義やナショナリズムの政治的戦略に結びつけたのだ。こうして彼らは、労働運動の高まりの潮流に恐れをいだく経済的な権力者たちの支持を得ていった。

最も富裕な人々と最も貧困な人々が表面的には共通の主義主張を行っている一政党に中産階級が引き入れられるというのは、中産階級の政治的知性の程度を示している。経済的に彼らの立場の論理がどのようなものであろうとも、彼らは自分たちのルサンチマンをナショナリズムの精神において表明することを好み、また一貫した経済変革を要求せずに、それよりも最低限の財政上の弊害の除去を要求する。彼らは、自分たちの経済的財産だけでなく、文化的遺産を失うまでは(経済的にはプロレタリア的地位に頽落したとしても)、政治的にはプロレタリアの立場に零落することは決してないであろう。プロレタリアとは異なり、中産階級は国民文化の外部に立脚しているわけではなく、完全にその内部に位置している。はたして持続的な経済圧力が中産階級の教育上の利点を制約し、その結果、プロレタリア的地位にまでこの階級を零落させるのかどうかは、現時点では自信をもって回答できるものではない。今は何も確実ではない。しかし、中産階級はこれまで近代の社会構造において、マルクス主義が予告したよりも堅固な経済基盤を有してきたことは、確実である。また彼らは、心理学的に考えても、プロレタリアにはなれないのである。

ドイツの状況においてカトリック政党は、その宗教的に動機づけられた支持の堅固さと強靱さによって、また政治的リーダーシップの賢明さによって、みずからをブルジョア民主主義の保持にとって不可欠なものとしてきた。このドイツの状況もまた、西洋文明における社会問題のもう一つの局面を大枠で典型的に示している。ブルジョア世界の歴史的かつ文化的生活の全体を否定しようとするプロレタリアの姿勢に対する文化的反対は、ロシアの場合とは異なって、西洋文明では容易に処理できるものではなかった。ロシアでは技量に欠けたギリシア正教会[ロシア正教会]は、完全に社会的反動と同一化してしまい、そしてそもそもスラヴ文化には決して実際に土着化しなかったのだが、伝統文化に対するプロレタリアの反乱の際にはやすやすと餌食となってしまった。一方で、ドイツのカトリック政党の場合、その政治権力が広範に示した近代社会の諸要素はマルクス主義によって低く評価されたけれども、古代の文化的宗教的遺産は現代政治に対して生きた関係をつねに持ち続けたのである。

多種多様な経済集団と社会集団を抱える近代社会の複雑さは、マルクス主義者が夢見る革命への冒険的試みに対してたえず障害となっているように思われる。というのも、これらの多種多様な集団は、経済の一貫した論理によって彼らに割り当てられている運命を受け入れず、政治的武器によって、そして必要とあれば、軍事的武器によって社会における自分たちの立場を擁護することが可能だからである。小作農や都市の中産階級やその他の集団の力は、プロレタリアの反乱に対する重要な文化的防衛によって強固なものになっている。しかし、彼らはかえって革命を正当化しているように思われるかもしれない。なぜならば、議会制のなかでの労働者政党による多数派の段階的な獲得に対して、彼らの力は永続的な障壁を提供すると思われるからである。しかし、それだけでなく、彼らの力は、議会制での労働者の勝利のみならず、革命的勝利をも押しとどめることができるかもしれない。彼らに唯一必要とされるものは、プロレタリアに匹敵しうる社会的凝集力である。もしそれが取得できれば、彼らは革命への努力を挫折させられる政治力と軍事力を十分に保持することができるであろう。

さらに考慮されるべき複雑さがある。すでに前の章で暗示しておいたが、それはプロレタリアの階層における分断である。現代の科学技術の発展によって、熟練労働者と準‐熟練労働者が生まれたが、彼らは未熟練労働者よりも特権的な社会的地位を保持するようになった。倫理的動機からいえば、彼らは、未熟練労働者およびより完全な無産階級と共通の主義主張を行うことへと促されるであろう。しかし、こうした倫理的動機がつねに十分に強いというわけではない。しかも、経済的動機によって連帯がおのずと生み出されるだろうという理論は、間違いであることが証明されている。アメリカではこのタイプの労働者は、アメリカ労働総同盟(AFL)の反動的政策に加担するかたちで政治的にはその立場を表明し、未熟練労働者を悲惨な状態のなかに放置している。より進んだ工業国であるイギリスやドイツでは、熟練労働者と準‐熟練労働者は、みずからの主義主張を議会主義的社会主義の助けを借りて擁護している。彼らはホワイトカラーの労働者よりも団結を重んじるが、しかし多くの点で革命性は弱まっている。ドイツでは彼らはカトリック政党と結びつきを深め、右と左の双方向からの革命的な動きに反対して、ブルジョア民主主義の主要な支援者となっている。

これらの熟練労働者と準‐熟練労働者が証明しているのは、次のことである。つまり、労働者たちが、鉄鎖以外にも失うべき何ものかをもち始めると、また彼らが「現状維持」(それは財産である必要はなく、ある程度は安全な職であるとか不十分な失業手当であるにすぎなくても）にほんのわずかばかりの利害をもつと、すぐさま彼らは自分たちが知らない災禍に遭遇するよりも、むしろ理不尽な運命の放つ投石や弓矢の一撃を耐え忍ぼうとするであろう。彼らは、みずからの反動的な政敵たちに対するのとほぼ同じように果敢に、本当のプロレタリアたち、完全な無産者たちとも闘うであろう。ドイツの場合がそうであったように、悲惨さの増大によって、労働者たちの一部が共産主義者の地位へと追いやられたとしても、彼らは数においては依然として革命家たちよりも多勢なままである。一九三二年七月三一日のドイツの選挙において、労働者たちはその勢力の約一〇パーセントを共産主義者に持っていかれた。しかし彼らは、いかなる工業国のプロレタリア集団よりも大きな経済的圧力の下で、多年にわたって苦しみを受ける状況にありながらも、依然として共産主義者たちよりも五〇パーセントも強大な勢力を維持している。

興味深い点は、熟練労働者と準‐熟練労働者の政治的態度が、ベルンシュタインの修正主義とカウツキーのより革命的な議会主義との相違点を完全に拭い去ってしまったことである。カウツキーは以下のように述べている。「労働者階級の解放は、彼らの意気消沈の増大から期待されるべきではなく、彼らの勢力の増大から期待可能となるのである」(4)。この言葉は真実であろうが、彼が意図した意味においてそうなのではない。アンリ・ド・マンは羨望の増大を、そしてカウツキーは純粋な経済的動機づけを、革命への熱情の基盤と見なすが、これらの要因は、社会主義を目標として受容する政党へと、工業労働者たちを結集し続けるであろう。しかし、そうであるとはいえ、カウツキーがその用語を使用する非常に限定された意味を除けば、彼らを革命家にするわけではないであろう。この点では共産主義者たちの方がはるかにより現実的であり、彼らの分析はより真実に近い。トロツキーは、マラーの言葉を肯定して引用している。

革命というものは、ひとえに社会の最下層の階級、すべての無産者たち——恥知らずの富裕者たちが「下層民」(canaille)と呼び、ローマ人たちがかつていつものシニシズムを込めてプロレタリアと名づけた人々——によってのみ遂行され、支持されるのである。(5)

労働者が革命家になるのは、自分たちの現在の悲惨な状態を以前の比較的安全な状態と対比できるようになる時であると言ってよいであろう。しかしまた、革命を生み出すのは、羨望や不正義に我慢できなくなることではなく、空腹だというのも、また同時に確かなことである。こうした点に見られる共産主義のリアリズムは、中産階級や準-プロレタリアの思想がしばしば混乱を招いてしまうという問題点を明らかにしている。彼らは、情け容赦のない諸力が革命の前提条件を生み出すという自分たち自身の予告においては誤っているかもしれないが、革命の前提条件が何であるのかについて理解する点では非常に明確であった。

左右の革命、ドイツとイギリスの今後

もし西洋文明における革命の未来を予測したいのであれば、ロシアではなくむしろドイツと可能ならイギリスを予測の根拠とするのがよいであろう。ロシアの貴族官僚制の完全な無能ぶりと戦時におけるその完全な解体。商業的中産階級の形態の欠如と威信の欠落。小作農の政治的無防備さや労働者たちと彼らの一時的な利害の一致――これは土地と平和への彼らの欲求によって作り出されたものである――。中世的な教会［ロシア正教会］の無知。経済的無産状態によって作り出された労働者たちの革命的連帯。瀕死の国家の恐るべき無気力と恐怖によって完全に正当化される政治的シニシズム。これらすべての要素が、ロシア革命の基盤を作り上げた。そしてこれらの要素はすべてマルクス主義の公式に合致したのであり、おそらくこの公式がそもそも考案された工業文明の場合よりもはるかに合致していた。

近代国家は、経済的社会的対立によって、ドイツの生活にみられる程度にまで弱体化される場合ですら、自己保存という漠然とした本能、つまりなおも潜在力のある国民統合の感覚が一定の気運を作り上げている。その雰囲気のなかで小さな暫定政権は国家の温存された警察権力を操作し、それを行使して右翼と左翼からの革命への試みを挫折へと導くかもしれないのである。ここではふたたび共産主義のリアリズムが、口先だけの革命家たちの漠然とした希望に対して、健全なコントラストを示している。レーニンは次のように記している。

軍隊の解体なしにはいかなる偉大な革命も起こらなかったし、また起こることはありえない。権力を希求する新たな社会階級も、古い軍隊の完全な瓦解なくしては、その権威を確立し維持することはこれまでできなかったし、今日でも不可能である。(6)

しかし、近代国家は、社会の解体がきわめて広範に進んだ場合でさえ、その警察権力を維持することが可能である。その理由は単純であり、民衆の大部分は、経済政策のあらゆる問題について異なった見解を持っていたとしても革命的瓦解に対して共通の恐怖をいだく点で一致しているからである。こうしてドイツでは、四四パーセントの投票者が多少なりともファシスト的意味で革命に賛成し、三六パーセントの投票者が社会主義ないしは共産主義への賛意を示していた。どの集団も他集団から長年にわたり革命への反対に遭遇し、どの集団も権力の座に就くことは不可能であった。こうした状況下で、国民の間にブリューニング政権［一九三〇年三月―一九三二年五月］であれ、パーペン政権［一九三二年六月―同一二月］であれ、国民統合のために国家に温存された警察権力を行使するのを許容する気運が作り上げられていた。社会主義者の革命的熱情の欠如、そしてカトリック教徒有権者の政治力は、そのような政策に対しては明確な支持を与えていた。この種の国民統合は、明らかに不安定なものであった。ドイツがその期間に経済的圧力の下に同じようにとどめおかれていたら、統合をいつまでも維持することは不可能だっただろう。しかし、そのことは、近代的国民における統合への意志がいかに強固なものであるのかを、そしてまた経済的基盤が破壊されてしまった時でさえ、いかに統合への意志が生きながらえるのかを完全に例証するものでもあった。

科学技術文明の力によって、諸国家は経済的相互依存のシステムのなかにはめ込まれてしまっている。こうした状況下では革命によってもたらされる国際的影響への恐怖は、注意深さが必要となるさらなる要因である。比較的に自己充足的な農業国ロシアは、ここでも複雑な諸国家に起こりうる政治的反動のよい事例とはいえない。ロシアにおけるマルクス主義的な革命方式の成功は、換言すれば、混乱と希望の双方を生み出したのである。こうした革命の方式は、西洋文明においては種々の状況の稀にみる連鎖なしには決して起こりえないことだったからである。

しかし、どの西洋の産業文明にとっても革命の方法は困難なものだとしても、革命が不可能であると見なされてはならない。たとえマルクス主義者が予言したほどには明白な仕方ではないにせよ、ここには富と権力の集中をもたらす力学が作動している。マルクスの予言に誤謬がみられたとしても、彼は、ビジネスの世界で頻度を増して拡大する周期的な危機の予言においては間違ってはいなかった。彼はまた、その要因を労働者の購買力の欠如によって引き起こされる過剰生産に帰せしめたことにおいても間違ってはいなかった。今日われわれはそうした世界の危機のなかにいるという事実は、労働者が支配階級から政治力によって勝ち取った譲歩が、現在の経済体制を健全なものにするのに十分ではなかったことを証明している。はたしてこうした危機や他の危機が特権階級のなかに十分な恐怖を生み、十分な知性をもたらすことで、現在の社会体制をより相互的なものへと迅速に変容できるかどうかは、肯定的であれ、否定的であれ、十分な自信をもって回答できる問いではない。現在のような金融危機は、中産階級が現在の権力を維持する限り、共産主義的革命よりもファシズムの傾向を助長するのにより適している。

イギリスとドイツの両国においては恐慌が労働者をより急進的にしたが、同時にその動向に対する保守勢力の敵対を強固なものとなし、中立的な中産階級を反動的勢力へと引き入れた。革命家たちは、人民の忍耐力を安易に低く見積もっていた。エンゲルスは、一八四四年に次のように予言した。

これまでの経済危機から類推すれば、次に続く危機は一八五二年か五三年に起こらざるをえない。その頃までには、イギリス人民は資本家たちによる十分すぎるほどの略奪を受け、資本家たちがもはや人民の勤労を当てにできなくなるあかつきには、彼らは捨てられ餓死することになるだろう。もしその時点にいたるまでイギリスのブルジョア階級が立ち止まって反省することがないとすれば――外見上はそれはたしかに起こりそうにない――、これまで知られてきたものとはまったく比較にならないような革命が起こるだろう。(7)

現在なされている種々の予告は、一九世紀半ばのエンゲルスのこのもっともらしい予告ほどには妥当性を有していないであろう。一方でこの一〇年ごとに、経済的秩序の不平等の拡大によって作り出された緊張は増大していることは真実である。しかし、どの近代国家といえども、今日のドイツよりも大きな社会的緊張に曝されることは、ほとんど想像できない。そしてその結果がどうであったのかは、われわれが叙述してきた通りである。かなりの程度の正確さをもって何らかの予告がなされるとしたら、次のようなことになるだろう。西洋文明はむこう数十年以上にわたってプロレタリア革命へと機が熟すことはないだろう。そしてマルクスの予言のもう一つのさらなる条件が達成されない限り、すなわち、資本主義諸国の不可避的な帝国主義がそれらの国々を大規模なさらなる戦争に巻き込むことがない限り、それらの諸国がプロレタリア革命へと機が熟すことは決してないであろう。そしてそのような戦争は、必ずしも共産主義革命に帰結するとは限らないであろう。そうではなくその戦争は、いくつかの国家の権威を大きく損なうであろうし、何らかの革命を可能にさせる十分な社会のカオスを作り出すかもしれない。はたしてそのカオスが、イタリアの場合のようにファシズムによって解決されるのか、それともドイツの場合のように、ブルジョア的かつ準‐社会主義的な民主主義によって解決されるのかは、戦争終結時におけるさまざまな経済的階級間で相対的にどれが最も強力であるのかに依存するであろう。

現代の工業国家において、共産主義革命の成功を保証するほどに、完全な無産者の数が十分に多い国、または直近の未来においてその数が十分に多くなる可能性がある国は一つもない。しかし、そのことはより遠い未来にとっては一つの可能性であり続ける。もう一つの世界戦争があれば、その余波として、広範な貧困化がもたらされることは大いにありうる。しかし、次なる世界戦争がないとすれば、革命によって共産主義を樹立する可能性は、西洋世界の全体においてはきわめて少ない。工業化された西洋よりも、農業が主軸の東洋において共産主義が勝利する蓋然性は、はるかに大きい。西洋においては農業国のスペインでさえ、ドイツで知られるような準‐ブルジョア的かつ準‐社会主義的様式に依拠することで革命を安定化させる徴候を示している。世界は、共産主義的東洋と準‐社会主義的西洋に二分されることになるかもしれない。そして準‐社会主義的西洋は、ゆっくりと社会主義という目標に向かっていくのかもしれない。しかし、その歩みがあまりにもゆっくりであるがゆえに、西洋は次なる破局を回避できなくなる危険に遭遇する可能性があるだろう。

共産主義社会が樹立された場合、維持可能なのか

以上が、暴力によって平等な世界が打ち立てられる可能性についてである。この問題から離れる前に、さらにもう一つの問題を考察しておくべきであろう。ひとたび、平等な世界が打ち立てられたとして、その世界を維持していくのは可能なのかという問題で

ある。非妥協的な平等主義者は、社会変革のより緩慢な方法を提起する人々に対して一つの道徳的優位性を有している。こうした緩慢な方法によっては、社会は必然的に理想以下のもので満足するように欺かれてしまい、旧来の伝統的な不正義の多くの形態を残存させてしまう点を指摘する。もし革命が社会的不正義を破壊し平等的正義を保持することができるならば、そこで用いられる方法についても革命は多くを免責されるであろうとされる。社会全体が強制と暴力につねに巻き込まれているという事実、さらに伝統的で暗黙の形態をとる強制力が、それほど伝統的ではなくより明白な形態をとる強制力よりも道徳的に優位にあるということは、モラリストがふつう仮定するほど絶対的ではないという事実、もしこれらの事実を考えるならばこの点はより明らかなものとなる。ただし、革命的混乱は、農業文明よりも工業文明において大きくなるものだが、もしその直接的結果が永続的正義という最終的結果を生み出すことができなければ、そのことは本当に悲劇的たらざるをえないであろう。

革命が失敗するだろうという恐れは、共産主義者たちが、彼らのリアリズムにもかかわらず、新しい経済社会の社会的帰結を見積もることで、希望を失ったロマン主義者に転じてしまうのではないかという疑念と結びついている。彼らは、権力の不平等を破壊することによって完全な社会的互恵性を容易に作り出せると信じているように思われる。

しかし、彼らは、政治権力の強固な中枢を作り出すことなしに経済権力を破壊することができるだろうか。そして彼らは、この政治権力が倫理的にあるいは社会的に抑制されるだろうとどのようにして確信できるのだろうか。政治的国家に巨大な権威を与えることなしには、経済権力の集権化を防止するのは困難であるということをわれわれは見てきた。強力な国家は、必然的に政治権力を危険なほど集中させ、数人の諸個人と小集団の手に握らせる。この新しい権力が、完全に倫理的統御あるいは社会的統御の下に置かれる確証はない。ロシアでは、しばらくの間、革命家たちの道徳的理想主義によって倫理的統御があった。革命家たちは、革命によって権力の報酬を供与する前から革命の主義主張を行っていたのである。だが、そうした理想主義は権力乱用に対する何の歯止めにもならない。共産主義的官僚たちによる権力の乱用はかなり深刻であり、その深刻さは、より純粋な革命の理想主義者たちが意識的に権力の所持を画策する者たちに取って替わられるにつれて増大する。革命運動の平等主義的伝統は彼らが自分たちの地位を私的な経済的利益の獲得に使用するのを許さないけれども、権力の乱用は事実であり、経済的平等主義がただ部分的にのみ埋め合わせをするにすぎない。尊大な官僚たちは、たとえ彼らの犠牲者と同じ食物を食べ、同じ衣服を着るとしても、許容できない不正義を引き起こすかもしれないのだ。(8)

共産主義の理論によれば、独裁はただ過渡的な状態であること、そして共同体全体が共産主義の平等主義的理想を受容し、誰も体制に異議申し立てをしないことがはっきりするやいなや、独裁は必要なくなるであろうとされる。しかし、この理論は、権力的立場の人間だけでなく、ふつうの人間において顕になる人間本性の諸事実を正しく認識するのに失敗している。もし仮にロシアの寡頭制がみずからの権力を捨てることがあるとすれば、それは有史以来そのようなことを行う最初の事例となるであろう。もちろん、みずからの権力を相続によって移譲することはできない。しかし、権力の相続は、権力の乱用の唯一の要因でもなく、また権力の持続化の基盤でもない。アメリカのビジネスの寡頭制は、ヨーロッパの地主貴族制のような世襲ではない。しかし、こうした理由から、彼らが権力や特権への固執において、より高潔であるとか、より執拗でないとはいえないのだ。共産主義の教理によれば、独裁が必要とされるのは、プロレタリア国家のすべての敵が「一掃される」までである。たとえ内部の敵がすべて打ち破られたとしても、外部の敵は数十年もあるいは数百年もとどまることになるであろう。こうした理由から、いかなるやましさの自覚もなしに、独裁の権力は無限に持続化されてしまうのだ。

ここに表明されているのは、内部の敵はすべて打ち破られるだろうという希望であり、さらに新しい社会はただ社会の集合的意志と完全に一致する人々だけを生み出し、彼らは社会的プロセスにおいて個人的利益を追求しないだろうという希望である。しかし、これらの希望は、人間本性の有する可能性の解釈においてロマン主義的というだけでなく、共産主義社会では互恵的生活が自動的に生まれることが予期されるといった相互性の神秘的な賛美においてもロマン主義的である。共産主義思想におけるこのロマン主義を象徴するものとは、共産主義理論の構造に君臨する実際上のアナーキズムである。国家とはたんに支配の道具にすぎず、それは完全に互恵的な社会においては必要なくなり、次第に消失していくとされる。レーニンは、今日の現実と取り組む時には冷酷なリアリストであるが、明日の可能性を心に描く時にはこうしてセンチメンタリストへと変貌する。

人民が社会生活の基本原理を守ることに慣れていき、彼らの労働が生産力を増大させるようになると、自発的に自己の能力に応じて働くようになる。……そうなると、各構成員に分配されるべき生産物の量を厳密に計算する必要もなくなる。そして各人は「その必要に応じて」自由に受けとることになるだろう。

こうした完全な互恵性は、権力と特権の不均衡を打破することによって部分的に達成され、そうして万人の利益を平等化し、利益の一致を作り上げる。ウィリアム・Z・フォスターは、「万人の利益の調和から発展していく個人性は、彼ら(大衆)のものとなるだろう」と主張している。(9) 共産主義者は、権力と特権の最初の平等化によって社会における互恵性の可能性が向上すると想定する点で正しい。社会全体のニーズについて考える前に自分自身のことを考えざるをえなくさせるような不安が存在せず、またそのように考える気にさせる権力も存在しないならば、個人の自己追求を縮減させることは明らかに可能である。しかし、個人の自己追求が社会における未来の不平等の基盤にならないほどにまで打破可能であるという希望は、そのような傾向が強力な国家を通じて作動する社会の鉄の意志によって抑制されるとすれば別だが、人間の諸問題に関するルソー主義的解釈と同じくらいにロマン主義的なものである。共産主義思想におけるルソー的要素は、事実、個人の意志と一般意志を同一化させるブハーリンにきわめて明白に示されている。

そのような社会(十分に発展した共産主義社会)において、人々の関係はすべて各人に明白であり、社会の意志とは彼らすべての意志の組織化となるだろう。それは、結果としてそうなったものではなく、初歩的な偶然によって得られたものでもなく、また個人の意志から独立したものでもないであろう。それは、むしろ自覚的に組織化された一つの社会的決定であろう。……住民の多数者に対する社会現象の影響が有害で破壊的であることを観察するのは、不可能であろう。(10)

これらすべての予言において、純粋なセンチメンタリズムが曖昧にしていることとは、社会で異なる機能を果たしている諸個人の間に完全な利害相互性は決してありえないという事実である。たとえば、ロシアでは今でもそうであるように、農村の小作農と都市の労働者との間にはかなりの程度の緊張がつねにある。というのも、一方で小作農は、労働者に提供する食糧の見返りにできるだけ多くの手工業製品を欲しているのであり、他方で労働者は、自分たちの手工業製品を小作農にもたらそうとする以上に、彼らから多くの食糧を欲しているからである。各人が共通の社会的プロセスからなんの統制もなしに「自分の必要に応じて」受けとる理想社会がやがて来るだろうという希望は、人間本性の限界を完全に軽視している。人間はつねに自分のニーズを最低限必要である以上に大きく見積もるほどに想像力豊かであり、他の人々のニーズよりも自分のニーズの圧力を多く感じるほどに利己的である。いかなる社会も、歴史の終わりにいたるまで、ニーズ間の対立を仲裁によって解決する方法を維持しなければならないだろう。そしてそのプロセスにおいて、狡猾な人たちは、たとえ彼らが特別な権力手段を欠いていたとしても、単純な人たちよりも何らかの利益を獲得するであろう。住民にとって有害あるいは破滅的な社会政策は共産主義社会では考えられないだろうというブハーリンの考えは、もう一つの予告によって補強されている。それは、「教育の独占の廃止」が市民の知性を十分に平等化させ、彼らは社会における自分の利益を守る力で武装するようになるであろうというものである。しかし、知性は教育の機会均等によって平等化されるという考え方は、知性の現在の不平等が純粋に生まれつきのものであり、万人に対して平等な教育による利点を与えても部分的にですら除去しえないであろうとする考え方と同じくらい非現実的である。

重要な点だが、共産主義者たちは、完全な互恵性を打ち立てるための利害の一致が自動的に生じるとは全面的に信じているわけではない。彼らが信じているのはむしろ、互恵性の態度を作り上げる道徳教育である。レーニンと同じく彼らは、人々が「社会生活の基本原理を守るのに慣れる」ことを望んでいる。そして社会的是認という全体の力が支えるのは、自己追求の動機ではなく協力的な態度であり、そうした社会は、今日のロシアでそうであるように、道徳的態度に対して巨大な影響力を持つであろう、と考えている点で、共産主義者たちは正しい。そして協力的社会が、社会の実践によって提示された有力な実例に共産主義の教えを付け加える時に、個人の自己追求を最小限化し、社会的協力を最大限化することができないなどと反対する理由は何もない。しかし、どのような教育や実例であれ、それが、他の人たちのニーズや利益を犠牲にして、あるいはそれらには関心を払わずに、自己の特殊な利益を追求するという人間本性の傾向性を完全に打破するであろうと仮定するのは、過度にセンチメンタルでロマン主義的である。これは重要な点だが、ロシア人は、工業と農業の双方における賃金差を導入して、人間本性におけるこの力学と折り合いをつけるように余儀なくされたのである。それは、労働の個人的報酬の追求の動機づけによって社会主義化された動機の推進力を増大させるためでもあった。こうして彼らは、それが資本主義的心理になおもとどまる残滓へのたんなる譲歩にすぎないと主張することで、このことが人間本性における不可避的な弱点への譲歩であり、妥協であるという事実を隠そうと試みたのである。彼らは、次の世代になれば、それから完全に解放されるだろうと望んだのである。ウォルドー・フランクは、共産主義者の工場長との次のような興味深い会話を報告している。「私は最後にこう言った」とし、次のように続けた。

「あなたがたの共産主義の理想には、危険は何もないのですか。」「各人がその能力に応じて働き、各人がその必要に応じて受ける、これはつねに私には社会主義の黄金律のように思われてきました。……ところが、ここであなたがたは、発明に対してお金で報いており、より有能な人たちには高額のお金を支払っています。ここであなたがたは、お金という古くから嫌われてきた象徴によって新たな功績の階層制を計画しています。……あなたがたはほとんど、あたかも旧来の秩序の腐蝕した病原菌に感染しながら、それと闘っているかのように、私には思われます。」共産主義者はこう答えている。「一時的な緊急事態に対処するために、われわれの仲間たち、資本主義世界で育った人たち、資本主義的考え方になおも抵抗のない人たちに、生産を早めるように促さなければならないのです。われわれは、彼らが納得するすべての手段によって、これをしなければならないのです。……しかし、その間に、われわれの子どもたちは、純粋に共産主義的価値に基づいて育てられつつあるのです。」私は次のように問うた。「あなたの若者たちがそれによって生きるように教えられている規準のほうが、彼らが実際に見ている実例よりも強いと言おうとしているのですか。……実際の生き方よりも優れた理想にしたがって教育がなされてきたことは、今までありましたか。そして理想が、それを裏切った現実に対して勝利した例は、これまでにありましたか」、と。[11]

報酬の不平等は、もちろん、たとえそれが人間本性の弱さへの永続的な譲歩を表しているとしても――おそらく事実であろうが――、特権の不平等を生み出すような旧来の権力の不平等にいたるとは限らない。ここでいう特権の不平等とは、機能の重要性や効率性とは不相応なものであり、また全面的に無関係なものである。社会において不平等な報酬の蓄積が、社会権力の道具へと転化するのを防ぐことは可能である。しかし、社会は、不平等な報酬が不平等な社会的威信の象徴になることを防ぐことはできない。換言すれば、たとえ共産主義者が使用する極端な手段が、全面的に異なる理想的な社会を作り出すということによって正当化されるべきものであるとしても、その正当化はロマン主義的な共産主義者が考えるほどには、納得のいくものではない。もし不正義を引き起こす人間本性の弱さが、新しい社会によって共産主義者が想定するようには完全には除去されないとすれば、彼らの絶対主義の道徳的優位性は失われてしまう。

したがって、おそらくそうした理想に徐々に近接していく社会は、その理想に死に物狂いで到達しようとする社会に比べて、道徳的にそれほど劣ってしまうことにはならないであろう。そして結果としてそこに見いだされるのは、そのような後者の社会が歴史の現実と自然の現実によって解消されてしまうということであろう。宗教的理想主義および政治的理想主義の双方における絶対主義は、英雄的行為を鼓舞する見事な刺激であるが、同時に直接的で具体的な状況における一つの危険な道案内でもある。絶対主義は宗教においては不条理を許容してしまうし、政治においては残虐さをもたらしてしまう。人間本性の惰性は絶対的理想にとってのネメシス［因果応報、天罰］であり続けるがゆえに、不条理も残虐さも正当と見なされうる成果をもたらすことができない。個々人の場合であれば、絶対的なものの追求は、社会がそれを追求するよりも、正当性は多く、また危険が少ないであろう。もし個々人が支払わねばならない代価は高くつくとしても、彼らの努力が無駄に終わっても、それはただ彼ら自身の損失のみを意味するだけだからである。そしてその挫折は、崇高な悲劇の感覚によって償われるかもしれない。しかし、社会の場合は、絶対的なものを獲得しようと賭けに出る時には、数百万もの人々の福祉を危険に曝すことになる。そして強制力は社会の政策の不変の道具であるがゆえに、絶対主義はこの道具を耐えがたい専制や残虐さへと変えてしまう。狂信主義《ファナティシズム》は個人においては無害で哀れな奇行の装いで現れるかもしれないが、政治の政策において表された場合は、人類に対して憐れみの門戸を閉ざしてしまうのである。

第八章　政治的強制力を通じての正義

議会制に基づく進化的マルクス主義の進展

労働者階級がより恵まれた集団とより恵まれていない集団――概して熟練労働者と未熟練労働者に対応する――に分断されている現実に関しては、先にすでに考察した。社会の共通の富の適正な分配の割合においては、搾取されていると感じている集団は、それにもかかわらず一定の安全を保持している。それゆえに、この集団は完全に無産階級化されているとは感じておらず、みずからの政治的願望を一種の限定されたマルクス主義を通じて表明する。彼らの場合、集産主義の目標はより革命的マルクス主義者と共有している。そしてこの目標を実現する手段としては、革命に代えて議会制に基づく進化的マルクス主義の方法が採用されている。

アメリカを除くすべての工業諸国においては、労働組合がこの漸進的社会主義の投票動員力の源泉となっているが、その政治哲学はふつう中産階級知識人たちによって念入りに作り上げられている。アメリカでは労働組合が、依然として自分たちの味方を利し、政敵を罰するといった古い政党の不毛な政策に執着している。このようなやり方の不毛さを認識できない状況は、社会的経験の結果を一つの国家からもう一つの別の国家へと転用するのがどんなに困難であるのかを証明している。というのは、ヨーロッパの工業諸国の歴史では、完全にこの種の政治戦略の信用は失遂してしまったからである。その戦略が労働組合運動の持っている純粋に経済的な武器の適切さへの信頼のみに基づいている限り、その戦略は同じく誤りである。近代国家において支配階級は政治権力と経済権力の結合を通じて労働者に対峙してきたわけだが、労働者の方もまた、必然的に同様の政治権力と経済権力との結合によって対抗する構図がみられた。

経済社会における労働者の力(主としてストライキという武器)は、その利益を守るのには不十分である。それにはいくつかの限界がある。それは国家によって無力化されている。というのも、国家は、支配階級の影響の下、できるだけストライキという対抗手段の力を減殺させる法律を通過させてきたからである。労働争議における連邦政府の命令の行使や濫用、強制的な仲裁、戒厳令の布告、ストライキ参加者に対する軍隊の派遣は、労働者に対して国家が用いる多くの方法のなかのいくつかの事例にすぎない。こうした政治権力の敵対に直面しない場合でも、労働者の経済的な対抗手段は弱く、ますます脆弱化している。それが脆弱である理由は、争議がかなり持続する場合、労働者には、雇用者の経済的資力に見合うだけのものがないからである。さらに労働者は、飢えによって屈服を余儀なくされてしまう。労働者がさらに脆弱化する理由は、過剰生産が彼らの生活水準を危機に陥れ、ストライキという対抗手段に訴えざるをえなくなるわけだが、過剰生産はまた、飢えた失業者の巨大な貯水池を作り出し、ストライキで訴える人たちの代わりに採用されるからである。それに加えて、オートメーションに依拠する工業の近年の傾向は、労働者からその技術を奪い、それを機械で置き換えるようになった。こうして現代の労働力の背骨は、熟練労働から準‐熟練労働へと転化し、こうした転換が過去と比べてもはるかに急速に起きつつあるのだ。

こうして労働者は、工業社会において自分たちの決して十分ではなく、それどころかますます不十分になる権力に、できるだけ大きな政治権力を加える必要に迫られている。政治権力の展開において労働者は、明らかに自分たちの代表として、自分たちとは異なる他の経済的利害に根ざして政治生活を送っている個々人に頼ることはできない。労働者は、自分たちの組織化された運動によって達成するであろうものと比べれば、みずからの潜在的な政治力をちらつかせてこれらの者たちを威嚇して少しばかりの妥協を勝ち取る試みは、ほとんど意味をなさない。アメリカの労働者の大きな団体が、この教訓を学んでこなかった事実は、彼らの政治的無知の徴《しるし》にほかならない。彼らはやがてこのことを学ぶに違いないが、かなりの年月の幻滅を経験することになるであろう。彼らがヨーロッパの労働者たちの経験から学んで教訓を得ることができたならば、彼らは窮地から救い出されたのかもしれない。熟練労働者と準‐熟練労働者は、自分たちの純粋に経済的な武器(労働組合組織とストライキの行為)の効果について幻滅せざるをえなくなり、それゆえに政治権力を組織化せざるをえなくなる。しかし、彼らはそうすることで自分たちを完全な無産階級から区別した。彼らはこうして新たに入手した政治権力が有する道具の潜在力に限定的な信頼を保持したのだった。

このタイプの労働者が持つ相対的楽観主義の無意識な基盤は、彼らが比較的に安定した地位に置かれていることにある。彼らはたしかに社会的不正義に悩まされ、近代産業が生み出す利益の適正な分け前を獲得できないでいる。しかし、富の不平等な分配によって完全な貧窮におとしめられることがない限り、彼らは暴力と革命を回避し、社会における特権の平等化を漸進的に進める政治的方法に信頼を寄せるようになった。彼らが自分たちの政治行動を合理化する自覚的な哲学は、デモクラシーの装置へのある程度の信頼において表明されている。中産階級とは異なって、彼らはデモクラシーの形態を特権が平等化している証明とは見なしていない。彼らは、経済的不平等からあまりにも多く苦しめられてきたのであり、それゆえに彼らは、経済的不正義が支配している限り、政治的平等がリアルであるとか、重要であるという幻想に与することはありえなかった。しかし、彼らは民主主義国家が正義の実現のために用立てられることは可能だと考えていた。

フランスの社会民主主義の指導者だったジョレスは、一九〇三年の党大会［フランス社会党（PSF）］においてこうしたデモクラシーへの信条を吐露したが、それはそのような信条がふつう含意している留保と肯定の双方を典型的に示すものだった。彼は次のように述べた。

デモクラシーにおいては、つまり、普通選挙権が存在する共和国において国家は、プロレタリアにとって堅固で手に負えず、絶対に浸透不可能で計り知れない障壁ではない。国家への浸透はすでに始まっている。地方自治体や中央政府には、プロレタリアや社会主義者の影響力はすでに浸透し始めている。いかなる人間事象の場合でも、それがどんな制度であれ、どんな政治形態や社会形態であれ、一つの偉大な社会勢力の影響力や浸透力に対して門戸を閉ざすことが可能だというのは、実に奇妙な考え方である。国家というものは、プロレタリアに普通選挙権を拒否する寡頭制的体制の国家であっても、また普通選挙権を容認する体制――ブルジョア階級自身の代表者が持つのと同じ権限と権利をもつ代表者によって、政府に労働者の意志を伝えることを可能にする体制――の国家であっても、どちらも同じように閉鎖的で計り知れないもの、また厚かましいほどにブルジョア的で頑強なものであるというのは、自然の法則に矛盾している。(1)

実際の政治に翻訳すると、この信条は民主主義的プロセスへの誠実な参加を意味した。たしかに、プロレタリアの勝利は、議会ですべての投票の明白な多数を勝ち取るという民主主義的方法によって確保されるまでは待たねばならなかったのだが。ドイツの社会主義者は一九一八年の革命に参加したが、その参加は実際にはこの方針の例外ではなかった。あの革命は、戦争の緊迫の下でドイツ君主制が完全に瓦解したことで発生した。社会主義者が革命を操作したわけではなかった。彼らは最強の政党［ドイツ社会民主党（SPD）］だったがゆえに、革命を横取りしようと思えばできたし、その結果生じた政治的社会的カオスの機会に乗じて、独裁制を敷くこともできたはずだった。ところが、彼らが実際に行ったのは、民主主義的共和制の樹立を助けることだったのであり、そのなかで彼らは最も強力ではあった。だが、彼らは多数党ではなく、したがって政府を維持するためには非プロレタリア政党と協力関係を結ぶ必要があった。シュトレーゼマン［ドイツ人民党創設者および党首、一九二三年に首相］の下で協調を骨子とした国際政策を維持するために、長年にわたって社会主義者は、国内政治における主要な政敵であった産業家たちと協力関係を築いてきたのである。

ヨーロッパ大陸とイギリスの社会主義者における政治哲学の色彩の相違、さらにはベルンシュタイン派とカウツキー派の社会主義者の間の相違にもかかわらず、さまざまなタイプの議会制社会主義者の政治的戦略となると最終的には大差がみられなかった事実を記すのは、興味深いことである。ドイツ人とフランス人の場合、思想面では、イギリスの社会主義者の思想よりもはるかに強くマルクス主義の影響を帯びていた。フェビアン主義は、イギリスの社会主義に哲学を提供していたのだが、階級闘争に役立つことはほとんどなかった。それは倫理的社会主義であって、以前にはラディカルなタイプの自由主義において受容されていた正義の原理を、国民それ自体が拡充していくという課題を担っていた。ラディカルな自由主義の延長および論理的帰結としてのイギリス社会主義の精神史は、ジョン・スチュアート・ミルの思想的発展、つまり後年において彼の政治思想は個人主義的なものから集団主義的なものへと転じていったのだが、そうした発展によく示されていた。シドニー・ウェッブは、次のように主張した。

社会主義運動は、これまで中産階級ないしブルジョア階級によって鼓舞され、教示され、導かれてきた。こうした事実に鑑みてフェビアン協会は、社会主義者たちが出てきた階級そのものを、とくに敵対するものとして非難する彼らの自己矛盾に反対する。(2)

こうした判断は、興味深いことに、みずから労働者階級と同一化し、倫理的に動機づけられた中産階級出身の指導者たちが自然に陥ってしまう混乱の好例である。彼らは、自分たちの態度や確信が彼らの階級の支配的態度に対して一つの重要な鍵を与えていると想像する時に、こうした混乱に陥るのである。ウェッブ氏の確証にもかかわらず、中産階級は労働運動に対してリーダーシップを発揮したけれども、労働運動の主義主張に対しては敵対的であり続けたのである。だが、イギリスの労働運動が敵対的な姿勢をあまり示さず、階級闘争へも穏健な態度でのぞむことは、イギリスの長年の議会主義の歴史と一九世紀のイギリス自由主義の着実な積み重ねの結果であるかもしれない。こうした伝統こそが、デモクラシーの運動をたんなる中産階級の戦略以上の何か重要なものとして確信することを正当化してきたし、あるいは正当化しているように見えたのである。それにもかかわらず、大陸のよりマルクス主義的な社会主義とイギリスのかなり土着的な社会主義の相違は、その後の歴史においてかなり払拭されていったことは重要である。大陸の議会制社会主義者は、彼らの思想のなかにより根強いマルクス主義が混入されていたとしても、イギリスのそれよりもより革命的だったというわけではなかった。そしてイギリスの社会主義者は、一時期、大陸の社会主義者が不可能と考えていた程度に、中産階級の支持を獲得していたと思われた。しかし、彼らは一九三一年の選挙では、国民の愛国主義が労働者階級の政策にこぞって反対する危機のなかで、中産階級が社会主義に対して不可避的に背を向けるのを目撃することになった。イギリスでもドイツでも、社会主義政党はときおり国家の最大の政党になることもあった。そしてこれら二つの国だけでなく、フランス、ベルギー、スカンディナヴィア諸国においても、社会主義政党は、多数派として、あるいは少数派として、政府に協力してきたのである。

社会主義は議会内の行動によって漸進的に達成されうるという希望は、これらのすべての国の歴史においては少なくとも部分的には正当化されてきた。経済行為に対して政府が大きな社会的統制を敷いてきた事実、さらにはますます広範な経済活動の領域で政府が統制だけでなく実際の所有権までもつようになった事実は、ウェッブ氏の次のような判断に少なくともある種の確証を与えていた。「今世紀［二〇世紀］の経済史は、社会主義の進歩のほとんど間断のない記録である。」

道徳的要素と強制的要素の結合

いたるところで国家は経済社会の種々のプロセスに介入していった。その目的は特権を減少させ、所有者の権力を抑制し、労働者の特権と権限を増大させることにあった。種々の古い法律は、労働者が自分たちを組織化し工業社会における自分たちの権限を増大させる権利を禁止していたが、これらの法律は廃止された。所得税と相続税が重くなることで財産権と用益権は縮減され、そこからの税収入は、経済的プロセスにおいて最底辺の人たちへの社会的支援事業を拡張するために国家によって用いられた。失業保険、高齢者年金、労働者の債務救済法、そしてその他の類似した立法は、経済社会のプロセスにおいて生み出された不平等を緩和するための政治社会の努力を示すものであった。こうして経済体制は労働者から彼らの安全性を奪い取るが、国家はそこに介入して何らかの安全性を再構築する。経済体制は財産所有者の手に利益を蓄積させるが、国家は徴税権力を行使することでこれらの利益を縮減させる。ときおり、その課税があまりにも厳格であるので、その影響をもろに受けた人たちは、徴税権がほとんど財産没収権になってしまっていると不平をもらしたほどである。近年のドイツがそうであったように、国家は利子や地代や配当金にも上限を設け、こうして経済社会の自律性は完全に破壊されてしまうかもしれないのである。

こうした展開全体のなかに、われわれは道徳的要素と強制的要素とのお決まりの結合を発見するであろう。こうした結合は、暴力が回避され、純粋に政治的意味での圧力が行使される場合、政治的変化には明らかにみられる現象なのである。所有者側の社会的特権と権力が多種多様な形で剝奪あるいは削減されることは、一部は労働者側が行使した政治的な力によって達成されることがある。しかし同時に、そこにはつねに新しい社会基準が自発的に受容されるといった要因もみられた。というのも、そうした新しい社会基準は、以前より受け入れられてきた政治的社会的原理の論理的で不可避な拡充として社会全体に訴えかけられるからである。さまざまな労働者政党が大きな力を獲得する以前から、またときおりそれらの政党が存在すらしなかった時代から、すべての近代国家においてかなり多くの社会立法が成立していた。この事実が示しているのは、一般社会が最小限の社会的ニーズを認識できる能力を持っているということにほかならない。こうしてイギリスの場合、一八七五年の結社法、一八七一年から一八七六年の労働組合法、一八六七年の仲裁法、一八七〇年の教育法、一八七五年の衛生法は、労働党の出現以前にすでに通過していた典型的な立法だった。こうした事実は、一人の自由党の政治家［ウィリアム・ハーコート］の次のような主張を正当化するものであった。「われわれはみな、今では社会主義者なのである。」

このような立法は、もちろん決して特権階級の社会的洞察力が増大したがゆえに行われたということではなかった。というのは、労働者は、政治的に組織化される以前ですら、すでに一定の政治的圧力を行使していたからである。イギリスでは労働者が選挙権を獲得する以前でさえ、彼らが革命という意味合いで何かしでかすのではないかという恐怖も影響し、中産階級は貴族地主階級から選挙権を勝ち取ることができたのだった。アメリカでは、黒人と労働者は自分たちの政党を組織していなかったにもかかわらず、上院は、彼らからの政治的復讐への脅威から、彼らの利益に敵対的であると見なされた最高裁判所判事の候補者の指名を否認することができたのだった。

特権階級はときおり自分たちの特権の一部を譲渡する行為に出ることがあるが、それは、労働者政党の成長を抑止し、または労働者集団のラディカルな要求を骨抜きにしようと望むがゆえの行為だった。一方でビスマルクの社会立法は、ある時期のヨーロッパにおいてはその種の立法の模範であり続けたが、それは明らかに成長期のドイツ社会主義労働者党の進路に逆風を送り込もうとする魂胆によって促されたものだった。他方でハーバート・アスキス［イギリスの自由党党首・首相］の場合のように、保守陣営の意見を退け、みずからの自由党支持の下に最初の労働党政府に政権担当を承認した際、そうした行為は、むしろ政治における純粋な道徳的動機づけの明白な事例であった。アスキスの信条にしたがえば、デモクラシーの原理は最大政党としての労働党に対して、政府担当の責任を引きうける権利を与えようとするものであった。彼のこうした行為に対しては、長年にわたりデモクラシーの原理に口先だけの賛同を示してきたにすぎない多くの政治家から反対が生じた。彼らは、アスキス氏の政策を彼の階級に対する「反逆」、そして言うまでもなくイギリスに対する「反逆」と見なしたのである。こうした事態は、明らかに政治における純然たる原理の限界を示すと同時に、最も高貴な政治理想に対してさえも階級利害の不可抗的な影響力が及ぶことを示している。こうした理由から、政治において理性や良心に全面的に依拠することは不可能なことなのである。圧力の行使は必然的なものである。もし圧力が徐々に適用され、正義の新しい規準に徐々に近づいていくならば、そのプロセスで特権を失う人たちはその喪失を自発的に受け入れていく可能性がたえず存在するようになる。たとえその人たちが新しい正義に納得できない場合であっても、また政治権力の威嚇のみが彼らの屈服を確保できると考えられる場合であっても、彼らの子どもたちはそれを社会ですでに確立された規準として見なすようになるかもしれない。このようにして社会は、強制的要素と教育的要素が多種多様な度合いにおいて作動する、漸進的で進化的なプロセスによって平等的正義の方向に進んでいくであろう。

だが、進化的な議会制社会主義のプログラムには種々の困難や危険も存在する。それらの問題は、議会主義的方法に無制限の信頼を置いている人たちによって、十分明白には認識されていない。政治社会は、圧力を加えることで平等の方向へと産業社会を完全に変革できるかは、まったく不確実である。この目的のために用いられる主たる手段は課税であるが、課税は収益漸減の法則に従っているように思われる。過重な税負担は、資本主義体制における最も脆弱な部分の有効性を破壊してしまい、最も強力な部分を抵抗へと扇動してしまう。極端に累進的な相続税は、最終的には国家に生産的企業を引き取らせるか、さもなければその税収入を喪失することになりかねない。こうしてもし仮に企業が徐々に国家によって引き取られていけば、社会的所有の体系的かつ整合的な枠組みを発展させることは困難になる。そうなると、社会はカオスのなかに投げ込まれることになりかねない。というのも、私的所有と社会的所有の二つの制度の欠点が結びついてしまうかもしれないからである。

さらにまた、特権階級が平和的にみずからの利益を少しずつ譲渡していき、最終的に社会におけるその特別な地位と基盤そのものを紛争なしに譲渡するという可能性については、いまだに何ら証明するものはない。特権階級は政府に対して依然として、平等への進展をくじく目的で行使可能な影響力を発揮するかもしれない。それだけでなく、危機の瞬間には自分たち自身を守るために暴力に訴える誘惑に駆られるであろう。一九三一年のイギリスの政治的危機の際に、銀行が保持した権力、さらに労働党が支配する議会に対して条件を指定した銀行の力能は、再組織化されていない経済権力によって政治権力が敗北した好例である。イタリアとドイツの双方におけるファシズム体制の努力――前者は成功を収め、後者は依然として行方の定まらない状態にある――は、危機に瀕した特権階級が暴力に望みをつないだ事例である。議会制諸国において政治権力が漸進的に平等化してきた長い歴史は、ふつう想定されているように、平和的に経済変革が進むという信頼できる予言に基礎づけられた事例ではありえない。そうでない理由は、経済権力の方が政治権力より基礎にあるからであり、政治的平等主義の形態と原理でさえ経済権力の目的のためにねじ曲げることがありうるからである。それゆえに、準特権ないし擬似特権でしかない特権を喜んで譲渡しようとする態度は、根本的な経済的変革に静かに同意するうえで何の保証にもならないのである。

議会制社会主義者たちは、通常これらの困難は克服可能であるとし、これらの危機を乗り越えることは可能だという希望を持っていた。というのも、彼らの信条によれば、議会における明白な多数の獲得によって、上述のすべての困難は打破されるであろうし、国家の権力と威信は社会の再組織化のためにプロレタリア階級の手に委ねられるだろうとされたからである。カウツキーのような社会主義思想家の場合、資本の集中とそれにともなう労働者階級の不可避な増大に関する古いマルクス主義の予言が、こうした希望を裏づけるために用いられた。この予言で拒否されている唯一の部分は、労働者の窮乏化の増大に関する箇所である。他方で、議会における明白な多数の獲得というこの希望の困難な点は、西洋の工業諸国の全体的経験がそれを否定していることである。多数を獲得するためには、労働者は都市の中産階級と小作農と農民のかなり大きな部分の支持を獲得する必要がある。

平和志向の中産階級とその教育への期待と限界

中産階級が、議会制社会主義の陣営の味方になりうることを仮定する一つの理論がある。それによれば、中産階級は革命的社会主義の暴力の脅威に直面しており、その主義主張から永続的に疎外されている。この理論は、政治における道徳的要素と強制的要素との関係の問題にきわめて重要な関連を有している。この理論を擁護する理由として、あらゆる社会には社会の平和に主たる関心を払っているかなりの大きなかたまりの階級がつねに存在するということが指摘されているが、それは真実と見なしてよいであろう。またこの階級は、政府が暴力を用いたりせず、また社会のやり方の基本にそれほど深刻に介入することもなく、みずからを樹立できるのであれば、その政府を受け入れるであろうということも、真実であると見なされている。さらにこの階級の相当な部分は、平等な社会という労働の理想に理性的にそして道徳的に献身していると言うことすら可能である。そうした可能性は、社会的に自覚的な教育者たちの野心をも正当化するように思われる。というのも、彼らは学校という機関を通じて社会全体に社会的政治的知性を増大させ、それによって社会を救おうと考えているからである。

アメリカにおける指導者たちのなかでも最も卓越し、最も想像力豊かな一人は、ハロルド・ラグ教授であるが、彼は次のように述べている。

新たな中等教育のカリキュラムは、大きな領土、多様な気候、異質な集団から成る民衆、都市化の進行といった問題を抱える国においてデモクラシーを経験することの困難を、生徒たちに率直かつ勇敢に紹介することになろう。それはまた、支配的な経済的諸階級が地方的な州政府と連邦政府を統制しようとする傾向を明らかにするであろう。……それに対応して、われわれの中等教育の学校の生徒たちの創意に富んだ想像力が解放され、彼らは全国規模の計画化された体制の樹立に尽力する仕事に取りかかるであろう。そしてこの全国規模の体制においては、政府の専門的諸機能はこれらの分野における訓練された経験豊かな専門家たちによって運営されることになるのである。(3)

教育者たちのこうした希望については、アメリカではその最も印象的な提示はジョン・デューイ教授の教育哲学のなかに見いだされる。この希望は一定の妥当性を有しているが、教育による政治的救済は、教育者たちが想定するほど容易に達成されるものではない。彼らが政治問題について述べる用語そのものが示しているのは、彼らは中産階級の観点に縛られているということである。それらの中産階級の観点は、教育者の理想から遠ざかるにしたがって、おのずとその影響力と狭隘さを増し加えている。こうしてラグ教授は、彼が文化に対する経済的影響を明晰に分析する著書そのもののなかで、それにもかかわらず教育によって現代文化からの重要な批判的離脱が可能になり、さらに公立学校においてそうした公式の教育が実際に実現されるという希望に、自分自身を委ねている。

さらにまた、社会計画は、厳密な境界設定や所有権の全面的廃止によってのみ可能であるという事実を認識することなく、ただ計画化された社会の理想像が投影されてしまう。(4) ここで暗黙裡に想定されていることは、現代社会がその経済的プロセスの立案に失敗しているのは、それを行う知性の欠如のゆえであるということ、さらに学校がこの知性を提供するだろうということである。事実はといえば、現在の社会体制から利益を得ている強力で支配的な集団の利害が、理性的で正しい社会の建設にとって実際の障害になっているということなのである。一般社会の知性が高いレヴェルにまで向上し、それゆえに社会の非合理な不正義が除去されると信じることは、心地よいことである。しかし、不幸にもそのような一般社会はどこにもない。多くの階級があって、それらのすべてが部分としてみずからの経済的利害から自分たちの観点を引き出したり、あるいは自分たちの観点が経済的利害によって制約されたりしているのが現実である。

社会意識の高い現代の教育者たちは、こうした事実を認識しそこなっているわけである。このことが示しているのは、彼らの教育理論そのものが、一方では純然たる知的誠実さと洞察力によって支配的な経済集団の衝動を部分的に乗り越えながらも、他方で彼ら自身の階級である中産階級の環境によって部分的に束縛され制約されているということである。というのも、この階級は快適さと安全のなかで生きており、社会問題の緊急性を認識できないでいるからだ。そしてまたこの階級は、個人的関係の世界のなかに生きているがゆえに、経済的諸集団が一貫して純然たる利己性の枠組みにおいて自己主張しようとしていることを正しく認識することができないままである。

これらの現代の教育者たちの考えによれば、社会が必要とするもの、そしてもし十分に知的であれば獲得できるものは、政府の「専門的諸機能」を果たすことのできる「訓練された経験豊かな専門家たち」である。だが、この考え方は、彼らのもう一つの階級的偏見をおのずと示している。それは、きわめて合理主義者でもある知識人に固有の偏見であって、政府の悪は専門家たちの専門的知識によって取り除くことができると想像してしまう。どのような種類の政府であれ、もちろん専門家たちの専門的知識を活用しようとするに違いない。しかし、そのような専門家たちの専門的知識が国家の不偏不党性と正義を保証できるといった考え方は、一般的には理性の、そして特殊的には専門家の理性の不偏不党性を過大評価することになる。

政治は、それを統制する諸集団の利害の圧力によって一般的な方向づけを与えられる。専門家は、先に決定されたいかなる傾向性に対しても合理的な正当化を施したり、効率的で具体的な適用方法を提供したりすることができる。そうしたことが人間精神の傾向性なのであり、まずは理性的な考慮とは異なる方法によって決定された種々の仮定から出発し、次にそれらの仮定の上に合理的で受容可能な判断の上部構造を作り上げるのである。それゆえに、こうしたすべてのことが、いかなる不誠実さの意識もなしに成し遂げられるのだ。もし専門家が、保守的であれ急進的であれ、いかなるタイプの体制の下でも働けるとするならば、イギリスやドイツの社会主義的政府の経験が証明しているように、官僚急進主義よりも保守主義の方に傾く可能性がより大きい。そして官僚は、ときおり全般的な政策路線から具体的な適用方法をつくることで、自分の仕える政府の全体的な政策を挫折させたり、変更を加えたりする手法をわきまえているのだ。

政治生活や経済生活の歴史に関する注意深い研究が結論として示しているように、他のすべての中産階級のモラリストたちと同様に、教育者たちは、政治的経済的関係における利害の対立を過小評価し、ふつうは利害によって偏向した知性のせいとされるべきものを、利害から切り離された無知のせいにしてしまう。この点での彼らの誤謬そのものは、彼らの階級のもつ歪んだ観点の結果である。特権化された階級のなかには、理性的かつ道徳的理想主義の力によって自分自身を非特権階級に同一化し、彼らの政治闘争にコミットしている個々人がつねに存在するものである。しかし、これらの人たちの数は、おそらくつねに限られたものだろう。たとえ特権化された階級の全体において社会的知性が創造され、それが階級間の対立を緩和するために用いられているかもしれないとしても、それはそうした対立が除去されるほど十分に強力なものではないであろう。いかなる中産階級も、関連するすべての社会的事実を把握させる教育プロセスを経験したことはない。それゆえに、過去は将来にとって妥当な結論を何も提供しないという主張も、可能であろう。しかし、その場合、こうした主張への回答は、教育プロセスによって、どの階級もすべての事実を把握できたり、また他の階級を突き動かしているすべての感情を理解できるということはないというものである。文明はつねに間接的で機械的な人間関係を増大させるがゆえに、こうした事情はおそらく現在以上に将来にはますますそうなるであろう。

はたして中産階級は今後、イギリスとドイツにおける中産階級以上に知的に訓練され、社会的により知性的になるだろうかというのは、一つの疑問である。これら両国においては中産階級の社会全体が、危機の瞬間には急進主義というよりはむしろ保守主義に転じた。イギリスの一九三一年の選挙では中産階級は、労働党の圧倒的な敗北に加担した。そしてドイツにおいては中産階級が、ファシズムの政策を通じて自己を主張した。政治的に先進的で社会的にも知的な国民における中産階級の態度に関する近年の実例は、未来におけるこの階級の政治的態度を予測するかなり重要な根拠となるに違いない。どの階級にも社会的理想主義と知性が広まるにしたがい、社会生活の全体的な質に影響を与えるだろうということは、誰も否定しないだろう。そしてこうした理想主義と知性は、政治的経済的権力の所与の均衡のなかで展開していく経済的政治的関係に健全さと誠実さを増し加え、さらには、暴力なしに利害の対立を調停する可能性を増大させるだろうということも、誰も否定しないだろう。しかし、もし新しいラディカルな勢力と利害とが政治的状況に導入されることがなければ、社会的理想主義と知性が広まったとしても、全面的に新しい形でそのような対立の調停を保証することはないだろう。

農民の保守的な政治姿勢

小作農と農場経営者は、革命的社会主義と議会制社会主義の双方に対してもう一つの問題を提起している。革命的社会主義に対する彼らの嫌悪については、先に考察したところである。問題は、ラディカルな政策が穏健な形をとった場合には、それがはたして彼らの強い支持を勝ち取ることができるかどうかである。そうであることを示す証拠は多くはない。議会制社会主義政党は、この階層からは実際にほとんど支持を得なかったのだ。イギリスとドイツにおいては、彼らは農業労働者の一部の支持を勝ちえたが、零細農民の間からはほとんど獲得できなかった。デンマークでは、高度に発展した農業協同組合活動が農村の根深い個人主義を弱めるように期待されたのだったが、この国においてさえ工業労働者と農民は敵対する政治的陣営にとどまった。ヨーロッパでは田舎には依然として強力な中世的伝統が残存し、地主への個人的忠誠の感覚があって、それらが小作農の保守的な政治的意見を決定づけている。

アメリカにはこれらの伝統は存在せず、農民はより強力な都市の影響下にある。それにもかかわらず、彼らは個人主義者である。彼らは貧しくとも、ささやかな自給自足的な経済に逃げ場を見いだし、外部世界への依存は最小限にとどめている。こうした自給自足の生活は、社会のより大きく複雑な諸問題への無関心を助長してしまう。そしてそれは、危機の時代には政治的保守主義にすり替えられたり、利用されたりする。もし農民が工業文明における現在の苦境から自発的な協同組合の経営によって自分たち自身を救い出そうとするのであれば、あるいはもし大規模な資本主義的農場経営事業によってプロレタリアの地位におとしめられてしまうとすれば、それがきっかけとなって農民は最終的には都市の工業労働者と手を結ぶようになるかもしれない。

もし仮に農民が自発的な協同組合のやり方で逃亡の道を探求したとしても、彼らはやがて効率性の増大だけではみずからの繁栄は達成できないことを発見するだろう。とくにより大きな経済権力と政治権力が農民の利益に反して使用され、彼らの利益に有害な国家政策を決定づけるようになる場合もありうるからである。協同組合型農業が効率性を高めたとしても、金融業界と産業階級が農民の犠牲の上で国家に強制した関税や通貨政策の重荷を取り除くことはできないだろう。数十年もの年月が必要かもしれないが、農民の側の幻滅の深まりによって、ついには彼らを本来の味方であるはずの工業労働者の側に引き寄せるかもしれない。もし強力な金融上の利益に後押しされた大規模農業が、独立した農民を農業プロレタリアの地位におとしめるようなことが起きれば、農民の政治理論と労働者の政治理論の融合もまた、急速に進むこともあろう。しかし、いずれの場合でも、そのような展開は、来たるべき数十年間に限ったどのリアルな政治予測においても想定できない種類のことである。農民と労働者の力を結集して第三の政党をアメリカに樹立する希望は、来たるべき遠い未来においても非現実的なものにとどまるであろう。(5) それはついに実現されないかもしれない。農民は、どんなに資本主義的体制から苦難を受けていようとも、集産主義的な政治目標を熱心に主張することは決してありえないということであろう。工業文明の必要性は、農業者のニーズといささかも関連があるとは思われない。農業者は、何よりも自分自身の一片の土地を必要としているのであり、彼らは共同所有を求める工業労働者の情念を理解することは決してないだろう。(6)

ロシアでは、工業労働者が農業者とプロレタリアの間に政治的利害における一時的な結びつきを作り出すことで、完全な政治的優位性を確立した。工業労働者はこの優位性を用いて小作農に集産主義体制を強制した。いまだに工業労働者に対する小作農の復讐は目撃されていないといえるが、その状況は不確かである。プロレタリアが小作農に対して長期にわたって強制力を行使できたので、小作農の生活環境をそれほど完全に変容させ、それゆえに集産主義的な社会理想が最終的に農業者に受け入れられたということであろう。しかしながら、ロシアの独裁制が行使している強制力はあまりに莫大であるので、それが深遠な心理的および道徳的反動を生まないとすれば、むしろ驚くべきことである。抑圧された諸国民の場合のように、そうした反動が、激烈なルサンチマンを生み、それを増大させることで、ロシアの独裁制に最終的な破滅をもたらすかもしれないのである。

いずれにせよ、どんなに経済的諸事実の論理が農民をプロレタリアの味方にさせるように思われようとも、農民を工業労働者の政治的同志と見なすのは無難だとはいえない。もしわれわれがこうして都市中産階級と農民を議会制社会主義政党のありうべき支持者から除外するとすれば、われわれは次のような結論に達せざるをえなくなる。要するに、進化的社会主義が議会の多数を勝ち取る可能性はきわめて希薄であり、まったく問題外であるのかもしれない、と。もしこの結論が適切であるとすれば、革命的社会主義の勝利を疑わしいものとする同じ政治の力学が、改良主義的社会主義の最終的勝利の可能性に対しても疑念を投げかけることになろう。

議会制社会主義の将来――そのプラスとマイナス

もしこれらの結論が妥当なものであるとすれば、われわれは次のようなさらなる確信におのずと導かれることになろう。すなわち、それは、現代社会において現在の不安定な諸勢力の均衡を突破し、それを完全に再組織化することのできる単一の政治勢力はどこにも存在しないという確信である。もしそのような結論が正しいとすれば（つねにもう一つのさらなる戦争が完全にその情景を変えるかもしれないという留保をともなうのだが）、理性的で平等主義的な社会目標を達成するという希望を捨て去る必要があるし、それに徐々に近接するという期待で満足しなければならないことになる。後者の期待は捨て去る必要のないものである。なぜなら、経済的政治的により脆弱な社会階級は、どの国においても彼らが潜在的に持っている十全な力をいまだに十分に発揮させていないからである。彼らは、これまで以上に、より大きな政治的経済的圧力を行使することができる。さらにまた、一般社会の社会的知性、あるいはむしろ社会の全階級の社会的知性は、たとえそれが超えられない限界があるとしても、現在のレヴェルよりも向上することは可能である。

こうして権力と権力、利益と利益を徐々に調停し、再調整することで、理性的な社会的理想に次第に近接していくアプローチをとることが、現代社会の運命であると仮定してみよう。もしそうであれば、政治的強制力の非暴力的なタイプこそが、暴力的なタイプよりも好ましいことは明らかである。そのような場合、議会制社会主義は、たとえそれが最終的かつ完全な勝利の希望を剝奪されたとしても、正当化されなければならない。議会制社会主義が正当化されなければならない理由は、いかなる社会も永続的な内乱の状態では生きることができないからである。そうした内乱は、革命的社会主義がその目標にまで到達するのが不可能であることから生じる。もし暴力が正当化される可能性があるとすれば、そのテロルは外科医の技術の素早さをもって執行されねばならず、その傷の治癒が即座になされねばならない。

議会制社会主義は、究極的な目標が達成される確実性はないままだが、社会的政治的勢力の均衡が変動していくなかで、労働者の政治権力を最大限に発揮することによって社会的所有の目標に向かって突き進んでいる。それはまた、他の諸政党との協働の方法を用いざるをえない。しかしながら、議会制社会主義は、社会主義者たちによって完全には理解されてこなかったいくつかの道徳的心理的な困難の下にある。社会主義のなかにある終末論的要素の放棄は、その宗教的熱情の犠牲とその結果としての原動力の喪失を意味している。進化的社会主義者はこの喪失をプラスに解釈する努力をしてきたが、このこと自体、彼らがあまりにも合理主義的になってしまい、人間の熱情の根源を理解できていないことを示すだけになっている。

進化的社会主義の哲学者、エドゥアルト・ベルンシュタインは、目標は何ら意味がなく、運動がすべてであるとし、次のように述べている。

私はこれまで、未来について一般的原理を越えた過剰な関心をもったことが一度としてなかった。私は未来のいかなる情景を結末にいたるまで読み取ることができなかった。私の思想と努力とは、現在と直近の将来に対する義務に関連するものである。そして私はただ、それらが今日の適切な行為への指針を与えてくれる限りにおいて、将来の展望に取り組んでいるだけなのだ(7)。

もしそうした感情が、どんなに現代のリベラルな中産階級の教育理論に近似したものであるのかをベルンシュタインが知ることができたならば、彼はそのことを深く考えたうえで、社会主義が自由主義へと堕落したことの徴候としてそれを認識したかもしれない。究極的目標を定義することを控え、その達成の可能性に確かな見込みが多少はあると考えることを放棄することの方が、はるかに合理的である。しかし、道徳的潜在力は、こうして合理性が高まるにつれて犠牲に供されることになる。プロレタリアの持つナイーヴな信仰とは、活動的人間の信仰である。合理性とは冷静な観察者のものである。プロレタリアの信仰には、もちろんのこと、すべての信仰と同じように、幻想の要素がある。しかし、それは必要な幻想であり、それなしには曖昧にされてしまう真理もある。社会はあまりに執拗にも変わらないものであるから、もし実際よりも容易に克服できると信じない限り、誰もそれに立ち向かうことはできない。そしてこれまで達成されたことがない、より純粋でより公正な社会の可能性を信じることができなければ、ラディカルな社会変革のプロセスにつきものの危険と苦痛を誰も引き受けようとはしないだろう。これらの幻想は、狂信主義を正当化するがゆえに危険である。しかし、幻想の放棄は、停滞に傾くがゆえに危険に満ちている。

もう一人の漸進的社会主義者アンリ・ド・マンは、次のように主張する時、大事な論点を外してしまっている。

センチメンタリストとロマン主義者に特徴的である理想の偶像化は、私には鼻持ちならないのだ。ある遠い未来に集団での幸福を約束する人たちは、彼らが正直であ

れば私にはナイーヴに思われ、彼らがでたらめであれば憎悪すべきであるように思われる。(8)

センチメンタリズムとロマン主義は、理想的な目標の達成を追求することなくそれを夢見るだけの観察者たちの病気である。真のプロレタリアは、その目標の純粋さとその達成の可能性の双方を信じることによって、勇壮な行為へとみずから奮い立つのである。彼は明らかにセンチメンタリズムとロマン主義に触れているが、何かセンチメンタリスト以上の存在である。プロレタリアはセンチメンタリストよりも危険で、また活力がある。彼は狂信的な人間である。

われわれは先に、複雑社会に対してプロレタリアの狂信主義の持つ危険について考察した。しかし、合理主義的なラディカルな人たちが直面する惰性や機会主義（opportunism／日和見主義）への誘惑は、それに劣らず危険である。議会制社会主義の歴史は、そうした例証に満ちているし、キリスト教史にも興味深い類似した事例がある。合理的に穏健化された理想主義から機会主義へはほんの一歩の距離であり、その次なる一歩は機会主義から不誠実な現状維持への屈服でしかない。絶対主義者と狂信者はもちろん危険である。だが、彼らは必要でもある。もし彼らがつねに妥協がつきものの当座の達成を絶対的な理想の光に照らして裁き、批判しなければ、歴史におけるラディカルな勢力――それが当てはまるのが個人の状況であれ社会の状況であれ――は、ついには完全な相対主義の砂のなかに沈んでしまう。プロレタリア的信念の宗教的性質がいったん放棄され、マルクス主義における終末論的強調が否定されるとすれば、進化的社会主義は、社会の執拗な惰性に抗して働きかけうる唯一の激烈な活力を容易に失ってしまうかもしれない。機会主義の危険と狂信主義の危険の度合いを測定して比較する方法はない。しかし、社会は全体として愚かな冒険に陥るよりも停滞に陥る傾向性が強く、それゆえに合理主義者の心地よい道理の感覚よりも絶対主義者の異議申し立ての方をより多く必要としているのである。共産主義は、現代社会において一つの勢力になっていく必然性があある。というのも、現代社会では社会の一部が完全に収奪され、無産化していくのは確実だからである。おそらくこの事実は歓迎されるべきであろう。おそらく共産主義は、議会制社会主義が全面的な機会主義や無意味なものへと成り下がることから救い出す批判を提示するであろう。

議会制社会主義が危機に瀕しているのは、それが宗教的絶対主義――それが損なわれていないプロレタリア思想を特徴づけている――を喪失したからだけではない。危機は、それが追求しなければならない実践的戦術からも生じている。というのも、このタイプの社会主義は、政府の行政面において他の諸政党と協働しなければならない。そのような協力においては、みずからの政策を相手が受け入れる範囲で実現していくしかなく、多くの取引を試みなければならなくなる。こうした取引は指導者たちによってなされねばならないが、彼らは次第に政府の高い地位に引き寄せられ、さらに金融界や実業界の大物や強者との結びつきを深めていかざるをえなくなる。こうして彼らは、すべての種類のご機嫌取り――貴族制が彼らの政敵を混乱させるために学んだ手法――にかかずらうことになる。

もし彼らが並外れた識別力を持たず、知的に強固でもなければ、自分たちに政治権力を委ねてくれた労働者の観点を忘れてしまうだろうし、無意識のうちに多くの特権を有している諸集団の社会的政治的観点を吸収してしまうだろう。もし彼らがふつうの正直者にとどまる人間であるとすれば、みずからの野心によって、プロレタリアの指導者というよりはむしろ国民の指導者となることで得られる権力と威信を手にしたいと誘惑されてしまうかもしれない。議会制社会主義は、背信の繰り返しという陰鬱な物語をしばしば提示してきたのであり、その背信は個人の弱さゆえの例外的で政治的に矮小な事例と見なすにはあまりにも頻繁に起きてきた。イギリスではマクドナルドやスノードン、フランスではミルラン、ヴィヴィアニ、そしてブリアン、ドイツではシャイデマンやノスケは、多くの顕著な事例のなかのごく少数にすぎない。ときおり、背信はそれ自体、社会主義政党からの完全な離脱という形をとる。別の場合には、社会主義的原理の放棄という形や労働陣営にとって敵対的な国家的政策の擁護という形をとる。議会制社会主義において絶えず現れてくるこの変節行為という現象は、二つの側面を有している。一つは個人的道徳的側面であるが、それは政治的側面と比べれば重要ではないものの、興味深いことではある。

明らかに威信と権力の誘惑に屈した社会主義指導者にはすべて、個人的な虚栄心と野心というアキレス腱があった。それらは、指導者たるものは純粋であってほしいと考える人々が見ることを望まないものである。おそらくマクドナルドの政敵たちが、彼の虚栄心がみずからの破滅をもたらしたと述べたのは正しかった。そして国王［ジョージ五世］は、憲法によって割り当てられた以上の影響力を振るって挙国一致政府の形成に尽力したように思われる。その際、国王がマクドナルドこそ、連立政府を率いるのに他の誰よりも有能であると主張することによって、彼の虚栄心を焚きつけたといった指摘も、正しいだろう。そしてスノードン家の社会的野心が部分的にスノードン［マクドナルド内閣の財務相］の政策を決定づけていたという遠回しの言い方にも、一定の妥当性があるだろう。そうした詳細な情報はとくに重要なものではないが、ただこれらのことによって高い地位にある労働党の指導者が、直面する誘惑に持ちこたえるには、いかに強靱な個人的性格が必要となるのかが示されている。

政府の要職を引き受ける前の決意表明は、この危険がないという証明にはならない。一九二〇年にラムゼイ・マクドナルドは、次のように書いた。

われわれの任務は、一国民がこれまで直面したことのない巨大なものである。しかも、もしこの破壊的な悲劇(第一次世界大戦)の終わりにあたって、わが人民が弱々しく不毛な博愛主義と見かけ倒しを自分たちのものとして受け入れるのであれば、またもし労働陣営の指導者たちが、長年にわたり攻撃してきた要塞の前の道が開かれているのに、視野がさえぎられ、心が臆して逆戻りし、降伏を意味する停戦にいたるとすれば、彼らは自分たちの階級を裏切り、それによって国民をも裏切ることになろう(9)。

ところが、一九三一年の危機に際して、マクドナルドは金融機関の利害の主張を受け入れ、海外領土へのイギリス市民の投資に対して過重な負担をかけることなく、逆に失業手当を削減する政策を採用した。

一八九九年にはアリスティード・ブリアンは、ゼネストを主張するサンディカリストの教理を以下の言葉で擁護した。

諸君は投票権でもって闘いに参加できる。私が反対することは何もない。諸君は槍やピストルやライフルで闘いに参加できる。もし時が来たら、私はあなたの戦列に加わることを自分の義務と考えるだろう。……しかし、労働者たちが全面的に彼ら自身の行為のために団結しようとし、またその行動の効果を固く信じる時、彼らに水を差してはならない。ゼネストは、闘う者たちにとって、結局のところ議論の余地のない権利の行使以外の何ものでもないのだという魅力を有している。(10)

ところが、ブリアンは一九〇九年に、首相として労働組合の指導者を逮捕し、強制的に労働者を兵役につかせることで、鉄道労働者の平和的なストライキを阻止したのだった。

あらゆる人間的行為の基礎には種々の動機づけが興味深い仕方で混じり合っているが、誰もその秘密の場所に足を踏み入れることはできない。行為をなした張本人ですら、行為の動機を本当に理解するにはいささか困難がある。だがそれにもかかわらず、しばしばそのような背信行為の原因となるのは純粋に個人的な弱みではないかと疑ってみるのは、適切である。議会制社会主義の指導者たちのなかには、きわめて誠実で、個人的な誘惑に陥らない人たちがいたし、これからもいるであろう。将来このような人たちに多くを依拠しているというのは、政治における個人の性格の重要性を示している。もっとも、その事実は、歴史の形成に一貫して見られる大きな非人格的な諸力と比べてどんなに矮小に見えるとしても、そうなのである。一方でフランスの議会制社会主義は、ミルラン、ヴィヴィアニ、ブリアンなどのタイプの人物たちを生み出したが、他方でジョレスのようなタイプの人物をも生み出したのである。だが、第一次世界大戦の前夜に彼が殺害されたことは、あの戦争の大きな悲劇の一つだった。そして同時にそれは、偉大な社会主義指導者がナショナリズム的熱狂から自由であり続ける能力を持っていることを示す機会を確実になくしてしまった。ジョレスがすべての国々の社会主義者たちによって畏敬の念をもって受け止められたことを考えると、もし彼が生きていたならば、国際的社会主義が第一次世界大戦中に致命的な大失態を犯すことを防げたかもしれないのである。

社会主義指導者たちの個人的道徳の問題は、もちろん議会制社会主義の全体の問題にとっては二次的なものにすぎない。その全体の問題とは、議会制社会主義が国民共同体の内部に批判的でラディカルかつ〔国民から〕超然とした勢力として存在することを支え、国民的エートスのなかにそれが埋没してしまうのをいかに防止していくのかという問題である。われわれは先に、ナショナリズムの感受性がもつ巨大な力を認識した。そして同時に、国民共同体が有効な自己批判を行う高みに昇ることが実際に不可能であることをも認識した。国民内部のいかなる集団も、その外部に部分的にでも立脚することがないかぎり、国民を当然の厳しさをもって批判することは決してできない。このように宣言するのは、おそらく厳格すぎる判断ではないであろう。こうした事実は、プロレタリア階級の戦略的かつ道徳的意義を示すものでもある。もし国家によって絶対的に収奪されたプロレタリアだけが、完全に国民のエートスの外部にいると想定してみよう。そうであれば、少なくともわずかながらも特権化されたプロレタリアが、彼らをつねに飲み込む恐れのあるナショナリズムの感情の潮流に逆らって進むことは、可能であるはずだ。議会制を支持するプロレタリアの背信は、個人の弱さとしてのみでは決して完全には説明しきれない。その理由は部分的には、国民の魂のなかへと準プロレタリア的運動全体を再吸収しようとする動きのゆえなのである。

社会主義政党へのナショナリズムの深刻な影響力

この動きは、国民を絶対的価値と同一化する人々にとっては美徳であるように思われるだろう。しかしながら、それは、すべての高貴な人間的価値に対するナショナリズムの危険を認識する人々にとっては弱点と思われるに違いない。国民がつねに要求できるのは、人間の忠誠心の一部のみである。国民はいつも忠誠心のあまりにも大きな部分を要求してくるので、他の共同体は国民と競うことが必要になってくる。一つの階級が、その生活条件からして平等な社会を切望せざるをえない場合、その階級が構成員たちに忠誠心を求めて高い道徳的要求をしてはならない理由は、どこにも存在しない。この階級の究極的目的やそれが置かれている危険は、あらゆる理性の規則によってもそのような忠誠心を正当化している。もし国民の要求がより高次のものと思われるとすれば、それは伝統的感情が理性的考慮を凌駕してしまっているからにすぎない。

社会主義指導者たちが、国家の平和を維持する装いの下に労働陣営の政敵たちの主義主張を取り入れる傾向は、すでに提起した個人的野心という動機づけによって動かされているだろう。しかしながら、そのような政策がそもそも可能となる政治環境は、彼らが主導している政治運動全体が持つ準ナショナリズムによって作り上げられている。議会主義的な労働者階級の運動は、国民のエートスの内部に立脚しており、したがってその指導者たちはことあるごとに自己保存の国民的本能を吹き込まれる。この国民の本能は、国家の内外の政敵に対する防衛という形で表現される。それゆえに進化的社会主義者たちは、国際戦争にも協力するし、国内平和を危機に陥れるストライキや他の危険な弾圧にも巻き込まれることになる。ブリアンはフランスの鉄道労働者のストライキを弾圧したことがあったが、それへのジョレスの攻撃に対して自己弁護を試みたことがあった。その際、ブリアンは、国家の要人となった労働陣営の指導者の心中において、階級への忠誠心に対して国民的精神が勝利していることについてのきわめて啓発的な事例となった。

私は理論的には彼らがストライキ権を有しており、それを合法的に使用することを認めるにやぶさかではない。しかし、この論争で触れられることがなかったもう一つの権利がある。それはすべての権利よりも上位にある権利である。つまり、社会の生存権である。自由は歴史的に栄誉を与えられてきたが、その自由の行使によって国民の生存権が危険に陥れられることは許されない。……すべての他の権利よりも上位にある権利とは、国民の生存権であり、その独立と誇りを維持する権利である。(11)

ブリアンの言明における国民と社会の同一化、さらに国民の「誇りを維持する」権利を国民の生存権の一部にしようとする安易な論理は、以前に社会主義的急進派だった人物の心性においてさえも、国民の自己保存の衝動が国内平和を乱す者たちに対する強制的な政策をいかに急速に正当化してしまうのか、を示している。同様の安易な論理はまた、国外の政敵に対する帝国主義的政策をもいかに素早く正当化してしまうのかを示している。

第一次世界大戦期にドイツの社会主義指導者のフィリップ・シャイデマンは、ドイツ帝国の野心に条件付きながら支持を与えて、次のように主張した。「前線の配置が動かされることは絶対にないとは、ただ政治的幼児だけが信じられることだ。」そしてドイツの社会主義学者のハインリッヒ・クノーは、ドイツの帝国主義が社会主義者の支持に値すると考えた。彼はその理由を、それによって資本主義がその予期した頂点に達することができ、国際的社会主義の到来が早まるからだと説明した。中産階級の知識人たちは、戦争への参与の正当化について、これ以上の巧妙な理由を発案することは不可能だった。

ナショナリズムの衝動は、国家の舵取りを委ねられているあらゆる政治家の魂を掌握していた。社会主義的な政治家たちもそのような影響から免れていなかったと考えるのは、おそらく自然であろう。そしてナショナリズムの衝動が階級への忠誠心よりも優位にあったというのも、等しく自然であろう。しかし、そうした状況がすべて不可避であるとしたならば、労働者階級に現代社会を救済する使命を与えていたあの特質、つまり、国民的偏見と激情から批判的に離反し続けることを、議会主義的な労働者政党に期待することは無駄である。

国民の自己保存への衝動には、未成熟な国内平和と不必要な対外戦争をもたらす危険がある。国民が要求する社会の平和には不可避的に社会的不正義が包含されている。それゆえに、社会的不正義を除去するためにはひとえに社会の平和を乱す必要が生じてくる。そして同じ不正義が、国際紛争をもたらすこともある。したがって、国民に屈服することは、階級闘争よりも国際紛争を優先させることにつながる。だが、そのような選択は、理性的には正当化できないものである。理性の重力はそれに逆らっている。というのも、国際紛争は国内の不正義から生じ、そして階級闘争はそうした不正義を除去することを求めるからである。国際紛争を優先させるこうした選択を認めるいかなる道徳的判断も、たんにその選択に伝統的感情が影響を与えたことを示すにすぎない。それは偏見への理性の屈服を表しているのだ。

個人が実際の経験によって国民から離反するのでないかぎり、理性の純粋な力は、ナショナリズムからの批判的離反を実現させるほど決して強力ではない。それゆえに明らかに収奪によって無産化された労働者のみが、ナショナリズムからのそうした批判的離反を完全に実現するであろう。しかし、知性が増大するにつれて、それが少なくともわずかでも個人的経験を越えて広まるであろう。その結果、完全に無産化されてはいない労働運動が、国民の意志に対して、また万事に浸透している国民性の感情に対しても、より頑強な抵抗をもたらす知性を保持することも、まったく期待できないことではないであろう。もしわれわれが人間の想像力の限界を受け入れ、それが一個人や一階級の実際の経験を越えてそれほど遠くには広げられないという限界を認識するのであれば、他の事例においてもそうだが、この点でも、社会の未来は最善の形で展開されていくはずである。しかし同時に、もし想像力の浸透性を増大させるためのあらゆる努力が払われるならば、明白なものは、真理の認識にいたる前に苦い結果を生んだとしても、その恩恵に浴するのに遅すぎない仕方で認識されるようになるであろう。

革命的社会主義と進化的社会主義とのコントラストが示している長所と短所をみると、以上の通りである。それゆえに、両者の間にあっては、いかなる純粋に理性的かつ道徳的な選択も不可能だということになる。どのような判断がなされようとも、それは部分的には個人的傾向に依拠している。はたして人は伝統的な不正義の一部の存続を選ぶのかどうか、あるいは旧来の不公正を完全に取り除く努力をすることで新しい不公正を作り出すリスクを選ぶのかどうか、それがまさに問われている。これら二つの間の選択は、どれほどその人が伝統的な社会的悪業から苦難を強いられているのかに部分的に依拠している。さらにまたこれら二つの間の選択は、社会が直面する危機の程度によって部分的に決定づけられている。

第九章　政治における道徳的価値の保存

政治的リアリズムと理性的モラリズム――それぞれの陥穽

欲求、権力への意志、そしてその他の自己主張の形態などといった自然の衝動は、理性によっては決して完全には統御されたり、昇華されたりはできないということを前提とする政治哲学を想定してみよう。その場合、その政治哲学はいずれも、自然の衝動に自然の諸力を対抗させることで、人間の歴史における自然の統御を試みる政策を支持せざるをえない。もし仮に強制力、自己主張、紛争が、社会の救済のために許容可能で必要な手段であると想定するのであれば、紛争の永続化や圧制の持続化は、どのように回避できるのだろうか。今日の救済手段が明日の隷属化の鉄鎖へと変容することを防ぐことができるものは、何であろうか。

あまりにも一貫した政治的リアリズムは、社会を持続的な戦争へと追いやってしまうように思われる。仮に社会の凝集化が強制力なしでは不可能であり、また強制力の行使が社会的不正義を生み出すことなしには不可能であり、さらに不正義の廃絶はさらなる強制力の行使なしには不可能であると想定してみよう。そうであれば、われわれは社会闘争の終わりのない循環に巻き込まれてしまうのではなかろうか。もし自己利益が他者の対立する自己利益の主張をぶつけることなしには抑制できないとすれば、いかにしてその対抗的要求が過度にならないようにできるのだろうか。そしてもし権力を破壊するためには権力が必要であるとするならば、いかにしてこの新たな権力を倫理的なものとすることが可能となるだろうか。

もし社会における理性的道徳的要素の潜在力に対する政治的リアリズムの不信が極端に強調されるとするならば、権力の不安定な均衡が社会の望みうる最高の目標になると思われる。もしそのように抗争し合う社会的諸勢力の不安定な均衡が一時的な社会の平和ないし休戦状態に帰結するのであれば、権力のつり合いは何らかの偶発的な仕方で混乱を来たし、最終的に社会の平和が崩されてしまうのはかなり確実であろう。たとえそのような混乱が生じないとしても、それが、長期的には勢力均衡によって作り出され強化されてしまう社会的敵愾心によって崩れ去る可能性は大きいであろう。

過去三〇年の世界史は、紛争を紛争によって解決しようとする不毛な努力を含めて、この種のリアリズムの帰結の完全かつ悲劇的な象徴であるように思われる。第一次大戦以前の平和は、勢力均衡によって維持された休戦状態であった。この平和は、勢力均衡がもたらした相互の恐怖と敵対の自然発生的な発火によって破壊された。新しい平和もまた、この大戦以前の平和に劣らず強制による平和である。ただし、社会的政治的諸勢力の均衡の度合いは、先の大戦以前よりも弱まっている。軍事主義の原理と闘うふりをしていた諸国は、実際には自国の軍事力を増強させていった。その結果、諸国が維持した一時的平和は、諸国の権力によって生み出されたルサンチマンによって崩されていくのは確実である。

過度の一貫した政治的リアリズムがもたらしたこうした不幸な結果は、モラリストの勧告による仲裁を正当化しているように思われる。モラリストは、理性と良心をさらに拡充することで平和を追求する。彼らの主張によれば、唯一の持続する平和とは利益と利益のぶつかり合い、また権利と権利のぶつかり合いを理性的かつ自発的に調停することから起こるものなのである。そのような調停は、自己利益を理性的に抑制し、他者の利益を理性的に理解することを通じてのみ可能となる、と考えられている。モラリストが指摘する事実とは、闘争が利益を相互に調停することを阻害する敵愾心を生み出すこと、さらには強制力の行使が不正義を取り除くのと同じくらい容易に不正義を持続させてしまうことである。それゆえに、彼らの考えにしたがえば、社会的知性の拡張と道徳的善意の増大のみが、社会問題のための永続的解決をもたらすとされる。

だが、モラリストは、政治的リアリストと同じくらいに危険な案内人であるかもしれない。彼らは通常、現代のいかなる社会的平和のなかにも不正義と強制の要素が存在することを認識することに失敗している。強制の要素は隠されている面がある。なぜならば、支配集団は、経済権力、プロパガンダ、統治の伝統的プロセス、そして他の非暴力的権力などを利用できる立場に置かれているからである。モラリストは、強制のこれらの形態の本当の性格を認識することができていない。それゆえに、彼らはこうした微妙なタイプの強制力によって維持された平和を、暴力的方法を用いて攪乱する前衛集団に対して、不当な道徳的非難を投げかけてしまうのである。そしてまたモラリストは、平和が隠蔽してしまう種々の不正義を十全に認識していないがゆえに、平和を壊そうとする欲望を理解できないでいる。これらの不正義が容易に認識されない理由は、それらが、歴史によって承認され、伝統によって正当化されている種々の不平等のなかに埋め込まれていることにある。最も理性的なモラリストですら、それらの不正義によって実際に苦しめられるのでなければ、それを過小評価してしまうのだ。それゆえに、協力や相互性を過度に無批判に賛美することは、伝統的不正義を受容してしまうだけでなく、明白なタイプの強制ではない、微妙なタイプの強制を黙認してしまう。

適切な政治道徳は、モラリストと政治的リアリスト双方の洞察を正しく評価しなければならない。それが認識するのは、人間社会というものが、たとえ社会的協力の領域をどれだけ拡大しても、おそらく決して社会的対立を回避できないであろうという事実である。適切な政治道徳であれば、社会が無益な紛争の際限のない循環に巻き込まれることから救い出そうと試みるであろう。しかし、このことは、人間集団の生活において強制力をなくする努力によってではなく、強制力を最小限にすることによって成し遂げられるであろう。それはまた、人間社会において道徳的理性的要素に最も親和的な強制力のタイプの使用について助言を与え、さらには強制力が行使される直近の目的とその最終目標とを峻別することによって、成し遂げられるであろう。

平等的正義——最も理性的な究極の目標

理性的な社会であれば、おそらく強制力と紛争の除去以上に、強制力が行使される最終目標と直近の目的により大きな強調点を置くであろう。もし強制力が明らかに理性的に受容しうる社会目標のために使用される場合には、理性的な社会はそれを正当化するだろうし、強制力が一時的な情念のために行使されるのであれば、その行使を非難するであろう。本書で何度も繰り返し強調された結論は、平等こそ、あるいは少し限定していえば、平等的正義こそ、社会にとって最も理性的な究極の目標であるということである。もしこの結論が正しければ、より大きな平等をめざす社会闘争は、道徳的正当化を得るということであり、特権の持続化をめざす営為は当然拒否されることとなる。こうして国民、人種、階級の解放に向けた戦争は、帝国支配や階級支配の持続化のための権力行使とは異なる道徳的カテゴリーに位置づけられる。大英帝国下のインド人であれ、わがアメリカの黒人であれ、各国の工業労働者であれ、被抑圧者は、強制力によって支配を維持する抑圧者以上に、これら抑圧者に挑む高度な道徳的権利を保持している。

暴力的闘争は自由や平等を獲得する最善の手段ではないかもしれないが、こうした問いはしばらく脇に置いておく必要がある。何よりもまず、平等は平和よりも高次の社会目標であると主張するのは、重要なことである。平等は決して完全には獲得できないかもしれない。しかし、あらゆる現代の平和が現存の権力の不均衡のただなかでの休戦状態をもっぱら意味しているにすぎないという観点からいえば、平等は正しい平和の理想の象徴なのである。平等は、あらゆる現在の平和的状況のなかに凍結されている権力と特権の不平等を除去することを表している。たとえ過去の社会闘争が不毛であったとしても、それは全面的にそこで行使された暴力の方法のせいではなかった。暴力の目的が正義であった場合でさえ、暴力には不正義を持続化させる傾向がある。しかし、国家間の戦争の暴力が、不正な経済体制の除去を目的としたことは通常なかったことを明記しておくのは重要だ。そこで問題になったのは、全面的に社会的不正義に巻き込まれた諸国民が抱く実際の不平不満あるいは想像上の不平不満だった。これらの不正義の除去を目的とする社会闘争は、正義の問題と関連なしに行われる闘争とは異なったカテゴリーに属している。この点ではマルクス主義哲学は、平和主義よりも適切である。プロレタリアが国際紛争を非難しておきながら、階級闘争を主張している点で誤っているように平和主義者たちには思われたとしても、プロレタリアの方は、強制力の除去が不毛な理想にすぎないとする一方で、強制力を理性的に使用することで社会を救いうるかもしれないと主張するのには、相当の理由がある。

もちろん、目的がその達成のために使用される手段を正当化するという原理を受け入れるのは、危険である。その危険は、社会闘争に従事しているどんな社会集団も、自由と平等のために闘っていると主張することによって容易にみずからを正当化してしまうことから生じる。社会には、そのような主張を裁くことのできる絶対的に不偏不党の法廷があるわけではない。それにもかかわらず、理性はつねに偏見に巻き込まれ、限定的な観点を免れえないものの、そのような主張や言い分を不偏不党性の観点で分析し吟味を加えることを求めるものである。理性は論争的で複雑な事柄においては十全ではないが、少なくとも社会的収奪のような最も明白な事例を発見することは不可能ではない。社会集団が明らかにその権利をだまされて剝奪された場合にはつねに、その権利主張に対して特別な道徳的是認の理由を提供するのは、自然なことである。事実、こうしたことは、人間の共同体がある程度の不偏不党性を成し遂げた時には、つねに本能的に行われてきたことである。

トルコと闘うアルメニア人、イギリスと闘うインド人、アメリカと闘うフィリピン人、スペインと闘うキューバ人、そして日本と闘う朝鮮人など、これらの抑圧されてきた民族は、中立の社会からは特別な同情と道徳的是認をつねに呼び起こしてきた。不幸なことに、万国の労働者階級は、同様の同情を拒否されてきた。その理由は、抑圧されてきた諸民族の主張を聴くような不偏不党性を持つ中立の社会が、労働者階級の場合には不在であることによる。抑圧下にある諸民族の場合、国民によっては直接的に闘争には巻き込まれることなく、不偏不党という余裕のある立場を享受している集団もなかにはある。こうして、ヨーロッパ人はアメリカの収奪され無産化された黒人に共感を表明し、またアメリカ人はインドの解放のための闘争に特別な関心を寄せるのである。

実際にあらゆる社会問題を曇らせる偏向や偏見にもかかわらず、知性が社会に広まっていくにしたがい、社会的特権はその主張への支持を得るのが困難になり、収奪された側を支持する一般的傾向がみられるようになるというのは、おそらく真実であろう。その意味で理性それ自体は、よりよい勢力均衡を打ち立てようとするものである。すべての社会権力は一面において、経済的であれ、軍事的であれ、物理的な強制手段を実際に所持していることから生じている。社会権力はまた、かなり大きな部分、無思慮で理性に反する服従や尊敬や尊崇を獲得できる権力者の能力にも依拠している。理性がこうした社会権力の源泉を破壊する傾向をもつ限りにおいて、それは強者の力を弱め、弱者の力を強めることにつながる。収奪者は、マルクスが分析した意味とは別のもう一つの意味で収奪される。理性は収奪者からその道徳的独善のある部分を剝ぎとるだけでなく、仲間からのなんらかの社会的道徳的是認をも剝ぎとる。収奪者は、自分自身の良心による肯定や不偏不党の社会からの肯定について、確信をもてなくなる。そのどちらかが、あるいはその両方を剝奪されてしまうので、そうなると彼らは髪を削ぎ落とされたサムソンのようなものである。その力のかなりの部分は消え失せる。

社会における理性の力は、その発展が完全な権力の平等を確実にもたらすほどには強いものではない。しかし、理性はその目標に向けてみずからの力を発揮する。理性的な人々は、国家間の戦争の不毛さをますます非難する一方で、被抑圧民族や被抑圧階級の闘争を正当化する傾向にある。この事実そのものが証明しているのは、理性によって社会政策の種々の究極的目標の間の区別を行うことが不可避になっているということ、さらに平等な社会正義を打ち立てる目的こそ、最も理性的な目標であるということにほかならない。

われわれは先に次のように主張した。もし社会政策の目的が道徳的かつ理性的に是認されるならば、その目的を成就するための手段の選択は倫理的というよりは政治的でプラグマティックな問題となる、と。このことは、その問題が道徳的意義に欠けるということを意味しないだけでない。それはまた、道徳的理性が危険な政治的手段――たとえそれが道徳的に是認される目的のために使用された場合であっても――の濫用に対して注意を払わないでよいということをも意味しない。紛争と強制力は、明らかにそのような危険な手段なのである。闘争と強制は、まさしく社会がそこから救われねばならない悪そのものに満ちており、知性的な社会であればそれらの無差別な行使を容認しないだろう。もし理性が強制を道徳的理想の道具とするのであれば、それを最も高次の要素として使用してはならない。それだけでなく、理性は、社会の理性的道徳的諸力と最も親和的で最も危険の少ない強制力のタイプを選択しなければならない。道徳的理性は、味方が勝利を食い物にして無きものにしてしまうようなピュロスの勝利［損害が莫大で得るものが少ない勝利」のリスクに遭遇することなく、強制力を味方につける方法を学ばねばならない。

強制力の使用に課される最も明白な理性的抑制とは、強制力を利己的な目的のために行使する誘惑に陥らない不偏不党の法廷の統制に委ねることである。こうして社会は強制力を用いる権利を要求する一方で、その同じ権利を個人に与えることを拒否する。諸国の有する警察権力は、普遍的に認められた政府の機能である。その想定は、政府は市民の間で生じたどんな紛糾に関しても不偏不党であり、それゆえに警察権力を道徳的目標のために使用できるというものである。だが、警察が同じ権力を国際紛争において他の国々に対して行使する時には、道徳的行使を保証する不偏不党の観点を欠くことになる。それゆえに、同じ強制力であっても、国内の紛争において行使された場合は、社会の不偏不党性を示すことになり、国際紛争において行使された場合は、人類というより大きな共同体に対する脅威となりうる。こうして個々の国家の権力を国際的統制の下に置くために、十分な権力を持つ諸国民から成る社会を組織化する努力がなされてきた。

社会的政治的な強制力の不偏不党な行使と偏向した行使とを区別することは、正統なものではあるが、そこには明らかな限界もある。その限界は、理論で前提とされているような不偏不党性の実現が不可能であるということである。政府は、決して完全に社会全体の統制の下に服しているわけではない。経済的支配層であれ、政治的官僚であれ、つねに何らかの階級が、みずからの特殊な利益のために政府機関を利用するかもしれないのである。このことは、各国の国内についても、また国際社会についても真実である。強力な階級が各国の司法行政を支配することがあるし、また強力な国家が国際共同体の司法機関を牛耳ることもある。たとえ実情がその通りではなかったとしても、どのような社会においても社会紛争を避けたいとする本能のようなものがあり、また社会的不満の源泉については表面的にしか取り組まない。その結果、社会の安寧を破壊する一部の個人や集団に対して、彼らの不平不満がどんなに正当化されるものだったとしても、国家の警察権力が不正に行使される可能性がつねに存在するのである。

闘争が社会の生活と威信にどのような危険をも与えないのならば、その社会は双方の闘争当事者に対しては、強制力を公平に使用することができるだろう。しかし、そのような紛糾が社会の秩序や威信に影響を与える場合にはつねに、そうした不偏不党性は蒸発してしまう。落ち着いて礼儀正しく、そして高度に文化的なニューイングランド社会が、サッコ＝ヴァンゼッティ事件［一九二〇年代のアメリカで起きた冤罪死刑事件］においていかに偏見と熱狂によって振る舞ったかは、そうしたなまなましい事例だった。これらの理由から、実力や強制力の行使が、公平な法廷の統制下でなされることと、個人や集団の利益のためのあからさまな手段としてなされることとの間に、明確な区別をつけることは不可能である。

暴力的強制と非暴力的強制との区別――その困難

強制の問題に関してふつうモラリストが与える区別は、暴力的な強制と非暴力的な強制との区別であるこの区別を絶対的なものとすることの不可能性については、先に考察したところである。だが、それにもかかわらず、社会的プロセスにおいて強制の方法を選択する際に、そこに含まれる問題をより注意深く分析することは、重要である。暴力的な強制や闘争の顕著な特徴は、通常、生命や財産を破壊しようとするその意図にあると考えられている。この区別は、もし結果と意図との混同がなされないのであれば、適切である。非暴力的な闘争や強制もまた、生命や財産の破壊に帰結するリスクがあるし、しばしばそうなる。ただし、その違いは、非暴力の場合、破壊が意図されてはいない点であり、それが避けがたい結果として起きてしまうのである。暴力と非暴力との主たる相違は、それらが引き起こす破壊の程度――その違いは通常かなり大きいが――にあるのではない。両者の相違は、前者の攻撃的性格と後者の消極的性格にある。非暴力とは本質的には非協力のことである。それはみずから、社会の通常のプロセスに参与することを拒否する点にある。

非暴力は、政府に対して税金を支払うことの拒否(市民的不服従)、強制されるべき社会集団と取り引きすることの拒否(ボイコット)、通常の業務を行うことの拒否(ストライキ)を意味するであろう。これらの形態の非暴力行動は、受動的かつ消極的な抵抗の形態を示しているが、その結果はかなり能動的なものになりうる。そうした行動は、制裁の対象となる人たちの自由を確実に制限し、彼らがしようと欲することをさせないようにする。さらにそれは、一般的には暴力のようには生命を奪うものではないとしても、価値ある財産を破壊し、生命を奪うこともありうる。だが、ボイコットは、社会全体から活気を奪うかもしれないし、長期にわたって続けば、確実に生命を危険にさらすかもしれない。ストライキは、産業プロセスを停止させ、それに属する財産価値を破壊するかもしれないし、産業の重要な事業にストライキが介入すれば、そこに依存している社会全体の生活を危機に陥れるかもしれない。

暴力的強制と比較した場合に、ストライキの方が無実の人たちと罪責のある人たちとを切り離すことが可能だという主張は、そのまま認めることはできない。集団間の紛争の場合には、無実の人たちは罪責のある人たちのなかに混じり合っている。それは、紛争において行使される強制力のタイプのせいではなく、紛争の集団的性格そのもののゆえである。いかなる社会であっても制裁が加えられる場合には、たとえその関連する政策に責任がない場合であっても、それに依拠しているすべてのメンバーが影響を受けざるをえない。ランカシャーの綿糸紡績工たちは、イギリス帝国主義の張本人であると考えることはとうてい不可能だが、ガンディーによるイギリス製の綿糸ボイコットによって貧困に落とし込まれた。また万一にも国際連盟が日本や他の国に経済制裁を加えるとすれば、日本の帝国主義とほとんど何の関係もない労働者が、そうした制裁によって最も苦しめられるのは必至である。

換言すれば、非協力は、暴力とほとんど大差ない社会的結果をもたらしてしまうのである。両者の相違はたしかに非常に重要ではある。しかし、そうした相違を考察する前に、両者の類似点を強調し、非暴力もまた強制と破壊をもたらすことを主張することが必要となる。非協力が行使される社会的プロセスがますます複雑化し、相互依存的になればなるほど、ますます確実にこうした事情が見られるようになるのだ。この主張が重要であるのは、あまりにもしばしば無抵抗と非暴力抵抗とが混同されるからである。ガンディー氏は非暴力の最も偉大な現代の主唱者であるが、彼自身、この混同にひと役買ってきた。彼はしばしば、みずからの方法について、「魂の力」(soul-force)や「真理の力」(truth-force)という言葉を使って語っている。彼はそれを、暴力の物理的性格とは区別される霊＝精神的なものと見なしている。南アフリカで彼が非暴力の方法を展開していく初期の段階で、彼は次のように主張したことがある。

受動的抵抗とは間違った言い方だ。……その考えは「魂の力」という言葉によって完全に表現される。能動的抵抗は「身体の力」という言葉でよく表現される[1]。

抵抗の消極的形態は、それが消極的であるという単純な理由で霊性（スピリチュアリティ）に到達しうるものではない。それが社会的物理的関係の領域に入り込み、他者の欲求や行動に物理的制限を加える限りにおいて、それは一種の物理的強制力となる。ガンディー氏の精神《マインド》に混乱がみられることは興味深いところである。なぜならば、その混乱は、彼の元来の無抵抗の倫理的宗教的理想の純粋性に対して彼の政治的な責任意識が限定的ながら影響を与えていることを認識しようとしない点、またはおそらくそれができないことから生じているように思われるからである。社会的不正義は、純粋に倫理的で理性的で感情的な力（用語の狭い意味での真理の力と魂の力）によって抵抗可能だというのが、彼の出発点だった。だが、そこから彼は最終的には、あらゆる政治的指導者が必然的にそうするように、人民の自由の敵に対して何らかのタイプの物理的強制力を加える必要性を認めるにいたったのである。彼は次のように宣言した。

私の拙い意見では、請願や代表団派遣などによる通常の問題提起は、もはやインド政庁が証明したように、被支配者の福利に対して絶望するほど無関心な政府を悔い改めさせる手段とはならない。(2)

このような告発や観察は、おそらく歴史上のすべての帝国主義的政府に対しても、同じ妥当性をもって行うことが可能であろう。彼は、市民的不服従、ボイコット、ストライキといった多様な形態の消極的な物理的抵抗を使用したにもかかわらず、それらが実際に純然たる無抵抗に含まれるという含蓄を与えることにこだわっていたように思われる。無抵抗(non-resistance)というよりはむしろ明白に非暴力的抵抗(non-violent resistance)であることの意味を説明する箇所で、彼は次のように主張する。「イエス・キリスト、ダニエル[旧約聖書のダニエル書の主人公]、そしてソクラテスは、受動的抵抗や魂の力の最も純粋な形態を代表している。」このようなことはすべて、聖者の洞察と政治の必要とを何とか調和させようというきわめて困難な課題に取り組んでいる一人の人間の魂が、混乱に陥ったものだとしても無理もないことであろう。しかし、それにもかかわらず、それは混乱なのである。

ガンディーの非暴力抵抗をどう評価したらよいのか

ガンディー氏を正しく理解するために、次のことを述べておく必要がある。彼は一方で無抵抗と非暴力抵抗の道徳的含意を混同しているが、他方で純然たる無抵抗の立場には立っていない、と。彼は政治的にあまりにも現実主義的であるので、純然たる無抵抗の有効性を信じることができないでいる。第一次世界大戦の期間中に彼は、イギリス政府を支持したことを正当化して、次のように述べた。

私が強制力に基づく統治体制の下で生きている限り、またそれが私に提供してくれた数多くの便宜と特権を進んで享受している限り、政府が戦争に従事している時、私の能力の及ぶ範囲で政府を援助する義務がある。……その政府に対する私の立場は、今日の状況では以前とはまったく異なっている。そしてそれゆえに、私は自発的にその戦争に参与すべきではないのだ。(3)

ここで重要なのは、政府の暴力的性格が認識されている点、また彼の方針の変更が平和主義的原理によるものではなく、国民への忠誠心における変化として説明されている点である。外国製綿布の焼却を許容するガンディーの方針をめぐる彼の友人C・F・アンドリューズとの論争、そして一九一九年から二一年の最初の非暴力抵抗闘争の道徳的含意に関する詩人ラビンドラナート・タゴールとの議論は、その意味でたいへん興味深い。それらが示しているのは、彼にあっては政治的リアリズムが宗教的理想主義を和らげているという事実であり、それが政治責任を彼ほど認識していないか、まったく認識していない友人たちを当惑させることになったという現実なのである。(4)

最初の非協力闘争は、それが暴力へと発展していったがゆえに、ガンディー氏によって停止された。第二の非協力闘争もまた、不可避的な副産物として暴力を生んだが、今度はその理由によっては停止されなかった。政治的有効性を考慮に入れて彼の方針を部分的に決定し、みずから傾倒している「アヒムサ」(ahimsa／非暴力、不殺生)の教理を和らげているからといって、彼が誠実さに欠け、道徳的な称賛に値しないということにはならない。政治社会の責任ある指導者は、みずからの目的を実現するために強制力の行使を余儀なくされるのである。そのような指導者は、ガンディー氏と同じように、自分の精神的理想の支配の下にその手段を置くためのあらゆる努力を払うかもしれない。しかし、指導者はときおり、強制力を行使しなければならないのであり、政治的効果を求めて道徳的純粋さの程度を犠牲にする必要があるのかもしれないのだ。

真理の力や魂の力の行使は、それらの言葉の純粋かつ正確な意味で、社会闘争において相手の理性と善意に訴えかけることを意味している。これは一つの抵抗のタイプと見なされるかもしれないが、物理的な強制力ではない。それは教育の領域に属している。それは、制裁の対象である相手に対して外的な抑制を課すことを意味しているわけではない。それは、きわめて生き生きとした劇的な教育方法として用いられるかもしれない。それはまた、たとえばガンディー氏による彼の同志たちへの励ましとして、被抑圧者たちの苦しみを劇的に示すかもしれない。そして彼の同志たちに、市民的不服従のゆえに受けた刑罰を耐え忍ぶように、さらに「総督や立法者たちの共感の琴線に触れるように十分に長い期間、訴え続けるように」励ますのだ。しかし、それは依然として教育であって、強制ではない。

もちろん、教育が強制的要素を包含していることは、認めなければならない。それがプロパガンダにまで堕落してしまうこともありうる。さらにすべての教育に、プロパガンダの要素があることは否定できない。最も誠実な教育者であっても、意識的にせよ無意識的にせよ、自分の弟子たちに特定の観点を押しつけようとするものである。教育のプロセスのなかで、懸案の問題に関する事実や真理が不誠実にも抑圧される場合には、それは必ず純然たるプロパガンダになってしまう。しかし、そのような不誠実な意図がみられない場合でさえ、すべての思想のやりとりにおいては、ある程度まで無意識な事実の抑圧がみられたり、すべての事実を認識することができなかったりする。こうした事情こそ、社会的論争を解決するのに教育のプロセスだけに一任してはならない理由である。理性は決して純粋ではなく、それゆえに教育は論争を超克する方法であると同時に論争の道具にもなる。教育における強制の要素は、どんな物理的抑止力も行使せずに精神と感情の領域において作動するというただそれだけの理由によって、道徳的なものになる、というわけではない。それもまた、教育が奉仕する目的がいかなるものかで判定されなければならない。

特権化された集団がその特権を維持するために使用するプロパガンダと、収奪され無産化した集団によって行われる自由と平等のためのアジテーション(扇動)との間には、区別が立てられるべきであり、またおのずと区別されているものである。心理的タイプの強制と物理的タイプの強制との間には、強制力の程度における相違がある。それは、非暴力的タイプと暴力的タイプとの間にある相違と同様である。しかし、そのような相違に関して、もしひとえに影響力の最も少ない強制のタイプがおのずと最善なものであると仮定することができたならば、本質的な道徳的区別を打ち立てることが可能になる。

もしひとえに自由が絶対的な価値と見なすことができるのであれば、こうした道徳的区別は真実なものとなろう。これは、現代の教育者たちによって一般的に信じられてきたことである。しかし、こうした考え方は、彼らが認めようとする以上に、かなりの程度、一定の社会的経済的状況によって影響されている。

自由には高い価値がある。なぜなら、物理的であれ心理的であれ、理性が何らかの抑制下に置かれているのであれば、理性は機能できないからである。しかし、絶対的な知的自由を発揮できるのは、優れた精神を有するごく一部の人たちだけである。ふつうの人々の精神は、いわゆる自由教育のプロセスによって形成されている。彼らは、新旧の政治的理想主義あるいは宗教的理想主義によって植えつけられた観点というより、むしろ現代の種々の仮定や観点を受け入れているにすぎない。「民主的」教育家たちの教育そのものは、急速に解体していく一九世紀自由主義から受け継がれたもろもろの仮定や合理的に立証不可能な偏見で満ちている。心理的な強制は、すべての強制と同じように、危険である。強制の究極的価値は、それが役立てられる社会目的がいかなるものかにかかっている。

ガンディー氏が非暴力と非協力を「魂の力」と名づけているのは、霊＝精神の非暴力を強調している点を考慮した場合、混乱が少なく、妥当性を有しているといえよう。非暴力は実際に、彼にとって愛の理想や道徳的な善意志の精神を表現する用語となった。これは、彼にとって利己的野心から解き放された、個人的なルサンチマンからの自由や道徳的目的を含意している。それは、特別の政治的技術というよりはむしろ、政策が遂行される際の気性と精神――それについては実際に彼が述べているのだが――を指し示している。こうして、彼は一方で第一次世界大戦中のイギリスへの支持を正当化しながら、他方で次のように主張した。

非暴力は最も神秘的な仕方で作動する。しばしば人間の行為は、非暴力の枠組みでは分析できない面がある。同様に人間の行為は、言葉の最も高度な意味で彼が絶対的に非暴力である時にも、しばしば暴力の外見を帯びることもあり、後になって非暴力であることが分かることもある。私の行動に対して主張できることはただ、言及された事例において私は非暴力の意向に基づいて実践したということである。ここには浅ましい民族的利害や他の利害についての考えはなかった。(5)

これらの言葉でガンディー氏が実際に述べているのは、もし暴力が完全な道徳的善意志から出てくるのであれば、暴力でさえ正当化されるということである。しかし、彼は同時に、非暴力の方が通常は善意志を表現するのによりよい方法であると主張している。彼はおそらくこの両方の説明において正しいといえよう。道徳的善意志を表現する方法としての非暴力の利点は、それがルサンチマンから当事者を守る事実にあるだろう。そうしたルサンチマンは、暴力的闘争が対立する両陣営につねに作り出すものである。さらに非暴力の利点は、紛争が引き起こす多くの苦しみを耐え忍ぶことによって、闘っている相手側へのこうしたルサンチマンと悪意志からの自由を示す点にある。たとえ非暴力抵抗が敵対者への苦痛と苦しみを引き起こしたとしても、それは、紛争が相手側に負わせるより多くの苦痛を耐え忍ぶことによって、ふつうそのような苦しみが生み出すルサンチマンを緩和する。ガンディーは南アフリカで組織した非暴力抵抗について語るなかで、次のように主張した。

彼らの抵抗は、政府の命令に対して死の苦しみを賭してまで服従を拒否するところに成り立っていた。アヒムサは、悪とされる行為者を故意に傷つけるのではなく、むしろ自覚的にみずから苦しむことを要求する。積極的な形でのアヒムサは、最も大いなる愛、最も大いなる慈悲を意味している。(6)

インドでの彼の最初の市民的不服従運動の期間中、彼は刑務所への拘留の判決を命じる裁判官の前で次のように述べた。

非暴力が求めることは、悪との非協力のために科される刑罰に自発的に服することである。それゆえに私は、法律における故意の罪責のゆえに私に科されうる最高の刑罰を招き入れ、喜んでそれに従うつもりである。(7)

道徳的善意志のこれらの生きた証明がもたらす社会的道徳的効果には、巨大なものがある。すべての社会闘争においてどの陣営も、相手側の陣営が自分たちに行う悪業に取り憑かれてしまい、その結果、みずからの陣営自身の悪行を適切に理解することができなくなる。非暴力の気質は、こうした敵愾心を最小限に減らし、そうすることで紛糾中の問題を分析する際に、一定の客観性を保持するのに役立つのである。ガンディー氏は、第二回目の円卓会議［一九三一年九月—一二月］の期間中に、彼のボイコットによって貧困に陥ったランカシャーの綿糸紡績工たちに好意的な態度で迎えられた。この事実は、彼の霊＝精神的な非暴力の社会的道徳的な有効性の証明である。それは彼の方法の偉大な勝利の一つであった。

社会紛争においてルサンチマンに対処する精神的訓練の最も重要な結果の一つは、それが、社会体制および社会状況の悪とそこに巻き込まれている個々人の悪とを区別する努力を導く点にある。個々人は、自分たちがそこに巻き込まれ、さらに象徴化している社会状況ほどには非道徳的ではない。もし制度への反対がその代表者である個々人への侮蔑に至るならば、それはつねに不当な非難と感じ取られてしまう。ウィリアム・ロイド・ガリソン［一九世紀アメリカの急進的な奴隷解放運動家］は、奴隷所有者を激しく攻撃したが、それによってかえって南部を奴隷制支持に結束させてしまった。奴隷所有者の多くは、彼らが継承した偏見や伝統の範囲内では善良な人たちであった。そして奴隷所有者へのガリソン氏の攻撃の激しさは、数多くの人たちに彼の道徳的卑劣さの証左であるように感じ取られたのだった。一方でガンディー氏は、個々のイギリス人たちと彼らが維持する帝国主義的体制とを区別する努力をやめなかった。彼は次のように宣言している。

在職中のイギリス人は、在職していないイギリス人とは異なる。同様に、インドにいるイギリス人は、イギリスにいるイギリス人とは異なる。ここインドでは、あなた方は筆舌に尽くしがたいほど恥ずべき体制に属している。それゆえに、私はあなた方が悪人だとは考えているわけではなく、またあらゆるイギリス人が悪しき動機を持っていると考えることもなく、ただこの体制を最も強い言葉で非難することができるのだ。(8)

一面、悪しき社会体制とそれを維持する個々人の人格的な道徳的責任とを完全に切り離して考えることはできない。公平な道徳の教師であれば、社会的罪責に対する人格的責任の原理を主張することを余儀なくされるだろう。しかし他面、社会悪の反対者がそのようにしないことは、道徳的にも政治的にも賢明である。相手自身の罪責を疑うことを多少とも留保することは、確実に敵愾心を減らし、紛争中の問題を検証する上で理性的客観性を保持するのに資するであろう。

社会紛争においてルサンチマンを最小限に縮減させることの価値を認めるとしても、ルサンチマンが無価値で完全に悪であることを意味しない。ルサンチマンとは、ロス教授が観察したように、たんに不正義を受けたという感覚のたんなる利己的側面にすぎない。(9)その完全な不在は、単純に社会的知性の欠如または道徳的活力の欠如を意味する。自分の人種に対してなされた不正義に憤激する黒人は、いかなる感情的反発をもたずに不正義に忍従している黒人よりも、人種の解放により大きな貢献をする。しかし、利己的な要素がルサンチマンから取り除かれていけばいくほど、それはより純粋に正義の伝達者となる。ルサンチマンのなかの利己的要素は客観的立場からは正当と見なされるかもしれないが、それは反対者の観点からは決して正当化されるようには思われず、彼自身の利己心を逆にかき立ててしまう。

非暴力抵抗の狭く困難な道と希望

非暴力の気質と方法とは、社会紛争におけるもう一つのきわめて重要な利点を生む。非暴力は、自己利益と社会の平和や秩序とを同一化している相手側の道徳的欺瞞を剝ぎとってしまう。こうした同一化という道徳的欺瞞は、社会闘争において理解するのが困難な事象のなかでも最も重要なものである。堅牢な支配集団の道徳的欺瞞へのこの批判は、現状維持を攻撃する人たちに対して、最も明白で、しかも支配集団がそれを擁護することが最も不可能な優位性を与える当のものである。現状を攻撃する人たちは、公共秩序の敵対者とか犯罪者とか暴力の扇動者といったカテゴリーに入れられ、中立の社会が彼らに敵対する形で対峙されることもある。けれども、非暴力の気質と方法は、この堅牢な利益が持っている道徳的欺瞞のもっともらしさを破壊するのだ。もし非暴力的闘争が実際に既存の秩序を危機に陥れるならば、この闘争が非暴力であっても反逆罪や暴力行為といった非難が反対に浴びせられるであろう。しかし、それによって、社会における中立性が容易に混乱させられることはないであろう。イギリス国内では帝国主義的支配に対するインドの挑戦に対して大きな憤激がみられ、いつも通りの「法と秩序」が強調されるという、イギリス帝国主義者による反動の危険もあった。だが、そのようなことがあっても、ふつうならば得られるもっともらしい道徳的是認をもたらすことはなかった。

一言でいえば、非暴力的強制と非暴力抵抗は、社会生活の道徳的要素と理性的要素との調和的関係に対して最大限の機会を提供する強制のタイプである。それは、一連の抵抗の経過のただなかにあっても利害間の道徳的理性的調停のプロセスを破壊することはない。自己主張に対する抵抗は、その自己主張を容易にますます強めてしまい、闘争が休眠中の情念を呼びさまし、対立の本来の問題点を完全に曖昧にしてしまう。非暴力はこれらの危険を最小限にする。非暴力は、対立の領域内部になおも存在する道徳的かつ理性的で協調的な態度を保存し、こうしてそれらを破壊することなく道徳的な力を増大させる。

第一回円卓会議の後に開催されたガンディー氏と総督アーウィン卿との会談と最終的合意は、非暴力的な社会的論争の道徳的可能性を示す一つの完璧な事例だった。二人の人間のもつ道徳的資源と精神的器量が、その成功に寄与した。しかし、同様の次元の紛争対立が暴力を用いてなされていたとしたらこのような成功は、考えることすらできなかったであろう。闘争が起きても、それが方法や精神において最小限の暴力で行われる場合には、闘争の場において協調的で相互的な態度を保持できる可能性を示した印象的な事例だった。

強制と抵抗における暴力的方法と非暴力的方法との相違はそれほど絶対的ではないため、暴力を社会変革の手段としては道徳的に取りえないと見なすこともできない。ガンディー氏が暗示したように、暴力は時として道徳的な善意志の奉仕者となることができるかもしれない。そして非暴力的方法が、愛の気質の完全な証明であるわけでもない。第一次世界大戦中に平和主義的教派の一つドゥホボール派［ロシアの神秘主義的かつ絶対平和主義的な教派、カナダに移住］は、自分たちから分離した一派から良心的兵役拒否者としての特権を剝奪するようにとの請願書をカナダ政府に提出した。そうした行為に出たのは、「彼らの同志たちへの恨みの感情を満足させるという理由以外の何ものでもなかった」と言われている。(10) 非暴力的方法の利点は大きいが、それらは状況に応じて実際的に判断されねばならない。ガンディー氏ですら繰り返し状況適合性(expediency／臨機応変)の重要さについて指摘し、手に負えない大きな権力に向き合わざるをえない集団が、そのニーズと限界に個別的に適応するように提案していた。その含意は、終わりのない戦争の危険を除去できるほど素早く勝利できるのであれば、暴力を道徳的善意の手段として用いるのは可能だということである。このことが意味しているのは、非暴力が被抑圧集団にとって特別な戦略的な手段であるということである。とりわけ、その被抑圧集団が絶望的なほど少数者であり、抑圧者たちに対して立ち向かう上で十分な権力を展開できない場合に、とくに当てはまる。

アメリカにおける黒人の解放は、おそらくこの種の社会的政治的戦略の適切な展開が待ち望まれる事例である。黒人が、白人によって強制された見下された社会的経済的地位からの完全な解放を、白人の道徳的意識への信頼のみによって勝ち取ることは期待できない。さらにまた、暴力的反乱を通じてそうした解放を試みることも、同様に期待することは不可能である。

白人と黒人の関係改善のための道徳的理性的な力が、作動している。黒人の指導者たちは教育上の優位性を得て、黒人の自由のための闘いを行ったが、それは、主として慈善の意識をもった白人たちによって設立された学校教育に由来している。さまざまな人種間の相互理解委員会が、人種間の誤解を取り除き、相互理解を深めながら、有意義な活動を行ってきた。しかしながら、これらの教育を通じた和解事業は、すべてのそのような純粋に理性的で道徳的な努力にみられるのと同じように限界がある。それらの試みは、既存の不正義の体制の枠組みの内部でなされている。白人の慈善的な支援の下で運営されている黒人の学校は、個々の黒人の生徒に高次の自己実現を奨励している。しかし、それらの学校は、黒人が苦しんでいる社会的不正義に対する正面きっての攻撃は行わない。人種間の相互理解委員会は黒人のためのより大きな社会的政治的権利を勝ち取ることを試みているが、白人たちの敵対意識を刺激しないようにそれを行っている。この委員会は「同意区域」(zones of agreement) のさらなる拡張を試みてはいるが、あくまでその範囲内で活動している。これが意味するところは、よりよい衛生条件、警察の保護、より適切な学校教育といった個々人のための最小限の権利を保障するということにほかならない。しかし、彼らは、黒人の政治的な選挙権の剝奪や経済的な無産化状態に触れることはしない。彼らとしても長期的にはそれらの問題にも係わりたいと希望している。なぜならば、彼らは教育の力や道徳的説得の力が白人の頑な心を軟化させるという信念を有しているからだ。だが、こうした信念は、そのような期待がつねにそうであるように、多くの幻想で満ちている。黒人の主義主張に完全に同一化する個々の白人の数がどんなに多くなっても、アメリカの白人の多数は、強制されるのでもない限り、黒人に平等な権利を容認することはないであろう。この点について人は、独断でもって語るであろうし、そのことはすべての歴史が示しているところである。

他方で黒人の側で暴力革命へのどのような努力がなされようとも、彼らの抑圧者たちの敵愾心と偏見を強めるだけであろう。白人の人口は黒人よりも絶望的なほど大きいので、武力へのいかなる訴えも恐ろしい社会的破局に終わることは避けられないであろう。社会における無知と経済的利益が、黒人に対して立ちはだかっている。もし社会における無知に対して強制力のある通常の武器による挑戦が試みられるとしたならば、それは無知な人たちが起こしうる最も暴力的な情念を引き出すことになろう。たとえより多くの社会的知性が存在するとしても、経済的利益からして黒人の要求に対して頑強な抵抗が示されるだろう。

非暴力の技術が、これらすべての危機を除去することにはならないであろう。しかし、それは危機を減らすであろう。ガンディー氏と彼の同志たちが達成したのと同じ忍耐力と規律をもって展開されるのであれば、非暴力は、これまで純粋な道徳的説得も暴力も獲得することができなかったほどの正義を実現するであろう。信用の認証において黒人を差別する銀行、黒人との商売を続けながら黒人の雇用を拒否する商店、人種差別をする公益事業団体などに対する一連のボイコットは、かなりの成功を収めることは明らかであろう。黒人の子どもたちには、白人の子どもたちに費やされる額面のほんの一部の教育助成金しか支出されない諸州に対して税金の支払いを拒否すること、これも同様に有効な武器となろう。理に適い、希望に満ちたこのような闘争が、待ち望まれている。というのも、黒人たちは独自の精神的な天賦の才能を通じて、闘争を成功裡に展開する能力を備えているからである。彼らに必要とされているのはただ、新しい若い黒人たちの積極性と高齢の黒人たちの忍耐や自制心とを結合することであり、前者からは復讐心を、後者からは無気力を取り除くことだけである。

宗教的想像力が政治生活に大きな貢献をなしうる問題として、この非暴力抵抗を発展させること以上のものはない。敵対者にも共通に存在する人間の脆弱性を発見すること、そして、超越的価値を有するすべての人間の生命を深く理解することは、社会的闘争を乗り越える態度を生み出し、こうして闘争の残忍さを緩和する態度をも作り出すことができる。そうした宗教的想像力は、対立し合う人たちに共通のルーツだけでなく、悪徳と美徳の双方をそなえた類似した性格を持っていることを想起させることで、彼らを結びつけるのである。宗教が人間精神にもたらす独自の賜物とは、敵のなかに存在する悪が自分のなかにも存在することを認識する悔い改めの態度であり、さらに社会闘争があるにもかかわらず、すべての人間が同胞であると主張する愛の心情である。世俗的想像力は、これらの態度を生み出すことはできない。なぜなら、これらの態度は、目に見える現象に目をつぶり、深遠で究極的な統一性を強調する一種の崇高な愚かさ(a sublime madness)を必要とするからである。

非暴力の精神が東洋の一人の宗教的指導者によって現代政治に導入されたのは、歴史の偶然ではない。西洋人が、この種の非暴力的な社会闘争を実践することは不可能である。なぜなら、西洋人は東洋人よりも獰猛《どうもう》な野獣だからである。さらにより悲劇的なのは、西洋人の宗教的遺産が現代西洋文明の持つ機械中心の性格によって消失してきたからである。キリスト教の洞察は、より快適に生きる特権階級がほとんど独占する所有物になってしまっている。こうした傾向によって彼らはよりセンチメンタルになってきており、その結果、自分たちの宗教的源泉を活用すべき無産化された人々は、こうした傾向と結びついた道徳的混乱を強く意識するようになっている。それゆえに、西洋世界における社会闘争は、こうした宗教的洞察を直接的には活かすことができなくなってきている。もしそれらの宗教的洞察を活かせないとしたならば、西洋文明は、破局に向かって漂流するにせよ、または次第に社会的統制の下に経済生活を置くにせよ、人間生活の美を破壊してやまない残虐さと敵対行為に苦しむことになろう。

たとえ正義が非暴力の霊＝精神的要素を欠いた社会闘争によって実現されたとしても、そのようにして建設された社会の性格には何かが欠如することになろう。人間生活には、霊＝精神的要素と野獣的要素の両方がある。霊＝精神的要素を涵養する人たちは通常、野獣的要素が最も目立っている人間集団の問題から自分たち自身を切り離すか、あるいはその問題を誤解することによって、霊＝精神的世界に没入してしまう。人間の歴史の永続的な悲劇はまさにここにある。

したがって、これら人間集団の問題は未解決のままとどまり、強制力と強制力がぶつかり合うだけで、社会闘争の残虐さを緩和するものは何も存在せず、またその不毛性を除去するものも何も存在しない。人間生活の歴史は、つねに自然の世界の投影でしかないであろう。アウグスティヌスが観察したように、歴史の終わりにいたるまで、世界の平和は闘争によって獲得されなければならないものなのであろう。それゆえに、そうした世界の平和は完全な平和ではありえないであろう。しかし、世界の平和は、実際の平和以上により完全なものとなりうる。もし人間の知性と精神が不可能なことを試みるのをやめないならば、またもし人間の知性と精神が自然を克服したり除去したりすることを求めずに、逆に自然の諸力を人間の精神の奉仕者となし、さらに道徳的理想の道具としようとさえするならば、より高い正義とより安定した平和に徐々に到達できるのである。

第一〇章　個人道徳と社会道徳との相克

個人道徳と社会道徳との相克――非利己性 vs. 正義

人間社会の諸問題を現実主義的に分析するならば、社会のニーズと鋭敏な良心の責務との間には持続的で想定上は調停不可能な相克があることが分かる。この相克は端的に倫理と政治との相克として定義されるものだが、それは道徳生活が持つ二重の焦点によって不可避なものとされている。一方の焦点は個人の内面生活のなかにあり、他方の焦点は人間の社会生活の必要性のなかにある。社会の観点からは、最高の道徳的理想は正義である。個人の観点からみれば、最高の理想は非利己性にある。社会は、たとえ自己主張、抵抗、強制、さらにはおそらくルサンチマンといった手段を用いざるをえないとしても、正義の追求を行わなければならない。だが、個人の観点からみれば、これらの手段の行使は、最も鋭敏な道徳的精神からは道徳的に是認されるものではない。個人は、自分よりも偉大な何ものかのために自分自身を捨て、そのなかに自己を発見するという仕方で、みずからの生を実現するように努めなければならないのだ。

これら二つの道徳的観点は相互に背反し合うものではなく、両者の矛盾は絶対的なものではない。しかしながら、両者は簡単に調和できるものでもない。両者を調和させる努力については、前章ですでに分析が試みられている。そこで明らかになったのは、個人の良心による最高度の道徳的洞察と達成は、社会生活に妥当性があるだけでなく、必要とされているということだった。個人が道徳的想像力を働かせて、仲間たちのニーズや利益を理解しようと努力しない限り、最も完全な正義を樹立することはできない。また正義のための非理性的な手段が行使された場合、それが個々人の道徳的善意志の統制の下に置かれないのであれば、社会は大きな脅威にさらされるであろう。たんなる正義でしかないどのような正義も、すぐに正義以下のものに頽落してしまうものである。正義は、なにか正義以上のものによって救われなければならない。一方で政治家の現実主義的な知恵は、未来を見すえる道徳的先見者の愚かさ(foolishness)の影響下に置かれなければ、たんなる愚昧さに還元されてしまう。他方で道徳的先見者の理想主義は、人間の集合的生活の現実との折衝や交流へと導かれない限り、政治的虚妄さや時には道徳的混乱に陥ってしまう。しかしながら、道徳的洞察と政治的洞察とを融合する必要があり、それが可能であるとしても、二つのタイプの道徳性、つまり、内面道徳と外面道徳、あるいは個人道徳と社会道徳における和解不可能な要素を完全に除去することはない。これらの和解不可能な要素は不断の混乱を生み出すが、それらは同時に人間生活の豊かさを作り出すものでもある。われわれは、さらなる考察を加えることで、本書での倫理と政治に関するこの研究を締めくくりたいと思う。

内面的な観点からすれば、最も道徳的な行為とは、利害関係を度外視した動機づけによって成立している行いである。しかし、外面的な観点をとる者は、利己性のなかに善を見いだすかもしれない。彼はそれを、人間本性の構成にとっては自然なものとして、社会にとっても必要なものと評価するであろう。しかし、行為する当人の観点からいえば、非利己性こそが最高度の道徳性の規準であり続けるに違いない。なぜならば、利己的な自己追求をすることが社会的に承認されている行為をどれほど腐敗させるかということを認識するのは、ひとり行為する当人のみだからである。他方で社会は、非利己性というよりもむしろ正義をその最高度の道徳的理想とする。その目的は、すべての人の生にとって機会の平等を追求することである。もしこの平等と正義が、利害に対して利害を主張することなしには、あるいは隣人の権利を踏みにじる人々の自己主張に抑制を課すことなしには達成できないとすれば、社会は自己主張や抑制を認めざるをえなくなる。われわれがすでに見てきたように、これは社会闘争や暴力すらも認めざるをえなくなることにすらなりかねない。

歴史的には、内面的な観点はふつう宗教によって涵養されてきた。というのも、宗教は深い内省から生じ、おのずと善なる動機を善なる行為の規準としてきたからである。それは善い動機づけを愛もしくは義務に照らして定義してきたといえようが、そこでの強調点は行為の内面的源泉に置かれてきた。宗教が理性的形態をとる場合、(カントやストア派の道徳のように)、ふつう最高度の徳性の表現として愛よりも義務の方を選んできた。なぜならば、それらの見解においては、すべての衝動を理性の支配下に置く方が、どのような衝動――利他的衝動すら――にも道徳的至高性を与えるよりも、もっと有徳であると思われたからである。それに対して、社会的な観点は、宗教的道徳性とは最も鋭いコントラストをなしている。そのコントラストはとくに、個人としての人間というよりはむしろ集合的人間の行動を判断する場合、さらには政治生活の必要性を扱う場合に際立つ。換言すれば、政治道徳は、宗教道徳とは交わるところがない正反対の立場に置かれている。

理性的な道徳性は、通常、この両者[宗教道徳と政治道徳]の中間的立場にある。それは、ときおり社会のニーズよりも人間精神の内面的な道徳の必要性を正当に扱おうとする。

この内面的道徳の必要性が強調される場合には、利害を越えた宗教倫理というより、むしろ義務の倫理が展開されるようになる。しかし、通常、道徳における理性主義は、ある種の功利主義に傾くものだ。それは人間の行為を社会的な観点から見つめ、その究極的標準を何らかの一般的善や全体的な社会調和に見いだすのである。そうした観点からそれは、利他的衝動のみならず利己的衝動に対しても、道徳的是認を与える。こうして両方の衝動が人間の本性にとって自然であり、また社会にとって必要であるという理由で、両者はともに正当化される。このように、道徳における理性主義が求めることはただ、エゴイズムが理性に適った仕方で表現されるべきことである。この主題についてアリストテレスは、最初にして最後の権威ある言葉を述べた。彼の理論にしたがえば、理性は利己的か利他的かを問わず、すべての衝動への統制を達成し、そして過剰が回避され、いわゆる黄金の中庸が守られるのであれば、利己的衝動と利他的衝動の双方を正当化する。

自己主張の社会的正当化に関しては、シャフツベリー伯によって典型的な表現が与えられている。彼の信ずるところによれば、最高度の道徳性は、「自己愛」と「自然の愛」との調和を表すものであるとして、次のように述べている。

もし被造者が自己を軽視し、危険に対して無感覚であるならば、あるいは彼が、いかなる種類のものであれ、自分自身を保存し、維持し、守護するのに役立つようななんらかの情念を欠落させているのであれば、それは自然の目的と計画に照らして悪徳と考えられなければならない(1)。

理性的な道徳性は、もしエゴイズムと利他主義が、理に適った仕方で表現され、「計量法」[過不足の基準]を守るのであれば、エゴイズムに対して利他主義と同等の道徳的地位を与える。省察を欠いたすべての道徳思想が利他主義に道徳的優越性を自然に与えるのに対して、理性的な道徳性にはそれができずに、繰り返し困難に遭遇するのは、興味深いことである。こうしてバトラー主教は、彼の道徳的推論を始めるにあたって、「自己愛」(self-love)と「仁愛」(benevolence)とを均衡させる力として良心を理解した。しかし、良心は次第に仁愛に優越性を与えると考えるようになり、その結果、良心は仁愛と同一視されるようになる。それゆえにバトラーは、自己愛と良心との調和を打ち立てるために良心よりもより高度な力として理性(もともとは良心と同一視されていた)を描くことを余儀なくされた(2)。

道徳の内面的観点と外面的観点を調和しようとする功利主義の試みは不可避なもので

あり、また一定の限界内において可能でもある。功利主義は、宗教道徳と政治道徳の双方が陥るかもしれない過剰や矛盾や危険を回避する。この功利主義の試みは、一方で宗教道徳以上に、利己的衝動に対してさらに大きな道徳的是認を与える。他方でそれは、政治的に方向づけられた道徳以上に、強制や闘争、暴力を無条件に否認する。功利主義は、これら二つの道徳の対立を解決しようと努めるが、そのいずれの立場よりも現実主義的であるとはいえない。この功利主義の試みは、自己利益と社会的利益との早まった同一化を安易に前提としており、利己主義と利他主義との間に見かけだけの調和を打ち立ててしまう。たいていの功利主義的な合理主義者は、バトラー主教とともに次のように考えている。

仁愛と自己愛とは異なっているが、……しかし両者は完全に一致している。つまり、われわれ自身にとっての最大の満足は、適度に仁愛を持つことによって得られるのであり、また自己愛は社会に対してわれわれに正しい行動をとらせる唯一の主要な保証となるのだ。(3)

それゆえに、道徳における合理主義は、宗教に比べて自己主張に対する内面的抑制は小さくてよいとし、政治的リアリズムに比べて社会的抑制は小さくてよいと主張するのである。

宗教によって自己主張を内面的に抑制したり、完全な利害関心の不在を達成しようとつとめたりすることには、危険がともなっている。その危険は、そのような方針が容易に不健全なものになりやすいこと、さらにそれが逆に他者による不適切な自己主張を奨励したり、許容したりすることで不正義を助長することにある。だが、宗教道徳の価値は、利他的衝動以上につねにより強力である利己的衝動を抑制することにある。仮に利己的衝動と社会的衝動とがよい形で均衡が保たれて、等しく正当化されるといった都合のよい前提で、道徳的行為が企てられると想定してみよう。そうであれば、両者間の最小限の均衡ですら不可能になってしまう。

道徳問題が次第に個人の関係から集団や集合体の間の関係へと移っていくにつれて、社会的衝動に対する利己的衝動の圧倒的優位性がますます確立されていく。そしてそうした利己的衝動を完全に統制下に置くのに十分な内面的抑制などは存在しないことが、明らかになっていく。その結果、社会的統制を試みなくてはならなくなるが、それは社会闘争なしには確立できなくなってしまう。

そのような政治戦略にともなう道徳的危険については、先にすでに考察してきた。これは、宗教道徳の危険とは正反対のものである。後者の宗教道徳の方は、他者の不当な要求に対する自己主張を思いとどまらせることで、かえって不正義を持続させてしまう傾向がある。これに対して政治戦略にともなう道徳的危険の方は、自己主張を正当化するだけでなく、その要求をさらに強化する非理性的な権力の行使までも正当化する。こうして旧来の不正義に対して新たな不正義を置き換え、旧来の圧制者の玉座に新しい圧制を打ち立ててしまう。〔宗教的抑制と社会的抑制という〕これら二つのタイプの抑制の間の合理的な妥協は、自己主張に対する早まった自己満足を容易に生み出してしまう。それゆえに社会は、利己的衝動に対して不適切な抑制を試みるといった危険をおかすよりは、二つのタイプの抑制の間には不安定な調和しかないことを甘受する方がよい。トルストイもレーニンも共に、社会生活に対して危険をもたらす。しかし、二人はおそらく、アリストテレスの現代の弟子たちが試みている人間の利己性との妥協ほどには危険ではないであろう。

宗教道徳と政治道徳との対立を考慮すると、最も純粋な形態における宗教的理想は、社会正義の問題とはまったく関係しないということが思い起こされよう。宗教的理想は、社会的帰結との関連をもたない公平無私を一つの絶対的理想としている。宗教道徳は、人間精神の高潔さと美しさに基づいてその理想を正当化している。宗教は、純粋に内面的な規律によって理想を実現しようとする努力において、不条理に巻き込まれるかもしれない。さらに宗教は、有害な社会的帰結をもたらす危険を引き起こすかもしれない。しかし他方で、宗教は人間精神の内面的ニーズに対して正しく向き合おうとする。一人のトルストイ、一人の聖フランチェスコ、一人の十字架につけられたキリスト、そしてすべての時代の聖人たちが、深い尊敬の下に受け入れられてきた。この事実が示しているのは、次のことである。それは、すなわち、人はどんなに利己的であったとしても、自分自身の魂の内奥にある聖所においては利己的であるべきではないということを認識しているし、みずからいまだにそうでありえていないけれども、そうしたあるべき姿でありたいという自分自身の感情を大切にしているのである。

純粋な宗教的理想主義は、それ自体、社会問題には係わらない。それは、物質的で俗世の利益は、それらへの要求を拒否することによって獲得できるのだという幻想に与しているわけではない。しかし、イエスが信じたように、自己実現とは自己否認（self-abnegation）の不可避の帰結であることを信じているであろう。だが、この自己実現は、物質的生活や現世の利益のレヴェルで獲得されるわけではない。自己否認による自己実現は、霊＝精神的な次元において達成されるものであり、たとえば殉教者の不死性や、弟子たちの心に宿る救世主の高揚において実現される。イエスが彼の弟子たちに七度を七

○倍するまで他者の罪を赦すようにと教えたが、それは弟子たちがそうすることで敵を改心させたり、いっそう厚意的に扱われたりするためではなかった。イエスがそれを教えたのは、完全な道徳的完成、つまり神の完全さに近づくように努力するためであった。一マイル行くように強要される彼の同志たちに二マイル行きなさいとイエスが教えたのは、強要した者たちの気持ちを和らげ、彼らに自由を与えてくれることを期待したからではなかった。さらにイエスが敵をも愛しなさいと言ったのは、敵がそうではなくなるようにそのように言ったわけでもなかった。彼は、これらの道徳的行為の社会的帰結に拘泥することはなかった。なぜならイエスは、それらを内面的かつ超越的な観点から判断していたからである。

純然たる宗教的理想主義が、社会的有効性を要求することのない無抵抗の方策へと帰結せざるをえないことは、きわめて明白である。それは、どんなに不正な要求であろうとも、いかなる要求にも従う。またそれは、どんなに不当な要請であろうとも、他者に自己利益を主張することはせず、他者の要請に応じる。エピクテトスは、次のように主張した。

あなたはおとなしく我慢するであろう。というのは、あなたはいつでも、「彼にはそのように見えたのだ」と言うだろうからである。

こうしたタイプの道徳的理想主義は、聖フランチェスコや他のカトリックの聖人たちのように、禁欲主義に導かれるか、あるいはたとえば再洗礼［アナバプティスト］派、メノナイト派、ダンカーズ派［バプティスト派の一種］、ドゥホボール派など、一貫した無抵抗を実践するプロテスタント諸派の場合のように、少なくとも政治的責任の完全な拒否に導かれるか、そのいずれかである。クエーカー派の場合は、政治的責任を負うのであり、彼らは決して一貫した無抵抗主義者ではない。彼らは暴力を拒否するが、抵抗をあきらめるわけではない。

こうした道徳的方針においては、たしかに社会的帰結は考慮されていない。だが、少なくとも個人やその人格的関係の内部では救済に至るような社会的結果をもたらす可能性まで否認するのは近視眼的であるといえよう。赦しはつねに悪の行為者に悔い改めを促すとは限らないが、しかしそうなることもありうる。敵を愛することは敵の心を和げないかもしれないが、しかしそうなる可能性はある。自分自身の利害を他者に対して主張することを控えたとしても、相手が恥じて非利己的になることはないかもしれないが、それでも時としてそうなることがある。愛と仁愛は完全な相互性に結実しないかもしれないが、しかしとくに親密な関係の内側ではそうした傾向が実際にみられる。もしすべての人間関係において正義が達成されるのが、自己主張とそれへの対抗主張によってのみ、または要求と対抗要求の狡猾な計算によってのみであるとしたならば、実のところ、人間の生は我慢ならないものになってしまうだろう。事実は、愛、公平無私、仁愛は、根強い社会的かつ功利的価値をもっているということである。さらに宗教は最終的にはそれらの価値を内面的観点または超越的観点から見つめるとしても、諸価値の階層制のなかでこれらの価値が占める場所は実際に確立されているということも、事実である。デイヴィッド・ヒュームは、次のように主張している。

社会的徳性はそれらの持つ有益な傾向なしには顧慮されることはなく、また不毛で無益と見なされることも決してない。人類の幸福、社会の秩序、家族の和合、友人との相互扶助は、人々の胸中にそれらの社会的徳性がやさしく支配している結果としていつも考えられている。(4)

ヒュームのこの言葉は、功利主義的で社会的な強調が少し過剰な面がある。しかし、それは一定の範囲内で真実である。イエスの教えでさえ、賢慮に基づく調子を帯びており、そのなかで寛大な態度が有益な社会的帰結をもたらすことを強調している。「自分の量る秤で量り与えられる」〔マタイ福音書七章二節〕。道徳生活のパラドックスはここにこそある。すなわち、最高度の相互性が達成されるのは、相互の利益が愛の果実として自覚的には探求されない場合である。というのは、愛は、自分自身のために何ら報いを求めない場合に、最も純粋であるからだ。そして愛は、それが純粋である時に、最も強力なのである。互いにとって利益になる完全な相互性は、利益が意図されることなく、見返りを求めることなく愛が注ぎ出される場合に最も完全に実現されるのである。このようにして、超‐社会的理想をともなった宗教道徳の愚かさ(madness)が、健全な社会的帰結をもたらす知恵となるのである。同様の理由で、純粋に賢慮に基づく道徳は最善よりも劣ったもので満足しなければならない。

愛と正義――その相補性と対立性

人間関係が親密である(そして愛が親密で人格的関係においてのみ完全な効果を発揮する)場合、愛の道は正義にいたる唯一の道であるだろう。権利と利益が密接にからみ合っている場合、権利と権利を比較考量するような狡猾で賢慮に基づいた計算に携わるのは不可能である。人々の生が密接不可分に混じり合っている場合には、もし幸福が共有されていなければ、それは破壊されてしまう。それゆえに、そこでは要求に対して対抗要求をぶつけることによっては、正義の達成は不可能になる。そのプロセスにおいて生じる軋轢は、相互の幸福を破壊してしまう。競合しあう諸権利を注意深く計算することで正義を実現することは、不可能でないとしても、同じくらいに困難である。利益と権利があまりにも相互に結びついているので、個別的にそれらを厳密に画定するのは不可能である。そのような画定を試みる努力そのものが、相互性の精神――それによってのみ、親密な関係が調和されるであろう――の破壊を確実なものとしてしまう。

相互性の精神が維持できるのは、ひとえに相互性から生じる個人的利益をあまり注意深く計算しないようにする情念によってである。愛が正義を獲得するのであれば、正義以上のもっと純粋なものを必死に求めなければならない。利己的衝動は、利他的衝動よりもはるかに強力である。それゆえに、もし利他的衝動が、通常よりも強いサポートを与えられないのであれば、善良な人たちによって構想される正義ですら、その人たちに偏ったものにとどまってしまう。

最も純粋な高みにおいて社会的考慮を超越する道徳的理想がその社会に妥当であったとしても、その道徳的理想がもっと錯雑として非直接的で集合的な人間関係に適用されるにつれて、社会への妥当性はますます弱まっていくのである。一つの集団が他の集団に対して十分に一貫した非利己的な態度をとって、強力な救いを与えることができるということは、想定不可能なことである。それだけにとどまらず、競合している集団が、他集団が達成した道徳的特質をよく理解できるような想像力を備えていることもありえないことである。そのうえ、高度なタイプの非利己性は、たとえそれが究極的には見返りをもたらすにせよ、直接的には犠牲を要求するものである。こうして個人は、自分の利益を犠牲にすることになるだろうが、それは何の見返りも望むことなく犠牲にするか、あるいは究極的な埋め合わせへの望みをいだいてそうするのか、そのいずれかである。しかし、みずからの集団に対して責任を持っている個人が、自分の利益ではなく他者の利益を犠牲にすることをどのように正当化できるだろうか。ヒュー・セシル［イギリスの保守党政治家］は、次のように述べている。

そこからはおのずと次のことが明らかになる。個人の利益を他者のために犠牲にするのを要請するような道徳の分野すべて、さらに非利己性の名称の下にあるものすべては、国家の行為にとっては不適切である。誰も、他者の利益について非利己的になる権利を有していない。(5)

こうした判断は、十分に限定づけられているとはいえない。賢明な政治家であれば、自分の属する集団の利益が明らかに人類共同体の全体的利益に対して正義に反するものである場合には、その集団の利益を主張してもほとんど正当化されないことを認識している。さらにこの政治家が、より高度な相互の利益のために直近の利益を犠牲にしたとしても、間違ってはいない。このことを行うことに積極的でないとすれば、それは、国民を直近の利益に拘泥させ、相互性の究極的価値を喪失させることになり、まさに国民を無思慮な民にしてしまうことになる。それにもかかわらず、社会の利益に関しては、個人の利益と比べれば、ほとんどリスクをおかすことができないのは明らかである。リスクをとることの不可能性はおのずと仁愛に帰結することになるが、その場合、利己的利益の追求はかなり明白であるに違いなく、それゆえに道徳的で救済につながる特質は失われる。

公平無私という純粋な道徳を集団間の関係のなかに取り入れようとする努力は、失敗に終わったといえよう。アメリカの黒人は、南北戦争以来、そうした努力をかなり首尾一貫したかたちで実践してきた。彼らは戦争中に自分の主人に対して立ち上がって反抗しようとせず、主人への忠誠の態度は際立っていた。彼らの社会的態度は、その後、最近にいたるまで赦しと忍耐という純粋に宗教的な徳性と、それとは異なる人種的無力感から派生したある種の社会的な惰性が混合したものだった。だが、彼らはこうした社会への姿勢によっても彼らの抑圧者の心を和らげることはできなかった。

イタリアでファシズムが勝利した直後の頃、社会主義指導者たちは突然、平和主義の原理を採用した。社会主義新聞の一つは、労働者たちにファシズムのテロルに対して次の戦略で応じるように助言を与えた。

(1)ファシズムの周囲に真空状態をつくれ。(2)挑発するな。むしろどのような挑発に対しても落ち着いて対処せよ。(3)勝利するためには、敵よりも善良であれ。(4)敵が使う武器を使用するな。(5)ゲリラ戦の血は血を流す側に降りかかることを忘れるな。(6)兄弟同士の闘争では自分を制する者が勝者であることを覚えよ。(7)悪を行うよりは悪に苦しむ方がよいと確信せよ。(8)短気であってはならない。短気は極端に利己的である。それは本能的であり、人間のエゴの衝動に負けることである。(9)社会主義は苦しむ時に勝利することを忘れるな。なぜならば、社会主義は苦痛のなかで生まれ、希望によって生きるからだ。(10)労働者たちは復讐するよりも犠牲を甘んじて受けるとする精神と心の忠告に耳を傾けよ。(6)

およそこれ以上に崇高な徳性の十戒が、命じられることはありえないであろう。しかし、イタリアの社会主義者は、ファシストによって全滅させられ、彼らの組織は破壊されて、労働者の権利は敵の支配する国家に従属させられた。労働者は「希望によって」生きたかもしれないが、この社会主義雑誌が主張した純粋な道徳的原理を実践することによっては、自分たちの希望を現在の体制下で実現する見込みはまったくなかった。これらの原理の一部は、自分たちの敵に対して強制力を行使することと相容れないわけではなかった。しかし、彼らが強制的手段を排除している限り、ファシズムの残虐な権力への意志の前には無力だった。

トルストイの教理をロシアの政治的状況に適用する努力も、これと非常に類似した結果をもたらした。トルストイと彼の弟子たちは、もしロシアの小作農が、ロシア帝政［ツァーリ］体制から受けたのと同じような暴力の罪に染まることがないならば、彼らは抑圧者に勝利する最善の機会を持つだろうと感じていた。小作農は、悪に対して善でもって報いるべきだとされ、無抵抗によって彼らの闘いに勝利するだろうとされた。ガンディーの方針とは異なり、トルストイの政治的プログラムは全面的に非現実的なものだった。トルストイの場合、愛という宗教的な理想を強制という政治的必要性に関連づける努力はまったくなされなかった。したがって、その全体的帰結は社会的にも政治的にも有害なものとなってしまった。それは、政治的経済的抑圧に対して抗議が湧き起こった際にそれを打ち壊すのを助長し、ロシア人の悲観的な受動性を強固にしてしまった。テロリストの行き過ぎが、暴力と抵抗に対するトルストイ的反対の適切さを表しているように思われた。しかし、テロリストと平和主義者は、最終的に同一の不毛さに陥ってしまったのである。そして彼らに共通する不毛さは、ロシアの政治経済体制の持つ伝統的不正義から逃れられないとする悲観主義を正当化するように思われた。

現実は、テロリストも平和主義者もともに中産階級ないし貴族階級のロマン主義的な理想主義から派生したのであり、それぞれあまりにも個人主義的で、政治的有効性を獲得することができなかったということである。一方のテロリストは、病める理想主義者であり、自分たちの階級に過剰にのしかかった暴力行使の罪責感によってひどく抑圧されていた。それゆえに、彼らは被抑圧者を擁護することであえて罪を引き受けることによって、そうした罪責感を償うことができると考えたのである。彼らは自分たち自身を非宗教的だと考えていたが、彼らの思想は倫理的であり、ある程度は宗教的でもあった。暴力の政治的有効性は、二次的なものでしかなかった。他方でトルストイ的平和主義者の方は、社会問題をまったく正反対の方策によって解決しようと試みたのである。しかし、彼らの態度は、テロリストと同じように、個人の苦悩する良心から生じたものだった。両者のいずれも、政治生活の現実を理解していなかった。両者はともに、集合的行動の重要な特徴を理解していなかったからである。ロマン主義的なテロリストは、彼らの孤立したテロルの行為をいかなる一貫した政治的計画にも関連づけるのに失敗した。平和主義者の方は、純粋な無抵抗には政治を動かす潜在力が備わっていると誤解したのである。

宗教的理想主義が最も純粋な形で実を結び、利己的欲望に最も強い抑制が加えられる場合、それはつねに、政治的観点からみれば、まったく不可能な政策に帰着してしまう。換言すれば、利己的な衝動に最も強力な内面的抑制を加えようとする一方の戦略家と、最も効果的な社会的抑制を加えようとする他方の戦略家の間には、両者を調停する可能性は存在しない。それゆえに、二つの方法の間の調和を試みてどちらの有効性も脅かすよりも、道徳における率直な二元論を受け入れる方が、ましなように思われる。そのような二元論は、二つの面を持つであろう。第一に、自己に適用される道徳的判断と他者に適用される道徳的判断との間に、ある種の区別を設けることになろう。そして第二に、個人と集団にわれわれが期待するものを区別することになろう。

第一の区別は明白であり、道徳問題が真剣に考えられる場合には、こうした区別はつねに明示的にも暗示的にも必ず受け入れられる。もし自己に対する自然な自己満足や他者を裁く際の厳格さが矯正される必要があるならば、他者の利己主義よりも自分自身の利己性を厳しく否定することが、必要とされる規律となる。さらにまた、そのようなやり方は、全体的な道徳的状況の論理によって要求される。他者の行為について、人はもっぱら外面的観点からだけで判断しがちである。そしてそうした観点からは、自己主張を社会的に正当とせざるをえない。それに対して、自己の行為は、内面的観点からだけで判断することができる。そしてその観点からは、すべての利己主義が道徳的に否定されるに違いない。たとえそのような否定が時として他者の攻撃を招くほどに自己主張を破壊してしまうことがあっても、そのような事例は、利己主義の道徳的否定がふつうの人間のもつ不当な自己主張を抑制できる数多くの事例に比べれば、取るに足らないことであろう。利己主義が宗教的規律によって過度に抑制され、目前の状況において不正義を招いてしまうようなごく稀な事例があるとしても、利己主義の道徳的否定は、道徳的原理の称揚において、また将来の世代への範例の提示においても、社会的有用性を有するであろう。

もう一つの個人道徳と集団道徳との区別は、より深刻で当惑させる問題である。人間の集合体の持つ道徳的鈍感さは、純粋な公平無私の精神に基づく道徳を不可能なものとする。いかなる社会集団も、純粋な愛の感化に服するほどの十分な想像力を備えていない。さらにいかなる社会集団にも、純粋な愛への冒険を試みるように説得できる可能性は存在しない。もっとも、ロシアの小作農、近年において解放の途上にある黒人や他の類似した集団は例外であり、道徳的に不確かな社会的惰性がそうした理想と混じり合っているはずである。人間共同体の利己性は、不可避なものと見なされなければならない。それが過度である場合には、それは競合的な利害の主張によってのみ抑制できるにすぎない。ただし、道徳的で理性的な説得に強制的方法を付け加えるならば、それはより有効なものとなりうる。

道徳的要素は、社会的抗争や闘争が起きた時に、それらを制限づけるかもしれないが、それらを除去することはできないであろう。道徳的善意志は、集団の特殊利益を万人の生の全体的で最終的な調和という理想へと結びつけようとするであろう。そのようにして道徳的善意志は、特権化された人たちの主張を制限し、無産化された人たちの利益を支持するであろう。しかし、それは、あらゆる集団がみずからの利益を包括的な社会理想に完全に従属させるように説得するほどには、決して不偏不党なものではないであろう。愛の精神は、人々の共通の弱さと共通の願いについてある程度の理解を存続させ、それによって人々は社会対立の次元を越えて結合できるだろう。しかしまた、それによって対立が防止されることはない。愛の精神は、抑制と強制の道具を使用するかもしれず、それを通じて対抗者の道徳的能力に対してある程度信頼していることが表現され、その道徳的能力の縮小ではなく拡大が奨励されるであろう。しかし、それは、強制的手段の行使そのものが道徳的不信感を表していることを隠蔽することができなくなる。したがって、最も純粋な個人道徳と適切な政策との対立は、ある程度はどうしても残ることになる。

適切な政治戦略のニーズは、最も厳格な個人の道徳的規律を涵養する必要性だけでなく、最も非妥協的な理想主義の必要性をも除外するわけではない。個々人は社会のなかにあっても、つねに人格的道徳の最高規範に忠誠を尽くす機会を備えている。時としてある集団が明らかに悪への傾向を示す場合、彼らはその集団から離脱することで個人的な理想を表明しなければならなくなる。そのような対応は、極端な無抵抗主義者のセクトの場合のように、容易に政治的無責任へと導かれていくかもしれない。しかし、それもまた社会的には有益であるのかもしれない。宗教的インスピレーションに基づいた平和主義者は、鋭敏な個人的良心の名において国家の暴力に対して抗議する。しかし、彼らは、階級意識の強い労働者集団ほどには、国家の権力への意志を萎えさせることはないであろう。だが、それでも彼らの人数が大きな割合にまでなったならば、政府の政策に影響を与えずにはおかないであろう。さらにまた、彼らの事例が、敵国のなかの似たような不服従派［ノンコンフォーミティ］の人々を勇気づける可能性もある。結果として、彼らは自分たちの共同体の相対的な強さを弱めることなく、対立の衝撃を緩和させることになるかもしれない。

高度な個人道徳の理想は、集団への忠誠心が維持され、他の集団との関係でもその一般的方針が是認される場合には、必要であることには変わりがない。自分たちの集団が他の共同体に対してみずからの利益や権利を主張する際にも、個人が非利己的態度をとる可能性はいくらでもある。個人の利益は集団の利益と関連しており、それゆえに個人が自分の集団のために利益を追求する時には、自分自身のための利益を追求することにもなる。しかし、この間接的なエゴイズムは、自分の集団との関係においてみずからのエゴイズムを表現したり規律したりする可能性を除けば、それほど重要なものではない。もしその個人が集団の指導者であれば、その野心を抑制することが必要だ。指導者が、利己的な自己追求から免かれていれば、集団全体のモラール［志気］を改善させる。無産者集団の指導者は、たとえみずから経済決定論者を任じ、人格的理想主義の言い方をあざ笑う場合ですら、しばしば高度な道徳的理想によって突き動かされている。もし彼らが個人的な利益を追求したならば、能力を発揮してそれを獲得することなどが容易にでき、現在の集団からより特権化された集団へと登りつめることもできるであろう。無産化された集団で能力のあるメンバーたちにはこのようなことを試みる誘惑は大きく、それこそまさに、彼らの階級や人種の進歩を遅らせた当のものである。

たとえば、黒人の人種的発展が遅れた理由は、多くの有能で教育を受けた黒人たちが、やがて特権化された白人種と同一視され、同化することを追求し、さらに従属的な地位にあるみずからの人種との関係を最小限にとどめようと試みた結果でもある。アメリカの労働運動は、同じ理由でその十全な力を発揮するのに失敗した。アメリカ的個人主義の影響下で有能な労働者は、自由のための闘いに労働者階級を結集させることよりも、野心的に経営者階級やその手先へと登りつめようとした。さらにまた、社会集団の知的なメンバーは、自分自身の共同体の利益のために非利己的な献身をもってキャリアを始めるが、やがて集団内で個人的報奨を得るように誘惑されたり、みずからの忠誠心を特権化された集団に移し替えたりするようになる。換言すれば、個人の利益は、自身の共同体の利益とは決して同一視することができないのだ。

それゆえに、種々の人間共同体の間の社会闘争がどんなに重大な結果をもたらすものであっても、個人の道徳的規律の可能性と必要性は決して不必要なものではないのである。さらにもし善意の感情や相互性の態度が涵養されていないならば、いかなる共同体もその生活内部に統一性と調和を打ち立てることはできない。社会闘争の不可避性と必要性を強調するいかなる政治的リアリズムも、自身のエゴイズムを抑制し、他者の利益を理解し、協力の範囲を拡張していく義務から、個々人を放免できるわけではない。

最も重要な意味があるのは、人間生活の協力的道徳的局面なのか、それとも社会闘争の必然性であるのかという問題は、時期と状況に依存している。社会的安定の時期というものがあり、そこでは社会的諸勢力の全体の均衡が自明視され、人々は既成の社会体制の範囲内で生活をより美しく穏やかなものにしていく課題に取り組むものである。中世とはそのような時代だった。当時の人々は、現代の良心を逆なでするような不正義をそのまま受け入れていた。一方で、彼らは生活と芸術に心地よさや優雅さや繊細な洗練さを作り上げていった。それらと比較すれば、現代は野蛮主義の再現のようにすら見えてくるに違いない。

苦悩の時代状況下での正義実現の希望

現代は、善し悪しは別として、社会問題に深く巻き込まれてしまう時代である。科学技術文明は、安定した生活を不可能にしている。それは生活環境をあまりにも急激に変化させていくので、誰もが先祖伝来の秩序を敬意をもって受け入れるのを不可能にするであろう。その急速な発展や生活の物理的環境のほとんど日ごとの変容は、安定した社会の物理的な象徴を破壊してしまう。たとえこれらの動向が人間全体の営みを危機に陥れるものではないとしても、人々の生活を落ち着かないものにさせてしまう。

そして今日の産業時代の傾向は、明確な方向性を有している。それは、人々を永続的に苦しめてきた不正義をさらに悪化させる傾向にある。そして人類全体が、経済的な相互依存体制のなかに結びつけられる傾向にある。これらの傾向によって、人々の共同体内部における個々人の関係というよりも、種々の共同体相互の関係についてより強く意識されるようになる。したがってわれわれは、人間の集合的行動の残虐な面に取り憑かれるようになる。さらにまた、これらの残虐性の悪影響があまりにも急激に集積されていくために、われわれは手遅れになる前に目前の社会問題を解決すべく、きわめて切迫した状況下にあることを自覚するようになる。このように、われわれの世代は、幻滅と苦悩に直面する宿命を帯びている。

こうした状況下で、人間としての遺産やこれからの運命を十全に思いめぐらせてみると、人間があらゆる時代を通じて感じてきた最高の理想や最も温雅な感情はすべて、われわれの観点からは贅沢なものに思えてくるのである。こうした理想と感情は、今日では道徳的には不利な状況に置かれている。なぜならば、それらは、十分に快適な生活を送れる人たち、つまり、現代の絶望的な社会状況をわりかた忘却可能な人たちだけが享受できる贅沢品のように見えてくるからである。

われわれは、人格的な道徳的理想主義が容易に偽善として非難され、その非難がしばしば当たっているような時代に生きている。現代とは、誠実さを保持することがシニシズムにぎりぎりまで近づく時にのみ可能であるような時代である。このことはすべて、むしろ悲劇的なことである。というのは、個人の良心が、自然の世界と集合的関係の体系——そこでは人間精神は自然の力の下にとどまる——を越えてみずから高揚する時に抱かれる感情は、贅沢品ではなく、魂の必要物であるからだ。しかし、こうした状況にもかかわらず、われわれの悲劇には美しいものがある。少なくともわれわれは、自分たちの幻想のいくつかをすでに取り除かれている。われわれはもはや、社会的不正義という犠牲を払うことで個人生活の最高の満足を手に入れることはできない。われわれは、個々に天がかかる梯子［天へとつながるヤコブの夢の梯子（創世記二八章一〇—一二節）］をかけることはできないのであり、また人類全体の営みを多くの過剰と頽廃から救済されないままに放置することもできない。

そうした救済の課題において、最も力を発揮できる行為主体は、放棄された古い幻想に代えていくつかの新しい幻想をあてがう人々であろう。これらの新しい幻想のなかで最も重要なものとは、人類の集合的生活において完全な正義が実現できるという幻想である。それは当面、非常に価値ある幻想である。というのも、もし正義が完全に実現できるという希望が魂のなかに崇高な愚かさ(sublime madness)を生み出さないのであれば、正義はその実現に向けて近づくことは到底できないからである。そのような愚かさ以外の何ものも、悪の勢力や「天にいる悪の諸霊」[エフェソ書六章一二節]に対してあえて闘いを挑むことはないだろうからである。幻想は危険である。なぜなら、それは恐ろしい狂信主義を助長するかもしれないからである。だからこそ、幻想は理性の統制の下に置かれなければならない。人はただ、幻想がその仕事を終える前に、理性が幻想を壊してしまわないことを希望するのみである。

原　注

序　章

（1）John Dewey, *Philosophy and Civilization* (New York: Minton, Balch & Company, 1931), p. 329.

（2）とりわけ以下を参照。John Childs, *Education and the Philosophy of Experimentalism* (2nd print., 1950), p. 37.

（3）Kimball Young, *Social Attitudes* (New York: Henry Holt and Co., 1931), p. 72.

（4）Hornell Hart, *The Science of Social Relations* (New York: Henry Holt and Co., 1927).

（5）Floyd Allport, *Social Psychology* (Boston: Houghton Mifflin Company, 1924), pp. 14–27.

（6）Clarence Marsh Case, *Social Process and Human Progress* (New York: Harcourt, Brace & Co., 1931), p. 233.

（7）Sir Arthur Salter, *Recovery* (London: G. Bell and Sons, 1932), p. 341.

（8）Howard W. Odum, *Man's Quest for Social Guidance* (New York: H. Holt and Company, 1927), p. 477.

（9）Justin Wroe Nixon, *An Emerging Christian Faith*（1930）, p. 294.
（10）George M. Stratton, *Social Psychology and International Conduct*（New York: D. Appleton and Company, 1929）, pp. 355–361.
（11）William Adams Brown, *Pathways to Certainty*（New York: Charles Scribner's Sons, 1936）, p. 246.
（12）Justin Wroe Nixon, *op. cit.*, p. 291.

第一章

（1）Plutarch, *The Parallel Lives*, see "Tiberius Gracchus," *Loeb Classical Library*, Vol. X（later 1962）.［プルタルコス『英雄伝5』（城江良和訳、京都大学学術出版会、二〇一九年）、五三〇頁］
（2）以下からの引用。C. J. M. Letourneau, *Property: Its Origin and Development*（1892）, p. 277.
（3）以下を参照。*Memoirs of Prince von Bülow*（New York: AMS Press, 1932）, Vol. III, p. 204.
［著者のベルンハルト・ビューロー侯爵は、ヴィルヘルム二世の統治下、一九〇一年から一九〇九年までライヒ宰相を務めたドイツの貴族・政治家・軍人］

第二章

（1）とりわけ以下を参照。C. G. Jung, *Two Essays on Analytical Psychology*（1928）, Chaps. 2 and 4.
（2）道徳における理性の機能に関する注意深い分析については、以下を参照。L. T. Hobhouse,

The Rational Good (London: G. Allen and Unwin, LTD, 1921).

(3) George Santayana, *The Genteel Tradition at Bay* (New York: Charles Scribner's Sons, 1931), p. 61.

(4) ロバート・ブリフォールトは、著書『理性の進化』(*Rational Evolution*, Routledge, 1919, pp. 209–210.)で正義の達成における理性のこうした機能について納得のいく分析を示している。彼のテーゼは以下の言葉に要約されている。「権力を正当化する嘘の是認が妥当だと受容されている間は、権力へのいかなる抵抗も不可能である。そうした最初の主要な防衛線が突破されない限り、反乱は起きない。いかなる不正、乱用、弾圧に対しても、それらに抵抗するのが可能になる以前に、権力を根拠づけている嘘が白日の下に暴かれなければならず、その実態が明白に認識されなければならない。」

(5) Cf., C. D. Broad, *Five Types of Ethical Theory* (London: Kegan Paul, Trench, Trübner and Co. LTD, 1930), pp. 282–283.

(6) Gilbert Murray, *The Rise of the Greek Epic* (New York: Oxford University Press, 1924), p. 80.

(7) Leslie Stephen, *The Science of Ethics* (New York: G. P. Putnam's Sons, 1882), p. 306.

(8) Waldo Frank, *America Hispana* (New York: Instituto de las Españas en los Estados Unidos, 1930), pp. 54–57.

(9) Helvétius, *De L'Esprit, or Essays on the Mind* (1759), Essay II, Chap. 2.

(10) Jeremy Bentham, *The Works* (Edinburgh and London: W. Tait, 1843), Vol. X, p. 80.

第三章

（1）以下からの引用。W. E. Hocking, *The Meaning of God in Human Experience* (New Haven: Yale University Press, 1912), p. 235.

（2）Arthur Schopenhauer, *The World as Will and Idea*, Bk. IV, para. 68.［斎藤忍随ほか訳『ショーペンハウアー全集3——意志と表象としての世界 正編（Ⅱ）』（白水社、一九七三年）、第四巻六八節］

（3）James Hastings, *Encyclopedia of Religion and Ethics* (12 vols. 1908–1921), Vol. X, p. 534.

（4）Bernard De Mandeville, "An Enquiry into the Origin of Moral Virtue," in *The Fable of the Bees* (1714).

（5）以下からの引用。K. E. Kirk, *The Vision of God* (1931), p. 454.

（6）*Ibid.*, p. 154.

（7）マタイ福音書一〇章三九節。

（8）以下の著書におけるモンタギューの宗教的禁欲主義の批判は、こうした理解の不足を明示している。W. P. Montague, *Belief Unbound* (New Haven: Yale University Press, 1930), Chap. II.

（9）以下からの引用。James B. Pratt, *India and Its Faiths* (1915), p. 149.

（10）*Ibid.*, p. 156.

（11）William Ellery Channing, *The Works* (Boston: American Unitarian Association, 1903), Introduction to Vol. VI.

（12）F. Heiler, *Das Gebet* (München: Reinhardt, 1919), p. 359.

（13）Miguel de Unamuno, *The Tragic Sense of Life in Men and in Peoples* (New York: Macmillan and Company, 1926).

（14）Waldo Frank, *op. cit.*, p. 49.

（15）Jonathan Edwards, *The Works*, Vol. IV, p. 226.

（16）Rudolf Otto, *The Idea of the Holy* (Oxford: Oxford University Press, 1923).［久松英二訳『聖なるもの』(岩波文庫、二〇一〇年)］

（17）F. Schleiermacher, *On Religion: Speeches to Its Cultured Despisers* (London: Kegan Paul, Trench, Trübner and CO. Ltd, 1893), pp. 36-37.［深井智朗訳『宗教について――宗教を侮蔑する教養人のための講話』(春秋社、二〇一三年)］

（18）Augustine, *The City of God* (New York: Modern Library, 1871), Bk. 14, Chap. 28.［『アウグスティヌス著作集13「神の国」』(泉治典訳、教文館、一九八一年)、二七七頁］

（19）以下からの引用。Ernst Troeltsch, *The Social Teaching of the Christian Churches* (1930), Vol. I, p. 124.

（20）以下からの引用。K. E. Kirk, *op. cit.*, p. 131.

（21）ところでルターは、社会問題の取り組みにおいて敗北主義とセンチメンタリズムを結合しようと努力していた。ときおり彼は、すべての社会問題は、もし各人が黄金律に従うのであれば、解決されるだろうと提唱した。他の機会には彼は、滅びに定められているものとして現世をあきらめるように語っていた。「キリスト信徒たち自身についていえば、彼らは法にも武器にも服従していないし、またそうする必要もないということは、実際に真実である。しかし、世界をキリスト教的および福音的なやり方で支配すると言う前に、世界を本当のキリスト信徒でもって満たすという言葉に耳を傾ける必要がある。というのも、あなたがたはこれを成し遂げることはできないのであり、そして世界のたいていの人々は非キリスト信徒であり、つねにそうであり続けるだろうからである。」Luther, *Works*, Vol. III, p. 237.

(22) 一七二七年にロンドンの主教が「アメリカ」南部の植民地の一部の領主夫婦に宛てた手紙において、黒人奴隷の回心が奴隷の市民的地位の変更をもたらすのではないかという彼らの恐れを静めて、キリスト教的伝統にまったく忠実な仕方で次のように述べている。「キリスト教と福音の受容は、市民の所有権ないしは市民的関係に帰属する義務のいずれにおいても最小の変更すらもたらすことはない。すべての点で人々に関して以前に見いだされた地位が存続することになる。キリスト教が与える自由は、罪とサタンに対する隷属からの自由、さらに人々の情欲と激情と無秩序な欲望からの自由である。しかし、人々の外的な状態に関しては、以前そうであった状態——奴隷であれ、自由人であれ、また洗礼を受けているのであれ、キリスト信徒となったのであれ——は、少しも変更されることはないのである。」以下からの引用。H. Richard Niebuhr, *The Social Sources of Denominationalism* (New York: Henry Holt and Co., 1929), p. 249.

(23) 以下からの引用。Constance Mayfield Rourke, *Trumpets of Jubilee* (New York: Harcourt,

Brace & Company, 1927), p. 172.

第四章

（１）Johannes Haller, *Die Aera Bülow* (Stuttgart: J. G. Cotta, 1922).

（２）以下からの引用。Kirby Page, *National Defense* (New York: Farrar & Rinehart, 1931), p. 67.

（３）ときおり、最も現実主義的な政治家ですら、直接的利益よりも究極的利益を賢明に優先させる国家の能力を過大評価してしまう。こうしてドイツの外交官のカール・メルキオール博士は、一九二一年に、不可能な賠償の重荷を受容するように助言すべきだと考えた。その理由は以下の通りだった。「われわれは、最初の二、三年は外国からの借款で何とか凌ぐことができる。そのうちに諸外国は、この大金の支払いはドイツの巨大な輸出によってのみ可能となるということを認識するようになるだろう。そしてこうした輸出はイギリスとアメリカの貿易に打撃を与え、その結果、債権諸国はみずからわが国に修正を願い出てくるであろう。」以下からの引用。Lord D'Abernon, *An Ambassador of Peace*, Vol. I (London: Hodder and Stoughton, 1929), p. 194. 諸国がメルキオール博士が予告したことを認識するのに、二、三年どころか一一年もかかった。そしてその時ですら、各国は自発的に行動しなかったのである。

（４）以下を参照。Wilhelm Dibelius, *England* (London: Jonathan Cape, 1934), p. 106.

（５）以下からの引用。Harold Laski, *Authority in the Modern State* (New Haven: Yale University Press, 1919), p. 274.

（6）以下を参照。Bertrand Russell, *The Scientific Outlook*（London: Allen and Unwin, 1931）, Chap. XI.

（7）以下からの引用。G. Lowes Dickinson, *The International Anarchy, 1904–1914*（New York: The Century Company, 1926）, p. 34.

（8）以下からの引用。Kirby Page, *op. cit.*, p. 28.

（9）Cf., Paul Scheffer, *Seven Years in Soviet Russia*（London and New York: Putnam, 1932）.

（10）Geoffrey Tyson, *Danger in India*（1932）.

（11）以下からの引用。Kirby Page, *op. cit.*, p. 148.

（12）*Ibid.*, p. 149.

（13）*Ibid.*, p. 152. ペイジ氏は、彼の著書の第九章でこれらの無数の類似した事例を収集している。

（14）以下からの引用。Parker Moon, *Imperialism and World Politics*（New York: Macmillan, 1926）, p. 422.

（15）以下からの引用。Walter Millis, *The Martial Spirit*（Cambridge, MA: Riverside Press, 1931）, p. 90.

（16）*Ibid.*, p. 136.

（17）*Ibid.*, p. 143.

（18）*Ibid.*, p. 374.

（19）*Ibid.*, p. 387.

(20) *Ibid.*, p. 254.

(21) *Ibid.*, p. 396.

(22) *Ibid.*, p. 384.

(23) Nathaniel Peffer, *The White Man's Dilemma* (1927), p. 228.

(24) Parker Moon, *op. cit.*, p. 228.

(25) *Ibid.*, p. 153.

(26) *Ibid.*, p. 279.

(27) *Ibid.*, p. 201.

(28) *Ibid.*, p. 407.

(29) Charles and Mary Beard, *The Rise of American Civilization* (New York: The Macmillan Company, 1927), Vol. II, p. 629.

(30) 以下からの引用。Kirby Page, *op. cit.*, p. 196.

(31) Count Carlo Sforza, *European Dictatorships* (London: Allen & Unwin, 1932), p. 178.

(32) Wilhelm Dibelius, *op. cit.*, p. 109.

第五章

(1) Charles Beard, *The Economic Basis of Politics* (New York: Alfred A. Knopf, 1922), pp. 31–32.

(2) 以下からの引用。G. M. Trevelyan, *British History in the Nineteenth Century* (London and

New York: Longmans, Green, and Co., 1922), p. 162.
（3）以下からの引用。Paul Lewinson, *Race, Class and Party* (Oxford: Oxford University Press, 1932), p. 85.
（4）Paul Lewinson, *op. cit.*, p. 84.
（5）Adam Smith, *Wealth of Nations* (1776), Bk. V, c i.〔水田洋監訳・杉山忠平訳『国富論』4（岩波文庫、二〇〇一年）、六〇頁〕
（6）以下からの引用。H. Richard Niebuhr, *op. cit.*, p. 251.
（7）マコーリーは、イギリス貴族の誇りと下層階級の統治能力への不信を、次のような古典的な傲慢さと独善的な言葉で表明した。「ヨーロッパの他のどの地域と比べても大衆が長期にわたり豊かな情報を与えられているこの島国においてさえ、多数者の権利は、一般的にごく少数の人たちの愛国主義によって反論されてきた。……人民は彼ら自身の善のために統治される。そして彼らが自分たち自身の善のために統治されるためには、彼ら自身の無知によって統治されてはならないのである。」以下からの引用。Carless Davis, *The Age of Grey and Peel* (Oxford: Clarendon Press, 1929), p. 281.
（8）以下からの引用。H. Richard Niebuhr, *op. cit.*, p. 153.
（9）William Roscoe Thayer, *The Life and Letters of John Hay* (Boston: Houghton Mifflin & Co., 1916), Vol. I, pp. 6–7.
（10）フレデリック・バルバロッサの歴史家だったオトー・フライジンガーが、商人や職人に対する中世の地主貴族の軽蔑を完全な仕方で表現している。商人や職人がイタリアの種々の都市国家において高い地位を与えられたことに不満を示し、次のように主張した。「これらの都市国家は、他の諸国ではペストのように扱われ、より名誉ある自由な職業から排除されている——軽蔑すべき手仕事にも従事する——職人たちに、騎士や他の高い地位に就けるという名誉を与えることに躊躇しなかった。」Karl Hegel, *Geschichte der Städteverfassung von Italien*, Vol. II,（Leipzig: Weidmann, 1847）, p. 167.

（11）Thorstein Veblen, *Theory of the Leisure Class*（1899）, Chap. 13.

（12）Clive Bell, *Civilization*（New York: Harcourt Brace, 1928）.

（13）以下からの引用。Carless Davis, *op. cit.*, pp. 224–226.

（14）以下からの引用。Claude G. Bowers, *Jefferson and Hamilton*（London, Bombay, Sydney: Constable and Company Limited, 1925）, p. 385.

（15）Vernon Louis Parrington, *Main Currents in American Thought*, Vol. I: The Colonial Mind（New York: Harcourt, Brace and Company, 1927）, p. 197.

（16）以下からの引用。*Ibid.*, pp. 216–217.

（17）以下からの引用。*Ibid.*, p. 164.

（18）以下からの引用。*Ibid.*, p. 166.

（19）Brooks Adams, *The Theory of Social Revolutions*（New York: The Macmillan Company, 1913）, p. 45.

（20）以下からの引用。Walter Millis, *op. cit.*, p. 58.

（21）以下を参照。Charles and Mary Beard, *op. cit.*, Vol. I, p. 591.

（22）以下からの引用。Vernon Louis Parrington, *op. cit.*, Vol. II: The Romantic Revolution in America, p. 458.

（23）M. R. P. Dorman, *A History of the British Empire in the Nineteenth Century* (London: Kegan Paul, Trench, Trübner & Co., 1902), Vol. II, p. 259.

（24）G. M. Trevelyan, *op. cit.*, p. 228.

（25）Carless Davis, *op. cit.*, p. 190.

（26）この文章を書いている時、アメリカ政府はワシントンから「ボーナス・アーミー（行進）」を離散させるために軍隊を派遣した。ボーナス・アーミーは、失業者に対する十全な救済策を政府が講じられなかったことによって引き起こされた社会不安の徴候にすぎなかった。失業者に対するフーヴァー大統領の軍隊を用いた対応は、政府の浅薄さの恰好の事例をもう一つ提供するものだった。大統領は次のように主張した。「合衆国の権威に対する挑戦は、迅速かつ断固として対処された。数カ月の忍耐強い対応を経て、政府は、大切にしてきた自治が保持されるべきであるならば、公然たる不法行為に対して、必要な措置をもってつねに対処されなければならない。」

（27）Sir John Strachey, *India: Its Administration and Progress* (New York: Macmillan, 1903), pp. 496, 502.

（28）とりわけ以下を参照。Hans von Eckardt, *Russia* (New York: Alfred A. Knopf, 1932), p. 317.

(29) David Hume, *Essays* (1758), Part I, Essay vi.

第六章

(1) 以下を参照。Robert Briffault, *Breakdown* (New York: Brentano's, 1932). 同書は、社会的不正義と階級的特権に関する古代と近代の間の相違点よりも類似点を強調している点で際立っている。
(2) Karl Marx, *A Critique of Political Economy*, p. 11.〔カール・マルクス『経済学批判』(武田隆夫・遠藤湘吉・大内力・加藤俊彦訳、岩波文庫、一九五六年)、一三頁〕
(3) 以下からの引用。E. R. A. Seligman, *The Economic Interpretation of History* (1902), p. 351.
(4) Leon Trotsky, *Dictatorship or Revolution*, p. 42.
(5) Lenin, *Collected Works*, Vol. V, p. 141.
(6) Lenin, *The State and Revolution* (1917), p. 89.〔角田安正訳『国家と革命』(講談社学術文庫、二〇一一年)〕
(7) Marx, *Introduction to Hegel's Philosophy of Law* (1843–1844).〔城塚登訳『ユダヤ人問題によせて ヘーゲル法哲学批判序説』(岩波文庫、一九七四年)、九五頁〕
(8) とりわけ以下を参照。J. Ramsay MacDonald, *Parliament and Revolution* (1919).
(9) L. T. Hobhouse, *The Elements of Social Justice* (London: G. Allen & Unwin Ltd, 1922), p. 172. 以下も参照。R. H. Tawney, *Equality* (1931).
(10) 以下を参照。Henry De Man, *The Psychology of Marxian Socialism*, trans., Eden and Cedar

Paul (London: Allen and Unwin).

(11) Harold Laski, *Communism* (New York: Henry Holt and Company, 1927), p. 250. ［関嘉彦・吉田忠雄訳「共産主義論」『世界大思想全集 社会・宗教・科学思想篇26』(河出書房、一九五六年)］プロレタリア的生活における精神的要素に関する興味深い分析としては、以下を参照。Piechowski, *Proletarischer Glaube* (1928). Gertrude Hermes, *Die Geistige Gestalt des Marxistischen Arbeiters* (Tübingen: J. C. B. Mohr, 1926).

(12) *The Papers of James Madison*, edited by H. D. Gilpin, Vol. II (1840), p. 1073.

(13) ある非マルクス主義的経済学者は、資本主義の弱点について、その困難に関するマルクス主義的診断を完全に取り入れた仕方で分析している。ドイツの経済学者であるM・J・ボンは、次のように記している。「われわれが生きている資本主義的世界は、信用(credit)——その融通性はきわめて大きい——を主として生産過程に取り入れていく習慣を構築してきた。それは、消費は多かれ少なかれ避けることのできない贅沢を表す悪であるという前‐資本主義的な考え方に依然として取り憑かれている。……しかしながら、結局は消費全体の比較的小部分を構成しているにすぎない消費者金融を別とすれば、貯蓄から由来するか、あるいは貯蓄が元金として成り立つかはともかくとして、信用の助けによって、とくに見積もり通り安く商品を生産できるような金のかかる工場の建設や拡張によって、もしそれらが完全に使用されるのであれば、その生産は幾重にもますます増大するというのが事実である。他方で消費の方は、それ自体、放置される。……したがって次のようなことが起きる。生産は主として技術的考慮によって規定されており、時間的にも量的にも格段に消費を追い越して拡張することになる。というのは、生産はみずから技術的に完成されていくのを保証するからである。しかし、金融上の成功は保証されていないのである。」M. J. Bonn, *The Crisis of Capitalism in America* (New York: John Day Company, 1932), pp. 141–142.

この分析における唯一の誤謬は、生産のための資本と消費のための資本との間の不均衡をもたらす要因が、経済力が不平等な世界において、その力によるやみくもな自己中心的利益の追求にあるとするのではなく、むしろ前‐資本主義的習慣にあるとするその仮定である。

第七章

（1）Eduard Bernstein, *Evolutionary Socialism*, trans., Edith C. Harrey (New York: B. W. Huebsch, 1909).

（2）Leon Trotsky, *The History of the Russian Revolution* (1930), p. 317.［藤井一行訳『ロシア革命史』全五冊（岩波文庫、二〇〇〇－〇一年）］

（3）L. B. Boudin, *The Theoretical System of Karl Marx* (Chicago: Charles H. Kerr, 1907), p. 206.

（4）Karl Kautsky, *The Social Revolution* (1902), p. 38.

（5）Leon Trotsky, *op. cit.*, p. 240.［（前掲）『ロシア革命史』］

（6）以下からの引用。Harold Laski, *Communism* (1927), p. 205.［（前掲）「共産主義論」］

（7）以下からの引用。Harry Laidler, *A History of Socialist Thought* (New York: Thomas Y. Crowell

Company, 1927), p. 216.

(8) ロシアにおける政治的テロリズムの減少というよりはむしろ増大に関する現実主義的な分析については、以下を参照。Waldemar Gurian, *Bolshevism: Theory and Practice* (London: Sheed & Ward, 1932), Chap. 2.

全能のソヴィエト官僚のなかに細かなごまかしや気まぐれな横暴が支配している可能性は、最近のクレムリンの布告のなかでそれとなく認められている。それによれば「革命的順法性」という一般ルールが出され、官僚の権威を笠に着る姿勢や気まぐれを抑えようとしたとされる。*New York Herald Tribune*, August 21, 1932 の特報を参照。

(9) W. Z. Foster, *Toward Soviet America* (New York: Coward-McCann Inc., 1932), p. 333.

(10) N. Bukharin, *Historical Materialism* (1926), p. 41.

(11) Waldo Frank, *Dawn and Russia: The Record of a Journey* (New York: Charles Scribner's Sons, 1932), p. 142.

第八章

(1) 以下からの引用。Charles W. Pipkin, *Social Politics and Modern Democracies* (New York: The Macmillan Company, 1931), Vol. II, p. 228.

(2) *Report on Fabian Policy*, p. 7.

(3) Harold Rugg, *Culture and Education in America* (New York: Harcourt, Brace and Company,

1931), p. 355.

（4）計画経済の必要性と私的財産の権利との不整合性についての議論に関しては、以下を参照。V. Ossinsky *et. al.*, *Socialist Planned Economy in the Soviet Union* (New York: International Publishers, 1932). 同書は、一九三一年にアムステルダムで開催された、国際計画経済会議でのロシアの技術者たちによる報告である。以下も参照。*Can We Have a Planned Economy without a Revolution* (publication of the Foreign Policy Association, April 2, 1932). ここにはルイス・フィッシャー、ジョージ・ソウル、エドワード・A・フィレーンの講演が含まれている。

（5）農民と労働者との協働のこのテーゼについての解説としては、とくに以下を参照。Paul Douglas, *The Coming of a New Party* (New York: McGraw-Hill, 1932).

（6）ジョージ・ノリス上院議員のような、農民の利害に関する正直かつ知的な擁護者が、工業労働者たちのラディカルな政治哲学に対してはきわめて冷淡であるが、このことはこの論点の適切さを示す興味深い事例である。

（7）Eduard Bernstein, *op. cit.*, p. 15.

（8）Henry De Man, *op. cit.*, p. 473.

（9）J. Ramsay MacDonald, *Socialism After the War* (Manchester, London: The National Labour Press, Limited, 1918). 以下からの引用。*New Leader* (London), July 29, 1932.

（10）以下からの引用。Max Nomad, *Rebels and Renegades* (New York: The Macmillan Company, 1932), p. 75.

(11) *Ibid.*, p. 77.

第九章

(1) *Speeches and Writings of M. K. Gandhi* (Madras: G. A. Natesan & Co., 1919), p. 132.
(2) C. F. Andrews, *Mahatma Gandhi's Ideas* (New York: Macmillan Co., 1930), p. 238.
(3) *Ibid.*, p. 141.
(4) *Ibid.*, Chap. 15.
(5) *Ibid.*, p. 142.
(6) 以下からの引用。Clarence M. Case, *Non-violent Coercion* (1923), p. 364.
(7) 以下からの引用。C. F. Andrews, *op. cit.*, p. 297.
(8) *Ibid.*, p. 242.
(9) E. A. Ross, *Social Control* (New York, London: Macmillan Co., 1901), p. 37.
(10) 以下を参照。Clarence M. Case, *op. cit.*, p. 162.

第十章

(1) Third Earl of Shaftesbury, *An Inquiry Concerning Virtue or Merit* (1699), Bk. II, Part I, sec. III.
(2) Cf., Joseph Butler, *Fifteen Sermons on Human Nature* (1726).

（3）*Ibid.*, Sermon 1.

（4）David Hume, *An Enquiry Concerning the Principles of Morals*（1751）, Part 2, sec. II.〔渡部峻明訳『道徳原理の研究』（哲書房、一九九三年）〕

（5）Hugh Cecil, *Conservatism*（London: Williams and Norgate, 1912）, p. 182.〔栄田卓弘訳『保守主義とは何か』（早稲田大学出版部、一九七九年）〕

（6）以下からの引用。Max Nomad, *op. cit.*, p. 294.

訳者解説

一　ラインホールド・ニーバーの生涯と思想

生い立ちとキリスト教

ラインホールド・ニーバー（Reinhold Niebuhr, 1892–1971）は、ドイツからの移民でドイツ福音教会の牧師をつとめていた父グスタフと母リディアのもと、一八九二年にミズーリ州ライト・シティで生まれた。後に家族はイリノイ州のリンカンに転居し、ニーバーはシカゴ郊外のエルムハースト大学、イーデン神学校、そしてイェール大学神学部で神学、キリスト教倫理学、哲学を学び、一九一五年に修士号を取得している。その後、デトロイトのベテル福音教会の牧師をつとめ、一九二八年にニューヨークのユニオン神学大学で教鞭をとるまで、一三年間、牧師として説教と牧会につとめるかたわら、自動車産業のメッカとして急激に工業化していくデトロイトで労働者たちの窮状の支援に立ち向かった。この青年時代のデトロイト体験が、ニーバーの人間形成と思想形成、さらには実践的活動の基盤を形成した。ニーバーは、デトロイトでの不慣れな若い牧師としての苦悩に満ちた貴重な体験と知見を、最初期の著作の一つ『教会と社会の間で——牧会ノート』(*Leaves from the Notebook of a Tamed Cynic*, 1929)に記している。

ニーバーは今日では、二歳年下の弟でイェール大学神学部で長らくキリスト教倫理学を講じたH・リチャード・ニーバーとともに、二〇世紀アメリカの「公共の神学」(public theology)の創始者として見なされている。現在もニーバー兄弟の再評価を意味する「ニーバー・リヴァイヴァル」が進行中であると言われているが、彼らの作品の数々は神学やキリスト教倫理学、社会思想や政治思想の古典的著作として読み継がれている。

初期ニーバー——下からの「キリスト教現実主義」とラディカルな政治思想

ラインホールド・ニーバーは、二〇世紀アメリカの最大の神学者、キリスト教社会倫理学者と言っても過言ではない。彼は、特有の「キリスト教現実主義」(Christian realism)の立場からアメリカの政治、国際政治、政治と倫理という主題について卓越した分析と考察を行った知識人だった。さらにニーバーは、歴史、社会、政治に関する理論と実践において根強い影響力を発揮した知恵者でもあった。彼は何よりもまず、過酷な現実につねに向き合おうとする実践的な思想家だった。この印象は、一九三〇年代前半の初期ニーバーの代表的な著作である本書『道徳的人間と非道徳的社会』(*Moral Man and Immoral Society*, 1932)と『一時代の終焉に関する省察』(*Reflections on the End of an Era*, 1934)に鮮明である。いずれも、マルクス主義の社会分析と非教条主義的な社会主義を高く評価していた時期の作品である。一九二八年にアメリカの社会党の指導者として大統領選挙に立候補したことがあるノーマン・トーマスは、「一般的にあまり知られていないが、ニーバーが社会主義者の時代には、おそらく私よりも少し左に位置していた」と当時を回顧している。

中期ニーバー——「神学的転回」と『人間の本性と運命』全二巻

これら二つの政治的にラディカルな著作を著してからすぐ、一九三〇年代中葉以降、ニーバーはそれまでの主として歴史的政治学的考察からのいわば「神学的転回」を果たし、『キリスト教倫理の一解釈』(*An Interpretation of Christian Ethics*, 1935)などの著作を刊行していった。こうした「神学的転回」はある意味で当然であった。ニーバーはデトロイトで長らく教会牧師をつとめ、一九二八年以降はユニオン神学大学で神学教授として授業やセミナーを担当し、十分な神学の研鑽と蓄積を有していたからである。そして彼の神学上の傑作(magnum opus)、『人間の本性と運命』全二巻(*The Nature and Destiny of Man*, Vol. I & II, 1941, 1943)は、エディンバラでのギフォード講演を土台にしたものだったが、二〇世紀中葉の神学的古典として読み継がれてきた。この二巻から成る神学的著作の特徴は、キリスト教の人間観と歴史観の精髄を説得的に論じ説明している点にある。これらの著作では、ニーバーがかつて「時間と永遠、神と世界、自然と恩寵との関係についてのキリスト教による弁証法的概念化」と呼んだところのものが示されている。第一巻のキリスト教人間観については、①「神の像」(Imago Dei)としての人間精神の自己超越性(self-transcendence)に由来する自由と責任、②人間の被造性(creatureliness)としての有限性、そして③人間の罪性(sinfulness)としての悪やエゴイズムという三つの次元を基盤に、人間事象の栄光と挫折、可能性と悲劇、自由と運命について立体的な分析と考察がなされている。

そして第二巻のキリスト教の歴史観については、一方で永遠と時間、超歴史と歴史を二元論的に分離してしまう保守主義や神秘主義の歴史観が批判されている。というのも、そこでは永遠ないし超歴史の絶対的な価値のゆえに、人間実存の歴史内在性や歴史的意義が等閑視されてしまうからである。他方で、超歴史と歴史のいずれかのみを絶対化する一元論にも大きな問題がある。たとえば、熱狂主義は、しばしば歴史を越えたユートピアや絶対的価値を実現するために、暴力やテロルを用いようとするが、そこでは歴史の内在的価値や複雑さが全面的に無視され、否定されてしまう。さらにキリスト教的であれ、非宗教的であれ、リベラリズムの場合、永遠と超歴史を顧慮することなく、時間と歴史の認識の内部にとどまり、歴史の相対性に対して究極的重要性を付与してしまう傾向があるとして、一元論的リベラリズムも批判の俎上に載せられている。

こうして二元論にせよ一元論にせよ、その認識論においては、永遠と時間に関する弁証法的理解、つまり両者の対立の契機と連続の契機との緊張が、看過されてしまうとニーバーは考える。神秘主義や保守主義の世界観と歴史観の場合には、その方法論的超越主義が批判の対象とされ、リベラリズムのそれの場合には、その方法論的内在主義が問題視される。ニーバーによれば、「永遠の目的および意志の開示」としての聖書的宗教の「啓示」は、個々人の歴史、諸社会の歴史、つまり、社会的歴史的経験のただなかで生起し、そこでのみ意味を獲得する。人間の本性(nature)、人間の運命(destiny)という観点からみれば、世界に対する神の超越性と世界との神の緊密な関係性が、つまり「歴史のプロセスを超越しつつも、そのなかに内在する神」のヴィジョンこそ、ニーバーにとっては啓示の最も基本的な前提条件となっている。

だが、このような「神学的転回」を果たした後のニーバーの場合にも、「社会における人間経験」をみずからの思想の「基準線」として位置づけることに変化は生じなかった。彼はかつて、自分自身の解釈学上の「理解の方法論」を、「信仰的前提と経験的事実との円環的関係づけ」として表現したこともある。

後期ニーバー——上からの「キリスト教現実主義」

ニーバーは自分の生涯を振り返って、みずからの立場を絶えず変えていったために、誰も自分の思想を真剣に受けとめてくれないのではないか、と述懐したことがある。第二次世界大戦後の後期ニーバーの政治思想は、ラディカルな社会主義の立場から袂を分かち、「大恐慌」を乗り越えたフランクリン・D・ルーズヴェルト大統領の穏健でリベラルな社会政策を評価するようになった。後期のニーバーは、「混合」経済を重視し、初期の政府主導の福祉国家型のプラグマティックな自由民主主義の方向へと転換し、初期の「下から」のキリスト教現実主義を、「上から」のキリスト教現実主義へと変化させていった。一九四〇年代の初期と中盤に、ルーズヴェルト政権、トルーマン政権の「政治顧問」としての任務を与えられ、政治家、外交官、政治学者との接触も増え、政治をいわば政府や統治者の側から見るようになったことも、その要因の一つであろう。しかしながら、それでも『光の子と闇の子』(*The Children of Light and the Children of Darkness*, 1944)、

『アメリカ史のアイロニー』(*The Irony of American History*, 1952)などを通じて、ニーバーは二〇世紀中葉のアメリカが、あたかも「古代バビロニア」(経済的に富裕で政治的に強大な国)であると同時に、「古代イスラエル」(宗教的で有徳な国)という装いと虚栄を有するようになったとして、そのヒュブリス(傲慢)を厳しく批判した。さらにこの時期、彼は、アメリカのリベラルで楽観的な人間観や文化の欠陥、さらにヴェトナム戦争など、次第に「世界の警察」になりつつあったアメリカへの預言者的批判を継続している。

ニーバーは、アメリカ政府への外交指針を提言する専門家団体、UDA(Union for Democratic Action／民主的行動のための連盟、一九四六年六月に結成)に中心人物として加わるが、この団体のメンバーには戦前からの社会主義者が多く加わっていた。しかし、ニーバーは半年後には、ADA(Americans for Democratic Action／民主的行動のためのアメリカ人協会、一九四七年一月に結成)に参画する。ADAは、政策提言からみると、ソ連の全体主義化を危惧し、アメリカの対外姿勢を支持した「冷戦派リベラル」の集合体とも見なされたこともある。

アドレー・スティーヴンソン、アーサー・M・シュレジンジャー、ジョージ・M・ハンフリーなど、第二次世界大戦中や戦争直後のアメリカの主要な政治家や知識人の幾人かは、ニーバーの思想と実践に感化されたことを認めている。戦後ではジミー・カーター、近年ではバラク・オバマといった大統領経験者がニーバーの著作に親しみ、高く評価していたことは記憶に新しい。またジョージ・ケナン、ハンス・モーゲンソーなど、アメリカの現実主義の政治学者たちは、ニーバーの人間論とキリスト教現実主義から多くを学んでいる。そしてマーティン・L・キング・ジュニア牧師やコーネル・ウェストなどは、ニーバーから預言者精神と社会正義の重要性について貴重な教訓とインスピレーションを受けたと述懐している。とくにキング牧師は、いかなる倫理的行為や政治的行為も、「絶対的底辺」に触れる信仰の基盤、さらには「深層の次元」を必要とするということを教えてくれた人としてニーバーを積極的に評価した。

ニーバー自身、公共的知識人で実践家であり、その主張と議論は、アメリカの神学界や教会関係だけでなく、政治家や知識人そして世論にも深遠な影響を与えた。一九五二年にニーバーは脳梗塞を患い、それまでのエネルギッシュな実践活動と研究は大きく削がれることになった。その後、彼は数度におよぶ発作と闘いながら、いくつかの著書や論文も公刊し、一九七一年六月に平安のうちに七九年の生涯を閉じた。

二 『道徳的人間と非道徳的社会』とその射程

政治と倫理との相克、個人倫理と集団倫理の相違

本書『道徳的人間と非道徳的社会』は戦間期の一九三二年の作品であり、そこには激動の時代の刻印が色濃く映し出されている。本書は、神学的洞見が散見されるとしても、ニーバー自身の「神学的転回」以前の作品であり、基本的に政治学的あるいは歴史的な考察がなされている。戦間期のアメリカは、いよいよ「世界の大国」としての頭角を現し始め、国内政治では大恐慌と向き合わざるをえなくなっていた。本書でニーバーは、そうした激動の時代に政治と倫理との相克の主題を、とくに個人にとって可能な倫理と、集団――人種、階級、経済集団、民族、国民、国家、国際社会など――にとって可能な倫理とを区別しながら、現実主義(リアリズム)の立場から政治学的分析と考察を行っている。ニーバーの著作にはしばしば政治的格言あるいは金言とでも言うべき言葉が見られるが、政治と倫理の相克について語る次の文章はその一つの事例である。「政治とは、歴史の終わりにいたるまで、良心と権力がぶつかり合う場であり続ける。そこでは人間生活の倫理的要素と強制的要素とが浸透し合い、不確かで不安定な妥協が作り出される」(本書三七頁)。

政治と倫理との相克の主題、とりわけ個人にとって可能な倫理と集団にとって可能な倫理との間には区別が必要であるというニーバーの議論は、とくに宗教的モラリストと

世俗的モラリストの双方に対して向けられた批判である。これらのモラリストは、個人の道徳的な向上によって社会全体が改良されるという考えで一致していた。彼らは、個人の道徳性と集合体の道徳性との基本的相違に無自覚であり、したがって人種であれ、階級や国民であれ、集合体の利己的な利益追求とそこに働く権力政治や利益政治の力学を看過してしまうと批判される。

人間社会や社会集団においては、利己的な衝動を指導し抑制する理性はあまり作動することなく、自己超越への能力は不十分となり、他者のニーズを理解する能力も欠如してしまう。それゆえに集団生活では各人が個人的関係において示すものよりも、抑制の利かないエゴイズムが見られるようになる。それだけでなく、集団の凝集力に匹敵し、自然的衝動を抑制する理性的な社会的勢力を構築することも困難になる。さらにリベラルな中産階級には全般的に人間の道徳的能力への楽観的でロマン主義的な過大評価が見られ、現実の集合体の力学や政治権力に見られる非合理なエゴイズムを黙認し、過酷な現実を看過してしまう。こうしてアメリカのリベラルで楽観的な文化は、集団的エゴイズムと権力の執拗さを認識することに失敗しているとされる。

プロレタリア階級の苦境——革命か、議会制社会主義かニーバーは先述のように、一九三〇年代には社会主義とマルクス主義に惹きつけられた。その理由は、労働者階級の窮状を直視し、社会正義の観点から資本主義社会を批判し、プロレタリア階級の救済の問題に正面から取り組んでいたのが、唯一、社会主義であり、その理論的根拠としてのマルクス主義だったからである。この「マルクス主義的社会主義」は、実際の共産主義体制――ニーバーは当時のソ連の共産主義には批判的だった――とは異なる一つの理論的見地である。本書の三つの章（第六章、第七章、第八章）では、この社会主義の理論の説明、革命の困難、議会制社会主義の可能性とジレンマなどについて興味深い分析と議論が提示されている。

ニーバーによれば、戦間期の西洋諸国の労働者階級の場合、道徳的シニシズムが平等主義的理想主義と反ナショナリズムに結合していく点に最大の特徴があった。プロレタリア階級に関するマルクス主義の理解でニーバーが注目したのは、その宗教的ないし擬似宗教的特徴、とりわけ、終末論的ないし黙示録的ヴィジョンである。プロレタリア階級の最下等の地位が彼らの究極の高挙《こうきょ》の原因となり、社会的敗北の惨状そのもののなかに彼らの終極的勝利の前触れが見られるという論点は、まさしく「古典的宗教の様式」に酷似した「敗北から勝利をつかみ取る」ドラマを含意している。マルクス主義の教理にはエゴイズムと復讐心が肯定的に容認される面があるが、他方で「各人はその能力に応じて働き、各人はその必要に応じて受け取る」といった強烈な「倫理的理想主義」に宿る宗教的含蓄——キリスト教の愛の理想にも似たもの——も見られる。

だがニーバーはマルクス主義を肯定的に見ていただけではない。マルクス＝レーニン主義は、共産主義体制の革命的独裁は過渡的なものにすぎないとし、また国家はやがて消滅するという議論、共産主義社会が定着すれば、互恵的生活が自動的に生まれるといった過度にロマン主義的で神秘主義的な議論に陥ってしまう。こうした認識は、ニーバーによれば、「人間本性の諸事実」と矛盾し、革命の向こう側においてはリアリズムを全面的に消失させてしまうと批判される。「レーニンは、今日の現実と取り組む時には冷酷なリアリストであるが、明日の可能性を心に描く時にはこうしてセンチメンタリストへと変貌する」(三〇七頁)。

戦間期の西洋諸国の「マルクス主義的社会主義」の展望においては、プロレタリア階級に正義をもたらすという目的を成就するために、「革命」ないし「破局主義」によるのか、または議会制と政党制という制度装置を媒介とした漸進主義的な手法によるのか、という二者択一がつねに問題になった。暴力革命はとくに中産階級や理性的モラリストにとっては嫌悪すべき選択肢であり、非道徳的なものと見なされる。それゆえに、もう一つの選択肢として、たとえばE・ベルンシュタインが提起したような革命や破局への期待に取って替わる一つのオルタナティヴとして改革主義的な進化的教理が生まれてくる必然性がある。またプロレタリア階級の内部には、資本主義社会に絶望しそれを敵視する無産階級とは異なる熟練労働者や準‐熟練労働者が生まれてくるわけだが、そのことでプロレタリア階級に克服不可能な分断が生じ、後者は暴力革命を忌避し、議会制社会主義を好む傾向がある。こうした分析を通じてニーバーは、「西洋文明はむこう数十年以上にわたってプロレタリア革命へと機が熟すことはないだろう」と指摘している（三〇二頁）。ニーバーのこの見通しはその後の歴史においても実証されており、共産主義革命が成就した事例は、中国など非西洋圏のごく少数の諸国に限られた。

こうしてニーバーは西洋諸国では、暴力革命ではなく、労働組合に下支えされる議会制的で漸進的な社会主義の選択肢が不可避であると見ていた。その背後には、プロレタリア階級のなかでも熟練労働者と準‐熟練労働者には、デモクラシーの制度装置へのある程度の信頼があると見ていたからだった。イギリス、フランス、ドイツ、ベルギー、スカンディナヴィア諸国においても、ベルンシュタイン派とカウツキー派の立場の相違にもかかわらず、議会制社会主義の戦略には大差がなかったと指摘されている。ただし議会制社会主義に問題点があるとすれば、その合理主義のゆえにマルクス主義がもともと保持していた前述の終末論的ないし黙示録的契機が放棄され、道徳的潜在力や熱情や勇気ある行為といったいわば宗教的な源泉が失われてしまうことだとニーバーは指摘している。さらに議会制社会主義へのニーバーの懸念は、議会内政治や政党政治のなかで政策の選択や実現に関してしばしば取引や妥協が強いられ、すべての種類のご機嫌取りにかかずらう羽目に陥る危険に向けられていた。それゆえに社会主義政党の指導者は多くの場合、つねに個人の野心や虚栄心、さらにはナショナリズムの圧力を契機として労働者階級への裏切り、背信、変節行為などが日常的に繰り返されることとなる。この関連でニーバーは、イギリスではJ・R・マクドナルドやP・スノーデン、フランスではA・ミルラン、R・ヴィヴィアーニ、A・ブリアン、ドイツではP・シャイデマン、G・ノスケらの名前を挙げ、具体的な事例を示して説明している。だが、例外として、「フランス社会党」(SFIO)の創設に係わり、その初期の指導者だったジャン・ジョレスは高く評価している。こうして戦間期のヨーロッパ諸国という条件の下ではあるが、革命的社会主義と議会制社会主義のどちらが優勢であるのかという点では、双方ともに長所と難点があり、暴力革命が成功する確率はゼロに近いが、社会主義勢力が置かれた各国の状況次第というのがニーバーの主張だった。

愛と正義の弁証法的緊張ないし協働

本書の第三章でニーバーは、宗教が悔恨や謙虚の精神を通じて道徳的源泉となり、社会の道徳的基盤を構築するという議論をしている。若い頃からニーバーは、人間の罪やエゴイズムそして人間集団の悪や利己性の認識において際立っていた。そこからは個人的には罪の悔い改め（metanoia）の必要性を強調し、人間集団の利己的な利益追求に警告を発してきた。神の前での人間の悔恨や謙虚の強調は、こうした罪や利己性の深い認識の裏返しとしても理解できるであろう。

さらにニーバーは、高次の諸宗教において、神的なものや聖なるものが、愛（love）や仁愛（benevolence）へと発展していく傾向があると指摘する。彼の宗教倫理では、個人間の関係において愛（非利己性）が最高の徳性として理解され、より複雑な社会関係や国際関係においては正義（「平等的正義」）が最も達成可能な高次の道徳的理想であり、最も理性的な目標として提示される。こうした認識は、当時、キリスト教界に大きな影響を与えた。それは、たとえば、愛の理想を社会関係や政治において実現しようと試みたW・ラウシェンブッシュやW・グラデンらの「社会的福音」（Social Gospel）運動に対するニーバーの批判の論拠でもあった。愛と正義の働く領域を暫定的に区分けするこうしたニーバーの認識は、スイスの神学者E・ブルンナーにも共通する重要な見地であった。

このように個人道徳と社会道徳との間には、一種の相克があると認識されている。これら二つの道徳的観点の矛盾は絶対的なものではないとしながらも、両者は容易に調和できるものではないと理解された。だが同時に、ニーバーは、宗教的な愛の理想は、理性的な正義の理念をふくらませるパン種(酵母)として働き、正しい社会の希望にはつねに愛という宗教的要素がなければならないと主張する。とくに人間関係が親密である場合には、愛の道は正義にいたる唯一の道であるとされる。彼の理解するところによれば、こうした愛と正義の弁証法的緊張、それにもかかわらずなされうる両者の協働が、世界の主要な諸宗教の場合、理想社会の目標として共通に認識されている。だが、一般的に利己的衝動は利他的衝動よりもはるかに強力であるので、愛や仁愛を媒介として「平等的正義」を実現しようとする試みは、つねにきわめて困難な課題にとどまる。

本書で先鞭を付けられた愛と正義の結合という緊張をはらむ——わずかばかりの可能性を秘めた——理想のテーマは、『キリスト教倫理の一解釈』、『キリスト教と権力政治』(*Christianity and Power Politics*, 1940)、『人間の本性と運命』全二巻、『信仰と歴史』(*Faith and History*, 1949)などの中期の諸著作でさらなる展開と精緻化が試みられている。これらの著作では愛と正義とはつねに相互浸透しなければならないのであるが、それはきわめて困難なことだとされる。愛はつねに、歴史上のすべての正義実現の行為に対して、その成就であると同時にその否定でもあるという意味合いを帯びているからである。

ニーバーとガンディー——非暴力抵抗をめぐって

訳者にとって本書の興味深いテーマの一つは、イギリス帝国のインド支配に対するガンディーの非暴力抵抗の試みのなかにも強制(coercion)の要素を指摘するニーバーの議論である。ニーバーは、リアリズムの観点から政治における強制力の使用を政治権力の必要不可欠な契機として当然視するわけだが、通常、ガンディーのインド独立運動やキング牧師の公民権運動で採られた非暴力抵抗は平和的かつ非強制的な手法として提示され、理解されてきたわけである。これに対してニーバーは、非暴力抵抗運動のなかにも強制的要素が介在することを主張する。もちろん、ニーバーは、ガンディーの非暴力抵抗が政策実現の方法として道徳性を重視することによって強制が緩和されていることを高く評価する。とりわけ非暴力の方法は、虐げる人々に対抗する十分な力をもたない脆弱な立場にある人々や集団に特有の効果的な戦略である。

ガンディーは、非暴力の方法を「魂の力」や「真理の力」といった用語を使用して説明している。しかし、ニーバーはそれでも非暴力抵抗にも強制の要素があることを指摘し、その意図がなくとも、非暴力抵抗には生命や財産を破壊するリスクがあると主張する。非暴力は、納税の拒否(市民的不服従)、強制的な取引の拒否(ボイコット)、通常の業務の拒否(ストライキ)などの方法を駆使するが、こうした受動的で消極的な手法でもかなり破壊的な帰結を生むことがある。ニーバーは、イギリスのランカシャーの綿糸紡績工たちが、ガンディーによるイギリス製の綿糸ボイコットによって貧困に追い込まれた事例を指摘する。ガンディーの「アヒムサ」(非暴力、不殺生)の方法は、社会闘争において相手の理性と善意に訴えるものであり、ニーバーはそれを劇的な教育的方法だと評価している。しかし、この非暴力の方法も、ニーバーによれば、最少のタイプであったとしても、強制力をともなっていると理解されている。彼のこの指摘は、たしかに結果や帰結を加味した時には適切な面があるだろう。

しかし、その意図においては非暴力抵抗が、善意志の発動であり、愛や正義や平和の理想の実現を追求するぎりぎりの方法であることを否定することはできないであろう。ガンディーにあっては、不正な支配者に対して彼らの悪しき行為に自覚を促すという意味で、「アヒムサ」は正義の方法であると同時に、「最も大いなる愛、最も大いなる慈悲」を表していた。ガンディーは、円卓会議の期間中にランカシャーを訪れたが、収入の減少で多大な打撃を受けた綿糸紡績工たちは憤激するどころか、親切な態度で彼を迎え入れた。この事実は、非暴力が敵愾心を和らげる上で実効的であることを証明するものであり、その社会的道徳的効力の証左であるとニーバーは述べている。こうしてニーバーは、非暴力抵抗が、部分的に強制をともなうものの、社会生活の道徳的および理性的要素との調和に最大限の機会を与えるものとして積極的に支持している。

ただし、この時期のニーバーは少なくとも、「暴力が本質的に非道徳である」とする仮定を認めていない（二七四頁）。彼にとっては「悪意志以外には何も本質的に非道徳なものはなく、善意志以外には何も本質的に道徳的なものはない」（同）。ここにはガンディーとの架橋できない差異がある。

初期ニーバーの「キリスト教現実主義」

ニーバーはキリスト教現実主義という立場で語られているが、その特徴は人間存在の罪や業《ごう》、エゴイズムや利己心の深い理解、人間社会の悪や不正義への透徹した眼差しにある。それだけでなく、人間の生の悲劇性や歴史のアイロニーへの洞察も加わって、これらのキリスト教現実主義を構成している種々の洞察は、人間の無垢と徳性への楽観的な信頼のなかで育てられた当時のアメリカのリベラルな世代と人々を驚愕させ、同時代の少なからざる人々に人間の本性と運命について改めて考えさせるきっかけとなった。

ニーバーに顕著なことは、彼のメッセージは教会やキリスト信徒だけでなく、非信仰者や世俗社会にとっても強烈なアピールを有しており、社会の広範な人々や集団を知的に魅了したことであろう。ある哲学者は、ニーバーを支持する「無神論者の会」があってもおかしくないと語ったと伝えられている。こうしたニーバーの幅広い魅力とアピール力は、次第に世俗化を強めていくアメリカ社会にとって意味のある神学思想や政治思想を構築しようと模索していた彼の決意と努力によるものともいえよう。

初期のニーバーは、彼が依拠する「預言者宗教」(prophetic religion)の概念によって明らかであるように、アモスをはじめとする旧約の預言者の伝統に立脚していた。アモスは、イスラエル民族が頼みにしていた「主の日」が民族的栄光の日ではなくて、むしろ「暗闇」であり、その日はイスラエルの「勝利」を告げる日ではなく、ヤハウェの「審判《さばき》」の日であると宣言した。これは、民族の自己本位のメシアニズムやナショナリズムを退けるとともに、神の観念と歴史や文化の見方に関してユダヤ民族を越えた一種の普遍主義的理解を開示したものとニーバーは理解した。

さらにニーバーはある種の知恵者でもあり、フロネーシス(賢慮)の理論家でもあった。彼の分析や考察や議論には、しばしば旧約の知恵文学の系譜にも連なる実践的英知の特徴が見られる。たとえば、『光の子と闇の子』のなかの次のようなアフォリズムは、こうした賢慮の言葉であるといえよう。「人間の正義を行う能力は民主主義を可能にする。しかし、人間の不正義への傾向は民主主義を必要とする。」

すでに指摘したように、初期ニーバーのキリスト教現実主義は、社会主義者として産業文明の犠牲者の視点からラディカルに社会正義の実現を探求する姿勢を堅持するものであった。それゆえに、それは「下から」のキリスト教現実主義と呼ぶことができる。興味深いのは、本書の第九章や第一〇章で、ニーバーは時代状況に関する冷静な現実主義的分析に加えて、一部、それとはまったく異なる考え方を提示している点である。それは、たとえば、社会変革を目指すプロレタリア階級や虐げられた立場にある人々が勇気ある行動にコミットする場合、また愛や正義の理想を実現しようとする場合、さらに非暴力で社会正義を実現しようとする場合でさえも、ある種の「幻想」(illusion)や「聖なる愚かさ」(sacred madness)を必要とし、それにあえて賭けてみるべきだというラディカルな提言である。もちろん、ニーバーは、多くの場合、幻想に対する理性の統制の必要を主張している。だが、ある場合には、幻想が求められる状況もありうるとする。そこではパウロの「十字架の愚かさ」(コリント信徒への手紙一、一章一八節)という考え方を念頭に、合理的計算を越えた勇気ある敢為《かんい》の精神にコミットすることが、個人の生においても、また社会においても創造的で変革的な力として働く場合があるという主張がなされている。

赦しはつねに悪の行為者に悔い改めを促すとは限らないが、しかしそうなることもありうる。敵を愛することは敵の心を和らげないかもしれないが、しかしそうなる可能性はある。……愛と仁愛は完全な相互性に結実しないかもしれないが、しかしとくに親密な関係の内側ではそうした傾向が実際にみられる(四〇六―四〇七頁)。

人類の集合的生活において完全な正義が実現できるという幻想……、もし正義が完全に実現できるという希望が魂のなかに崇高な愚かさ(sublime madness)を生み出さないのであれば、正義はその実現に向けて近づくことは到底できない……幻想は危険である。なぜなら、それは恐ろしい狂信主義を助長するかもしれないからである。だからこそ、幻想は理性の統制の下に置かれなければならない。人はただ、幻想がその仕事を終える前に、理性が幻想を壊してしまわないことを希望するのみである(四二三―四二四頁)。

ニーバーへの批判は、一九六〇年代末から八〇年代以降にかけて「革命の神学」(R・ショール)、ラテン・アメリカの「解放の神学」(R・アルヴェスなど)、「黒人解放の神学」(J・コーン)、「フェミニズム神学」(V・サイヴィングなど)の立場からの批判がなされた。その批判はとくに戦後のニーバーに向けられたものが多い。ニーバーは結局のところ支配体制（エスタブリッシュメント）の神学者へと変質してしまい、米ソ冷戦やヴェトナム戦争への対応、人種的不平等など、喫緊の問題との取り組みが不十分であったのではないか、またジェンダー的視点や女性の特性に関する認識が欠落していたのではないかといった論点に収斂する。これらの批判には説得的なものも少なからずあった。しかしながら、冒頭で述べたように、二一世紀に入ると、ニーバー兄弟がその生涯を通じて有意味な「公共の神学」を提示したことへの再評価の動き（ニーバー・リヴァイヴァル）が見られるようになり、二〇世紀の最も創造的で有意義な「公共の神学」、キリスト教倫理学、政治思想を提起した人物としてラインホールド・ニーバーを理解し、歴史的文脈に即した手堅い研究も進行していることを指摘しておきたい。近年でもニーバーに関する研究書の出版は増え続けている。*

＊そのなかでも近年、二冊の内容豊かな大著が刊行されている。Robin Lovin and Joshua Mauldin, eds., *The Oxford Handbook of Reinhold Niebuhr*, 2021. この著作には、ニーバーが取り組んだ多方面のテーマに関する今日の最先端の論文が掲載されている。さらに、以下の著作も最近刊行された。Dallas Gingles, Joshua Mauldin, and Rebekah L. Miles, eds., *The Future of Christian Realism: International Conflict, Political Decay, and the Crisis of Democracy*,

2023. 同書にはニーバー研究のわが国の先駆者だった武田清子、大木英夫、古屋安雄の諸氏の研究をはじめ、日本のニーバー研究の歴史的歩みや現在の多様な議論を紹介し批評した畏友高橋義文氏の貴重な論文も掲載されている。高橋氏は同書の刊行の半年ほど前に忽然と天に召された。突然のことで、大きな衝撃を受けた。謹んで心からの哀悼を申し上げたい。

おわりに――「丘の上に建てられた町」と「平静を求める祈り《セレニティ・プレイヤー》」

ニーバーはアメリカ人であり、ある意味で当然かもしれないが、すぐれてアメリカ特有の神学者であり思想家であったように思われる。後にマサチューセッツ湾植民地の初代総督になるジョン・ウィンスロップは、一六三〇年にニューイングランドに向かう「アーベラ号」の船上で「キリスト教的慈愛の模範」という説教を行った。これはニーバー研究者の鈴木有郷氏が好著『ラインホールド・ニーバーとアメリカ』(一九九八年)の冒頭で触れたことでもあるが、「丘の上に建てられた町」(マタイ福音書五章一四節)について語られた説教である。この説教でウィンスロップは、神が自分たちに与えた預言者ミカの精神――「正義を行い、慈しみを愛し、へりくだって神と共に歩むこと」(ミカ書六章八節)――にのっとって、仕事を協力して担い、友愛をもって接し、贅沢をいましめ、一つの体として共同体を尊び、平和のなかで心の一致を求めていくことを要請した。そして隠れることのない「丘の上に建てられた町」(city upon a hill)のような位置に置かれた自分たちを全世界が注視していると述べ、もし神との「契約」(covenant)に忠実であるならば、自分たちは祝福されるに違いないが、もし不実であれば世界の「物笑いの種」になるだろうと戒めた。

ニーバーは、このピューリタンの「契約」の意味合いをずっと考え続けていた形跡がある。アメリカ史ではニーバーが最も尊敬したリンカン大統領がまずもってそうだったし、後に公民権運動の時期のキング牧師もそうだった。「丘の上に建てられた町」としてのアメリカ、そのアメリカの歩みと行動を全世界が注視しているという感覚、そしてこの「契約」には「特別の責任」がともなうということ、そしてこの「特別の責任」の前につねに「畏れとおののき」をもって歩むこと、そこにのみアメリカの「希望」がある。もしこの「契約」が「特別の責任」や「畏れとおののき」ではなく、アメリカの「特権」と理解されたならば、アメリカに「希望」はなく、そのヒュブリス(傲慢)はアメリカを悪の帝国にし、全世界の「物笑いの種」となるだけでなく、世界の大迷惑になる。ニーバーはアメリカに関して、こうした感触を、かつてのウィンスロップと、またエドワーズやリンカンと、さらにキング牧師と共有していたように思われてならない。

この視点からみれば、今日のアメリカのキリスト教の一部にみられる政治的ファンダメンタリズムや宗教右派による“Make America Great Again!”(トランプ前大統領の「アメリカ第一主義」)の支持は、アメリカ的ヒュブリスの表明であり、ニーバーが危惧したアメリカを全世界の「物笑いの種」にする危険な誤謬ということになろう。

ニーバーは、一九四三年夏のある日曜日に、夏の別荘があったマサチューセッツ州西部の山村ヒースにある小さな教会に招かれ、説教をし、そして祈りを献げた。これが後に全米と世界各地で広く知られるようになった彼の有名な「平静を求める祈り」(The Serenity Prayer)である。この祈りは、ニーバーの生き方とエートスを示しているとともに、彼の神学と政治思想の精髄を表現していると思われるので、最後に紹介しておきたい。*

神よ、
変えることのできないものを受け入れる平静《セレニティ》を、
変えるべきものを変える勇気《カレッジ》を、そして
変えることのできないものと変えることのできるものとを
識別する知恵《ウィズダム》を、
われらに与えたまえ。

O God, Give us
Serenity to accept what cannot be changed,
Courage to change what should be changed, and
Wisdom to distinguish the one from the other.

＊訳文は、大木英夫「解題＝訳者あとがき」、ニーバー『道徳的人間と非道徳的社会』大木英夫訳、白水社、一九九八年、所収。さらにこの祈りの背景や文言や影響については、以下も参照。高橋義文「付録　ニーバーの「冷静を求める祈り」」、チャールズ・C・ブラウン『ニーバーとその時代』高橋義文訳、聖学院大学出版会、二〇〇四年、所収。エリザベス・シフトン『平静の祈り――ラインホールド・ニーバーとその時代』穐田信子訳、安酸敏眞解説、新教出版社、二〇二〇年。なお、本解説のいくつかの論点については、拙著『現代プロテスタンティズムの政治思想――R・ニーバーとJ・モルトマンの比較研究』新教出版社、一九八八年、を参照されたい。

訳者あとがき

ラインホールド・ニーバーは、私にとって半世紀も前の研究生活の最初期にあたる大学院時代の研究テーマ（いわば研究上の初発の愛の対象）として取り上げたアメリカの神学者、政治思想家である。その意味でニーバーの思想や彼が取り組んだいくつかのテーマは、それ以後の私の研究や考え方にも少なからざる影響を与えた。それゆえに、岩波文庫編集部から本書の翻訳の打診を数年前に受けた際、何かそこに運命的なものを感じ、快諾したことを覚えている。このたび訳業を終えて、初期のニーバーのこの名著とふたたび正面から向き合う機会を頂戴したことは、若き日の学びにも勝るとも劣らない本当に大きな貴重な経験となり、また喜びの追体験となったことを痛感している。そのことに深く感謝している。

本書には、すでに日本の戦後に本格的なニーバー研究を切り拓いた研究者たちによる訳業がある。一つは戦時下にニーバーの下で学ばれた武田清子先生と高木誠氏の共訳である。これは、K・バルトの著作とともに『世界大思想全集 社会・宗教・科学思想篇30』(河出書房新社、一九六〇年)に収録されたものであるが、現在では入手がきわめて困難である。もう一つは、一九五〇年代後半に同じくユニオン神学大学でニーバーの下で学ばれ、ピューリタニズムに関する学位論文を書かれた大木英夫先生による翻訳である。これは、P・ティリッヒの著作とともに『現代キリスト教思想叢書8』(白水社、一九七四年)に収録され、後に一書として刊行されている(大木英夫訳『道徳的人間と非道徳的社会』白水社、一九九八年、新装復刊二〇一四年)。同訳書には、佐々木毅氏の優れた解説「道徳主義とリアリズムとの独特な結合の提案」が掲載されている。大木先生は二〇二二年一〇月に九三歳で永眠された。本訳書は尊敬する先達の訳業から豊かな示唆を多く頂戴しており、ここに感謝を申し述べたい。

最後に企画から編集校正作業にいたるまで、できるだけ読みやすくなるように、原著テキストと訳語を照合しつつ、多くの時間をさいて奮励努力を惜しまれなかった岩波書店の小田野耕明さんに、深謝申し上げたい。随所にみられるニーバーの難解な表現、また訳者の生硬で翻訳調の訳文を、分かりやすい文章へと整えていく上でたいへんなご助力をいただいた。もちろん、訳文になおも残るであろう誤りや難点はすべて訳者の責任である。

ニーバーの本書は、戦間期の欧米諸国やロシアの政治状況、ならびに政治と倫理との相克を扱った貴重な力作である。賛同するにせよ、批判的に受け止めるにせよ、本書は吟味検討に値する価値ある議論と素材を数多く提供してくれている。この若き日のニーバーの傑作が多くの読者に読まれ、政治という営みについて根本から再考するきっかけとなることを訳者として願ってやまない。

二〇二三年一二月

千葉　眞

ワ 行

マ　行

ヤ　行

ラ　行

ナ　行

ハ　行

サ　行

タ　行

人名索引

ア　行

カ　行

道徳的人間《どうとくてきにんげん》と非道徳的社会《ひどうとくてきしゃかい》
ラインホールド・ニーバー著

2024年2月15日　第1刷発行

訳 者　千《ち》葉《ば》 眞《しん》

発行者　坂本政謙

発行所　株式会社 岩波書店
〒101-8002 東京都千代田区一ツ橋2-5-5
案内 03-5210-4000　営業部 03-5210-4111
文庫編集部 03-5210-4051
https://www.iwanami.co.jp/

印刷 製本・法令印刷　カバー・精興社

ISBN 978-4-00-386037-3　　Printed in Japan

読書子に寄す

——岩波文庫発刊に際して——

岩波茂雄

真理は万人によって求められることを自ら欲し、芸術は万人によって愛されることを自ら望む。かつては民を愚昧ならしめるために学芸が最も狭き堂宇に閉鎖されたことがあった。今や知識と美とを特権階級の独占より奪い返すことはつねに進取的なる民衆の切実なる要求である。岩波文庫はこの要求に応じそれに励まされて生まれた。それは生命ある不朽の書を少数者の書斎と研究室とより解放して街頭にくまなく立たしめ民衆に伍せしめるであろう。近時大量生産予約出版の流行を見る。その広告宣伝の狂態はしばらくおくも、後代にのこすと誇称する全集がその編集に万全の用意をなしたるか。千古の典籍の翻訳企図に敬虔の態度を欠かざりしか。さらに分売を許さず読者を繫縛して数十冊を強うるがごとき、はたしてその揚言する学芸解放のゆえんなりや。吾人は天下の名士の声に和してこれを推挙するに躊躇するものである。このときにあたって、岩波書店は自己の責務のいよいよ重大なるを思い、従来の方針の徹底を期するため、すでに十数年以前より志して来た計画を慎重審議この際断然実行することにした。吾人は範をかのレクラム文庫にとり、古今東西にわたって文芸・哲学・社会科学・自然科学等種類のいかんを問わず、いやしくも万人の必読すべき真に古典的価値ある書をきわめて簡易なる形式において逐次刊行し、あらゆる人間に須要なる生活向上の資料、生活批判の原理を提供せんと欲する。この文庫は予約出版の方法を排したるがゆえに、読者は自己の欲する時に自己の欲する書物を各個に自由に選択することができる。携帯に便にして価格の低きを最主とするがゆえに、外観を顧みざるも内容に至っては厳選最も力を尽くし、従来の岩波出版物の特色をますます発揮せしめようとする。この計画たるや世間の一時の投機的なるものと異なり、永遠の事業として吾人は微力を傾倒し、あらゆる犠牲を忍んで今後永久に継続発展せしめ、もって文庫の使命を遺憾なく果たさしめることを期する。芸術を愛し知識を求むる士の自ら進んでこの挙に参加し、希望と忠言とを寄せられることは吾人の熱望するところである。その性質上経済的には最も困難多きこの事業にあえて当たらんとする吾人の志を諒として、その達成のため世の読書子とのうるわしき共同を期待する。

昭和二年七月

《法律・政治》〔白〕

- 人権宣言集 — 高木八尺・末延三次・宮沢俊義 編
- 新版 世界憲法集 第二版 — 高橋和之 編
- 君主論 — マキアヴェッリ／河島英昭 訳
- フィレンツェ史 全二冊 — マキァヴェッリ／齊藤寛海 訳
- リヴァイアサン 全四冊 — ホッブズ／水田洋 訳
- 法の精神 全三冊 — モンテスキュー／野田良之・稲本洋之助・上原行雄・田中治男・三辺博之・横田地弘 訳
- 教育に関する考察 — ロック／服部知文 訳
- 完訳 統治二論 — ジョン・ロック／加藤節 訳
- 寛容についての手紙 — ジョン・ロック／加藤節・李静和 訳
- キリスト教の合理性 — ジョン・ロック／加藤節 訳
- ルソー 社会契約論 — 桑原武夫・前川貞次郎 訳
- アメリカのデモクラシー 全四冊 — トクヴィル／松本礼二 訳
- リンカーン演説集 — 高木八尺・斎藤光 訳
- 権利のための闘争 — イェーリング／村上淳一 訳
- 近代人の自由と古代人の自由・征服の精神と簒奪 他一篇 — コンスタン／堤林剣・堤林恵 訳
- 民主主義の本質と価値 他一篇 — ハンス・ケルゼン／長尾龍一・植田俊太郎 訳
- 外交談判法 — カリエール／坂野正高 訳
- 危機の二十年 —理想と現実 — E・H・カー／原彬久 訳
- ザ・フェデラリスト — A・ハミルトン・J・ジェイ・J・マディソン／斎藤眞・中野勝郎 訳
- アメリカの黒人演説集 —キング・マルコムX・モリスン 他 — 荒このみ 編訳
- モーゲンソー 国際政治 —権力と平和 全三冊 — 原彬久 監訳
- ポリアーキー — ロバート・A・ダール／高畠通敏・前田脩 訳
- 現代議会主義の精神史的状況 他一篇 — カール・シュミット／樋口陽一 訳
- 政治的なものの概念 — カール・シュミット／権左武志 訳
- 第二次世界大戦外交史 全二冊 — 芦田均
- 憲法講話 — 美濃部達吉
- 日本国憲法 — 長谷部恭男 解説
- 民主体制の崩壊 —危機・崩壊・再均衡 — ファン・リンス／横田正顕 訳
- 憲法 — 鵜飼信成

《経済・社会》〔白〕

- 政治算術 — ペティ／大内兵衛・松川七郎 訳
- 国富論 全四冊 — アダム・スミス／水田洋 監訳・杉山忠平 訳
- 法学講義 — アダム・スミス／水田洋 訳
- コモン・センス 他三篇 — トーマス・ペイン／小松春雄 訳
- 経済学における諸定義 — マルサス／玉野井芳郎 訳
- オウエン自叙伝 — ロバアト・オウエン／五島茂 訳
- 戦争論 全三冊 — クラウゼヴィッツ／篠田英雄 訳
- 自由論 — J・S・ミル／塩尻公明・木村健康 訳
- 大学教育について — J・S・ミル／竹内一誠 訳
- 功利主義 — J・S・ミル／関口正司 訳
- イギリス国制論 全二冊 — バジョット／遠山隆淑 訳
- ユダヤ人問題によせて ヘーゲル法哲学批判序説 — マルクス／城塚登 訳
- 経済学・哲学草稿 — マルクス／城塚登・田中吉六 訳
- 新編輯版 ドイツ・イデオロギー — マルクス・エンゲルス／廣松渉 編訳・小林昌人 補訳
- マルクス・エンゲルス 共産党宣言 — 大内兵衛・向坂逸郎 訳
- 賃労働と資本 — マルクス／長谷部文雄 訳
- 賃銀・価格および利潤 — マルクス／長谷部文雄 訳
- マルクス 経済学批判 — 武田隆夫・遠藤湘吉・大内力・加藤俊彦 訳
- マルクス 資本論 全九冊 — エンゲルス 編／向坂逸郎 訳
- トロツキー わが生涯 全二冊 — 森田成也・志田昇 訳

空想より科学へ —社会主義の発展　エンゲルス　大内兵衛訳
帝国主義論 全二冊　ホブスン　矢内原忠雄訳
帝国主義　レーニン　宇高基輔訳
国家と革命　レーニン　宇高基輔訳
ローザ・ルクセンブルク 獄中からの手紙　秋元寿恵夫訳
雇用、利子および貨幣の一般理論 全二冊　ケインズ　間宮陽介訳
シュムペーター 経済発展の理論 全二冊　塩野谷祐一・中山伊知郎・東畑精一訳
シュムペーター 経済学史 —学説ならびに方法の諸段階　中山伊知郎・東畑精一訳
租税国家の危機　シュムペーター　木村元一・小谷義次訳
日本資本主義分析　山田盛太郎
恐慌論　宇野弘蔵
経済原論　宇野弘蔵
資本主義と市民社会 他十四篇　大塚久雄　齋藤英里編
共同体の基礎理論 他六篇　大塚久雄　小野塚知二編
ユートピアだより　ウィリアム・モリス　川端康雄訳
社会科学と社会政策にかかわる認識の「客観性」　マックス・ヴェーバー　富永祐治・立野保男訳　折原浩補訳
プロテスタンティズムの倫理と資本主義の精神　マックス・ヴェーバー　大塚久雄訳

職業としての学問　マックス・ウェーバー　尾高邦雄訳
社会学の根本概念　マックス・ヴェーバー　清水幾太郎訳
職業としての政治　マックス・ヴェーバー　脇圭平訳
古代ユダヤ教 全三冊　マックス・ヴェーバー　内田芳明訳
宗教と資本主義の興隆 —歴史的研究 全二冊　トーニー　出口勇蔵・越智武臣訳
世論 全二冊　リップマン　掛川トミ子訳
鯰絵 —民俗的想像力の世界　C・アウエハント　小松和彦・中沢新一・飯島吉晴・古家信平訳
贈与論 他二篇　マルセル・モース　森山工訳
国民論 他二篇　マルセル・モース　森山工編訳
ヨーロッパの昔話 その形と本質　マックス・リュティ　小澤俊夫訳
独裁と民主政治の社会的起源 —近代世界形成過程における領主と農民 全二冊　バリントン・ムーア　宮崎隆次・森山茂徳・高橋直樹訳
大衆の反逆　オルテガ・イ・ガセット　佐々木孝訳

《自然科学》〔青〕

ヒポクラテス医学論集　國方栄二編訳
科学と仮説　ポアンカレ　河野伊三郎訳
ロウソクの科学　ファラデー　竹内敬人訳
種の起原 全二冊　ダーウィン　八杉龍一訳

自然発生説の検討　パストゥール　山口清三郎訳
完訳ファーブル昆虫記 全十冊　山田吉彦・林達夫訳
科学談義　T・H・ハックスリ　小泉丹訳
メンデル 雑種植物の研究　岩槻邦男・須原準平訳
アインシュタイン 相対性理論　内山龍雄訳・解説
相対論の意味　アインシュタイン　矢野健太郎訳
アインシュタイン 一般相対性理論　小玉英雄編訳・解説
自然美と其驚異　ジョン・ラバック　板倉勝忠訳
ダーウィニズム論集　八杉龍一編訳
ニールス・ボーア論文集1 因果性と相補性　山本義隆編訳
ニールス・ボーア論文集2 量子力学の誕生　山本義隆編訳
ハッブル 銀河の世界　戎崎俊一訳
パロマーの巨人望遠鏡 全二冊　D・O・ウッドベリー　関正雄・湯澤博・成相恭二訳
生物から見た世界　ユクスキュル・クリサート　日高敏隆・羽田節子訳
ゲーデル 不完全性定理　林晋・八杉満利子訳
日本の酒　坂口謹一郎
生命とは何か —物理的にみた生細胞　シュレーディンガー　岡小天・鎮目恭夫訳

ウィーナー サイバネティックス
―動物と機械における制御と通信
池原止戈夫・彌永昌吉・室賀三郎・戸田巌 訳

熱輻射論講義
マックス・プランク 西尾成子 訳

コレラの感染様式について
ジョン・スノウ 山本太郎 訳

20世紀科学論文集 現代宇宙論の誕生
須藤靖 編

高峰譲吉文集 いかにして発明国民となるべきか
鈴木淳 編

相対性理論の起原 他四篇
廣重徹 西尾成子 編

《哲学・教育・宗教》〔青〕

ソクラテスの弁明・クリトン　プラトン　久保勉訳
ゴルギアス　プラトン　加来彰俊訳
饗宴　プラトン　久保勉訳
テアイテトス　プラトン　田中美知太郎訳
パイドロス　プラトン　藤沢令夫訳
メノン　プラトン　藤沢令夫訳
国家 全二冊　プラトン　藤沢令夫訳
プロタゴラス —ソフィストたち　プラトン　藤沢令夫訳
パイドン —魂の不死について　プラトン　岩田靖夫訳
アナバシス —敵中横断六〇〇〇キロ　クセノポン　松平千秋訳
アリストテレス　ニコマコス倫理学 全二冊　高田三郎訳
アリストテレス　形而上学 全二冊　出隆訳
アリストテレス　弁論術　戸塚七郎訳
アリストテレース　詩学　ホラーティウス　詩論　松本仁助・岡道男訳
物の本質について　ルクレーティウス　樋口勝彦訳
エピクロス —教説と手紙　出隆・岩崎允胤訳

生の短さについて 他二篇　セネカ　大西英文訳
怒りについて 他二篇　セネカ　兼利琢也訳
エピクテトス　人生談義 全二冊　國方栄二訳
人さまざま　テオプラストス　森進一訳
マルクス・アウレーリウス　自省録　神谷美恵子訳
老年について　キケロー　中務哲郎訳
弁論家について 全二冊　キケロー　大西英文訳
キケロー書簡集　高橋宏幸編
平和の訴え　エラスムス　箕輪三郎訳
方法序説　デカルト　谷川多佳子訳
哲学原理　デカルト　桂寿一訳
情念論　デカルト　谷川多佳子訳
パンセ 全三冊　パスカル　塩川徹也訳
スピノザ　神学・政治論 全二冊　畠中尚志訳
知性改善論　スピノザ　畠中尚志訳
スピノザ　エチカ（倫理学） 全二冊　畠中尚志訳
スピノザ　国家論　畠中尚志訳

スピノザ往復書簡集　畠中尚志訳
デカルトの哲学原理 —附 形而上学的思想　スピノザ　畠中尚志訳
スピノザ　神・人間及び人間の幸福に関する短論文　畠中尚志訳
モナドロジー 他二篇　ライプニッツ　谷川多佳子・岡部英男訳
市民の国について 全二冊　ヒューム　小松茂夫訳
自然宗教をめぐる対話　ヒューム　犬塚元訳
エミール 全三冊　ルソー　今野一雄訳
人間不平等起原論　ルソー　本田喜代治・平岡昇訳
ルソー　社会契約論　桑原武夫・前川貞次郎訳
言語起源論 —旋律と音楽的模倣について　ルソー　増田真訳
ディドロ　絵画について　佐々木健一訳
道徳形而上学原論　カント　篠田英雄訳
啓蒙とは何か 他四篇　カント　篠田英雄訳
純粋理性批判 全三冊　カント　篠田英雄訳
カント　実践理性批判　波多野精一・宮本和吉・篠田英雄訳
判断力批判 全二冊　カント　篠田英雄訳
永遠平和のために　カント　宇都宮芳明訳

プロレゴメナ　カント　篠田英雄訳
学者の使命・学者の本質　フィヒテ　宮崎洋三訳
シュライエルマッハー 独白　木場深定訳
ヘーゲル 政治論文集 全二冊　金子武蔵訳
哲学史序論 —哲学と哲学史　ヘーゲル　武市健人訳
歴史哲学講義 全二冊　ヘーゲル　長谷川宏訳
法の哲学 —自然法と国家学の要綱　ヘーゲル　上妻精・佐藤康邦・山田忠彰訳
学問論　シェリング　西川富雄・藤田正勝監訳
自殺について 他四篇　ショウペンハウエル　斎藤信治訳
読書について 他二篇　ショウペンハウエル　斎藤忍随訳
知性について 他四篇　ショーペンハウエル　細谷貞雄訳
不安の概念　キェルケゴール　斎藤信治訳
死に至る病　キェルケゴール　斎藤信治訳
体験と創作 全二冊　ディルタイ　柴田治三郎・小牧健夫訳
眠られぬ夜のために 全二冊　ヒルティ　草間平作・大和邦太郎訳
幸福論 全三冊　ヒルティ　草間平作・大和邦太郎訳
悲劇の誕生　ニーチェ　秋山英夫訳

ツァラトゥストラはこう言った 全二冊　ニーチェ　氷上英廣訳
道徳の系譜　ニーチェ　木場深定訳
善悪の彼岸　ニーチェ　木場深定訳
この人を見よ　ニーチェ　手塚富雄訳
プラグマティズム　W・ジェイムズ　桝田啓三郎訳
宗教的経験の諸相 全二冊　W・ジェイムズ　桝田啓三郎訳
日常生活の精神病理　フロイト　高田珠樹訳
純粋現象学及現象学的哲学考案 全二冊　フッセル　池上鎌三訳
デカルト的省察　フッサール　浜渦辰二訳
愛の断想・日々の断想　ジンメル　清水幾太郎訳
ジンメル宗教論集　深澤英隆編訳
笑い　ベルクソン　林達夫訳
道徳と宗教の二源泉　ベルクソン　平山高次訳
時間と自由　ベルクソン　中村文郎訳
ラッセル教育論　安藤貞雄訳
ラッセル幸福論　安藤貞雄訳
存在と時間 全四冊　ハイデガー　熊野純彦訳

学校と社会　デューイ　宮原誠一訳
民主主義と教育 全二冊　デューイ　松野安男訳
我と汝・対話　マルティン・ブーバー　植田重雄訳
アラン 幸福論　神谷幹夫訳
アラン 定義集　神谷幹夫訳
天才の心理学　E・クレッチュマー　内村祐之訳
英語発達小史　H・ブラッドリ　寺澤芳雄訳
日本の弓術　オイゲン・ヘリゲル述　柴田治三郎訳
ことばのロマンス —英語の語源　ウィークリー　寺澤芳雄・出淵博訳
ヴィーコ 学問の方法　上村忠男・佐々木力訳
国家と神話 全二冊　カッシーラー　熊野純彦訳
天才・悪　ブレンターノ　篠田英雄訳
人間の頭脳活動の本質 他一篇　ディーツゲン　小松摂郎訳
プラトン入門　R・S・ブラック　内山勝利訳
反啓蒙思想 他二篇　バーリン　松本礼二編
マキアヴェッリの独創性 他三篇　バーリン　川出良枝編
ロシア・インテリゲンツィヤの誕生 他五篇　バーリン　桑野隆編

論理哲学論考　ウィトゲンシュタイン　野矢茂樹訳
自由と社会的抑圧　シモーヌ・ヴェイユ　冨原眞弓訳
根をもつこと　全二冊　シモーヌ・ヴェイユ　冨原眞弓訳
重力と恩寵　シモーヌ・ヴェイユ　冨原眞弓訳
全体性と無限　全二冊　レヴィナス　熊野純彦訳
啓蒙の弁証法　—哲学的断想　M・ホルクハイマー　T・W・アドルノ　徳永恂訳
ヘーゲルからニーチェへ　—十九世紀思想における革命的断絶　全二冊　レーヴィット　三島憲一訳
統辞構造論　付『言語理論の論理構造』序論　チョムスキー　福井直樹・辻子美保子訳
統辞理論の諸相　方法論序説　チョムスキー　辻子美保子・福井直樹訳
快楽について　ロレンツォ・ヴァッラ　近藤恒一訳
古代懐疑主義入門　判断保留の十の方式　J・アナス　J・バーンズ　金山弥平訳
ニーチェ　みずからの時代と闘う者　ルドルフ・シュタイナー　高橋巖訳
フランス革命期の公教育論　コンドルセ他　阪上孝編訳
フレーベル自伝　長田新訳
旧約聖書　創世記　関根正雄訳
旧約聖書　出エジプト記　関根正雄訳
旧約聖書　ヨブ記　関根正雄訳

旧約聖書　詩篇　関根正雄訳
新約聖書　福音書　塚本虎二訳
文語訳　新約聖書　詩篇付
文語訳　旧約聖書　全四冊
キリストにならいて　トマス・ア・ケンピス　大沢章・呉茂一訳
聖アウグスティヌス　告白　全二冊　服部英次郎訳
アウグスティヌス　神の国　全五冊　服部英次郎・藤本雄三訳
新訳　キリスト者の自由・聖書への序言　マルティン・ルター　石原謙訳
キリスト教と世界宗教　シュヴァイツェル　鈴木俊郎訳
水と原生林のはざまで　シュヴァイツェル　野村実訳
コーラン　全三冊　井筒俊彦訳
エックハルト説教集　田島照久編訳
ムハンマドのことば　ハディース　小杉泰編訳
新約聖書外典　ナグ・ハマディ文書抄　荒井献・大貫隆・小林稔・筒井賢治編訳
後期資本主義における正統化の問題　ハーバーマス　山田正行・金慧訳
シンボルの哲学　—理性、祭礼、芸術のシンボル試論　S・K・ランガー　塚本明子訳

ジャック・ラカン　精神分析の四基本概念　全二冊　ジャック＝アラン・ミレール編　小出浩之・新宮一成・鈴木國文・小川豊昭訳
精神と自然　生きた世界の認識論　グレゴリー・ベイトソン　佐藤良明訳
人間の知的能力に関する試論　全二冊　トマス・リード　戸田剛文訳
開かれた社会とその敵　全四冊　カール・ポパー　小河原誠訳

《歴史・地理》〔青〕

新訂 魏志倭人伝・後漢書倭伝・宋書倭国伝・隋書倭国伝 —中国正史日本伝1 石原道博編訳
新訂 旧唐書倭国日本伝・宋史日本伝・元史日本伝 —中国正史日本伝2 石原道博編訳
ヘロドトス 歴史 全三冊 松平千秋訳
トゥーキュディデース 戦史 全三冊 久保正彰訳
ガリア戦記 カエサル 近山金次訳
ランケ世界史概観 —近世史の諸時代 鈴木成高・相原信作訳
ランケ自伝 林健太郎訳
歴史とは何ぞや ベルンハイム 坂口昂・小野鉄二訳
歴史における個人の役割 プレハーノフ 木原正雄訳
古代への情熱 —シュリーマン自伝 シュリーマン 村田数之亮訳
アーネスト・サトウ 一外交官の見た明治維新 全二冊 坂田精一訳
ベルツの日記 全二冊 トク・ベルツ編 菅沼竜太郎訳
武家の女性 山川菊栄
インディアスの破壊についての簡潔な報告 ラス・カサス 染田秀藤訳
ラス・カサス インディアス史 全七冊 長南実訳 石原保徳編
コロンブス 全航海の報告 林屋永吉訳

戊辰物語 東京日日新聞社会部編
大森貝塚 —付 関連史料 E・S・モース 近藤義郎・佐原真編訳
ナポレオン言行録 オクターヴ・オブリ編 大塚幸男訳
中世的世界の形成 石母田正
日本の古代国家 石母田正
平家物語 他六篇 石母田正 髙橋昌明編
クリオの顔 歴史随想集 E・H・ノーマン 大窪愿二編訳
日本における近代国家の成立 E・H・ノーマン 大窪愿二訳
旧事諮問録 —江戸幕府役人の証言 全二冊 旧事諮問会編 進士慶幹校注
朝鮮・琉球航海記 —一八一六年アマースト使節団とともに ベイジル・ホール 春名徹訳
アリランの歌 —ある朝鮮人革命家の生涯 ニム・ウェールズ キム・サン 松平いを子訳
さまよえる湖 全二冊 ヘディン 福田宏年訳
老松堂日本行録 —朝鮮使節の見た中世日本 宋希璟 村井章介校注
十八世紀パリ生活誌 —タブロー・ド・パリ 全二冊 メルシエ 原宏編訳
北槎聞略 —大黒屋光太夫ロシア漂流記 桂川甫周 亀井高孝校訂
ヨーロッパ文化と日本文化 ルイス・フロイス 岡田章雄訳注
ギリシア案内記 全二冊 パウサニアス 馬場恵二訳

西遊草 清河八郎 小山松勝一郎校注
オデュッセウスの世界 フィンリー 下田立行訳
東京に暮す —一九二八〜一九三六 キャサリン・サンソム 大久保美春訳
ミカド —日本の内なる力 W・E・グリフィス 亀井俊介訳
増補 幕末百話 篠田鉱造
幕末明治 女百話 全二冊 篠田鉱造
トゥバ紀行 メンヒェン=ヘルフェン 田中克彦訳
徳川時代の宗教 R・N・ベラー 池田昭訳
ある出稼石工の回想 マルタン・ナド 喜安朗訳
植物巡礼 —プラント・ハンターの回想 F・キングドン-ウォード 塚谷裕一訳
モンゴルの歴史と文化 ハイシッヒ 田中克彦訳
ダンピア 最新世界周航記 全二冊 平野敬一訳
ローマ建国史 全三冊(既刊上巻) リーウィウス 鈴木一州訳
元治夢物語 —幕末同時代史 馬場文英 徳田武校注
フランス・プロテスタントの反乱 —カミザール戦争の記録 カヴァリエ 二宮フサ訳
ニコライの日記 —ロシア人宣教師が生きた明治日本 全三冊 中村健之介編訳
徳川制度 全三冊・補遺 加藤貴校注

第二のデモクラテス
戦争の正当原因についての対話
セプールベダ
染田秀藤訳

ユグルタ戦争 カティリーナの陰謀
サルスティウス
栗田伸子訳

史的システムとしての資本主義
ウォーラーステイン
川北稔訳

《日本思想》〔青〕

風姿花伝（花伝書）　世阿弥／野上豊一郎・西尾実校訂
五輪書　宮本武蔵／渡辺一郎校注
養生訓・和俗童子訓　貝原益軒／石川謙校訂
貝原益軒 大和俗訓　石川謙校訂
日本水土考・水土解弁・増補華夷通商考　西川如見／飯島忠夫・西川忠幸校訂
蘭学事始　杉田玄白／緒方富雄校註
島津斉彬言行録　牧野伸顕序
塵劫記　吉田光由／大矢真一校注
兵法家伝書 付 新陰流兵法目録事　柳生宗矩／渡辺一郎校注
長崎版 どちりな きりしたん　海老沢有道校註
農業全書　宮崎安貞編録／貝原楽軒刪補／土屋喬雄校訂
仙境異聞・勝五郎再生記聞　平田篤胤／子安宣邦校注
茶湯一会集・閑夜茶話　井伊直弼／戸田勝久校注
西郷南洲遺訓 附 手抄言志録及遺文　山田済斎編
文明論之概略　福沢諭吉／松沢弘陽校注
新訂 福翁自伝　富田正文校訂

学問のすゝめ　福沢諭吉
福沢諭吉教育論集　山住正己編
福沢諭吉家族論集　中村敏子編
福沢諭吉の手紙　慶應義塾編
新島襄の手紙　同志社編
新島襄 教育宗教論集　同志社編
新島襄自伝 ―手記・紀行文・日記　同志社編
植木枝盛選集　家永三郎編
日本の下層社会　横山源之助
中江兆民 三酔人経綸問答　桑原武夫・島田虔次訳・校注
中江兆民評論集　松永昌三編
憲法義解　伊藤博文／宮沢俊義校註
日本風景論　志賀重昂／近藤信行校訂
日本開化小史　田口卯吉／嘉治隆一校訂
新訂 蹇蹇録 ―日清戦争外交秘録　陸奥宗光／中塚明校注
茶の本　岡倉覚三／村岡博訳
武士道　新渡戸稲造／矢内原忠雄訳

新渡戸稲造論集　鈴木範久編
キリスト信徒のなぐさめ　内村鑑三
余はいかにしてキリスト信徒となりしか　内村鑑三／鈴木範久訳
代表的日本人　内村鑑三／鈴木範久訳
後世への最大遺物・デンマルク国の話　内村鑑三
ヨブ記講演　内村鑑三
足利尊氏　山路愛山
徳川家康 全二冊　山路愛山
豊臣秀吉 全二冊　山路愛山
妾の半生涯　福田英子
三十三年の夢　宮崎滔天／島田虔次・近藤秀樹校注
善の研究　西田幾多郎
続思索と体験・『続思索と体験』以後　西田幾多郎
西田幾多郎哲学論集 II ―論理と生命 他四篇　上田閑照編
西田幾多郎哲学論集 III ―自覚について 他四篇　上田閑照編
西田幾多郎歌集　上田薫編
西田幾多郎講演集　田中裕編

西田幾多郎書簡集　藤田正勝編
帝国主義　幸徳秋水　山泉進校注
基督抹殺論　幸徳秋水
日本の労働運動　片山潜
貧乏物語　河上肇　大内兵衛解題
河上肇評論集　杉原四郎編
西欧紀行 祖国を顧みて　河上肇
中国文明論集　宮崎市定　礪波護編
史記を語る　宮崎市定
中国史 全二冊　宮崎市定
大杉栄評論集　飛鳥井雅道編
女工哀史　細井和喜蔵
奴隷 —小説・女工哀史1　細井和喜蔵
工場 —小説・女工哀史2　細井和喜蔵
初版 日本資本主義発達史 全二冊　野呂栄太郎
谷中村滅亡史　荒畑寒村
遠野物語・山の人生　柳田国男

木綿以前の事　柳田国男
海上の道　柳田国男
蝸牛考　柳田国男
都市と農村　柳田国男
十二支考 全二冊　南方熊楠
津田左右吉歴史論集　今井修編
特命全権大使 米欧回覧実記 全五冊　久米邦武編　田中彰校注
日本イデオロギー論　戸坂潤
明治維新史研究　羽仁五郎
古寺巡礼　和辻哲郎
風土 —人間学的考察　和辻哲郎
和辻哲郎随筆集　坂部恵編
倫理学 全四冊　和辻哲郎
人間の学としての倫理学　和辻哲郎
日本倫理思想史 全四冊　和辻哲郎
「いき」の構造 他二篇　九鬼周造
九鬼周造随筆集　菅野昭正編

偶然性の問題　九鬼周造
田沼時代　辻善之助
パスカルにおける人間の研究　三木清
古代国語の音韻に就いて 他二篇　橋本進吉
吉田松陰　徳富蘇峰
林達夫評論集　中川久定編
新版 きけわだつみのこえ —日本戦没学生の手記　日本戦没学生記念会編
新版 第二集 きけわだつみのこえ —日本戦没学生の手記　日本戦没学生記念会編
君たちはどう生きるか　吉野源三郎
地震・憲兵・火事・巡査　山崎今朝弥　森長英三郎編
懐旧九十年　石黒忠悳
武家の女性　山川菊栄
覚書 幕末の水戸藩　山川菊栄
忘れられた日本人　宮本常一
家郷の訓　宮本常一
大阪と堺　三浦周行　朝尾直弘編
石橋湛山評論集　松尾尊兊編

手仕事の日本　柳　宗悦
工藝文化　柳　宗悦
南無阿弥陀仏　付 心偈　柳　宗悦
雨夜譚　—渋沢栄一自伝　長　幸男校注
中世の文学伝統　風巻景次郎
平塚らいてう評論集　小林登美枝・米田佐代子編
最暗黒の東京　松原岩五郎
日本の民家　今　和次郎
原爆の子　—広島の少年少女のうったえ　全二冊　長田　新編
臨済・荘子　前田利鎌
『青鞜』女性解放論集　堀場清子編
大津事件　—ロシア皇太子大津遭難　尾佐竹猛　三谷太一郎校注
幕末遣外使節物語　—夷狄の国へ　尾佐竹猛　吉良芳恵校注
極光のかげに　—シベリア俘虜記　高杉一郎
古典学入門　池田亀鑑
イスラーム文化　—その根柢にあるもの　井筒俊彦
意識と本質　—精神的東洋を索めて　井筒俊彦

神秘哲学　—ギリシアの部　井筒俊彦
意味の深みへ　—東洋哲学の水位　井筒俊彦
コスモスとアンチコスモス　—東洋哲学のために　井筒俊彦
幕末政治家　福地桜痴　佐々木潤之介校注
フランス・ルネサンスの人々　渡辺一夫
維新旧幕比較論　木下真弘　宮地正人校注
被差別部落一千年史　高橋貞樹　沖浦和光校注
花田清輝評論集　粉川哲夫編
新版 河童駒引考　—比較民族学的研究　石田英一郎
英国の文学　吉田健一
中井正一評論集　長田　弘編
山びこ学校　無着成恭編
考史遊記　桑原隲蔵
福沢諭吉の哲学　他六篇　丸山眞男　松沢弘陽編
政治の世界　他十篇　丸山眞男　松本礼二編注
超国家主義の論理と心理　他八篇　丸山眞男　古矢　旬編
田中正造文集　全二冊　由井正臣・小松　裕編

国語学史　時枝誠記
定本 育児の百科　全三冊　松田道雄
哲学の三つの伝統　他十二篇　野田又夫
大隈重信演説談話集　早稲田大学編
大隈重信自叙伝　早稲田大学編
人生の帰趣　山崎弁栄
通論考古学　濱田耕作
転回期の政治　宮沢俊義
何が私をこうさせたか　—獄中手記　金子文子
明治維新　遠山茂樹
禅海一瀾講話　釈　宗演
明治政治史　岡　義武
転換期の大正　岡　義武
山県有朋　—明治日本の象徴　岡　義武
近代日本の政治家　岡　義武
ニーチェの顔　他十三篇　氷上英廣　三島憲一編
伊藤野枝集　森まゆみ編

前方後円墳の時代　近藤義郎

日本の中世国家　佐藤進一

岩波文庫の最新刊

カント著／熊野純彦訳

人倫の形而上学

第一部　法論の形而上学的原理

カントがおよそ三十年間その執筆を追求し続けた、最晩年の大著。第一部にあたる本書では、行為の「適法性」を主題とする。新訳による初めての文庫化。

〔青六二六-四〕　定価一四三〇円

オクタビオ・パス作／野谷文昭訳

鷲か太陽か？

「私のイメージを解き放ち、飛翔させた」シュルレアリスム体験が色濃い散文詩と夢のような味わいをもつ短篇。ノーベル賞詩人初期の代表作。一九五一年刊。

〔赤七九七-二〕　定価七九二円

クライスト作／山口裕之訳

ミヒャエル・コールハース チリの地震 他一篇

領主の横暴に対し馬商人コールハースが正義の回復のために立ち上がる。日常の崩壊とそこで露わになる人間本性を描いた三作品。重層的文体に挑んだ新訳。

〔赤四一六-八〕　定価一〇〇一円

マックス・ウェーバー著／野口雅弘訳

支配について

Ⅱ　カリスマ・教権制

カリスマなきあとも支配は続く。何が支配を支えるのか。支配の諸構造を経済との関連で論じたテクスト群。関連論文や訳註、用語解説を付す。（全二冊）

〔白二一〇-二〕　定価一四三〇円

……今月の重版再開……

エウリーピデース作／松平千秋訳

ヒッポリュトス

―パイドラーの恋―

定価五五〇円　〔赤一〇六-一〕

W・S・モーム著／西川正身訳

読書案内

―世界文学―

定価七一五円　〔赤二五四-三〕